BASIC

Programmieren für Anfänger

von
Dr. Volkmar Haase
und
Prof. Dr. Wolffried Stucky
Universität Karlsruhe

Bibliographisches Institut Mannheim/Wien/Zürich
B. I.-Wissenschaftsverlag

CIP-Kurztitelaufnahme der Deutschen Bibliothek

Haase, Volkmar
BASIC: Programmieren für Anfänger / von Volkmar Haase u. Wolffried Stucky. - Mannheim, Wien, Zürich: Bibliographisches Institut, 1977.
(B.I.-Hochschultaschenbücher; Bd. 744)
ISBN 3-411-00744-3

NE: Stucky, Wolffried:

Druck und Bindearbeit: Hain-Druck KG, Meisenheim/Glan
Printed in Germany
ISBN 3-411-00744-3

Vorwort

BASIC - eine der wenigen Programmiersprachen, die sich ohne Industrie- oder Institutionenlobby durchgesetzt hat - ist schon oft in der Form eines Lehrbuches dargestellt worden. Wir haben trotzdem dieses Buch geschrieben, und zwar um damit zweierlei anzubieten: einmal ein Lehrbuch (Programmieren für Anfänger) und zum anderen eine exakte Sprachdefinition (einen "BASIC-Report"). Der Zeitpunkt für dieses Vorhaben fällt einerseits mit der zunehmenden Popularität von BASIC als "Einstieg" in die EDV für Terminal- und Kleinrechner-Benutzer zusammen, andererseits auch mit dem Erscheinen des ersten Standards für ein "Minimal BASIC". So ist es möglich, die Programmiersprache BASIC in ihrer genormten Form zu beschreiben (und sich nicht wie bisher auf die in irgendeinem Rechnersystem realisierte Fassung beschränken zu müssen).

Das vorliegende Buch wäre deshalb in dieser Form nicht möglich gewesen ohne Informationen, die wir vom Komitee X3J2 des American National Standards Institute und von der European Computer Manufacturers Association erhalten haben. Wir danken hier insbesondere den Herren Dr. Gordon Bull und Luigi Lauri. Den Mitgliedern des Technical Committee on Industrial Real-Time BASIC des International Purdue Workshop on Industrial Computer Systems sei für wertvolle Diskussionsbeiträge gedankt.

Die Anregung zu diesem Buch gab Herr Prof. Dr. Hermann Maurer; Dank gebührt auch Frau Marianne Uhtes, die das Rohmanuskript schrieb, Herrn Martin Hennemann für das Erstellen der Zeichnungen und insbesondere Fräulein Walburga Toussaint für die exzellente Reinschrift.

Last not least danken wir unseren Familien, die während des Entstehens dieses Buches unsere teils physische, teils psychische Abwesenheit ertragen mußten.

Karlsruhe, im Mai 1977

Volkmar Haase

Wolffried Stucky

Inhaltsverzeichnis

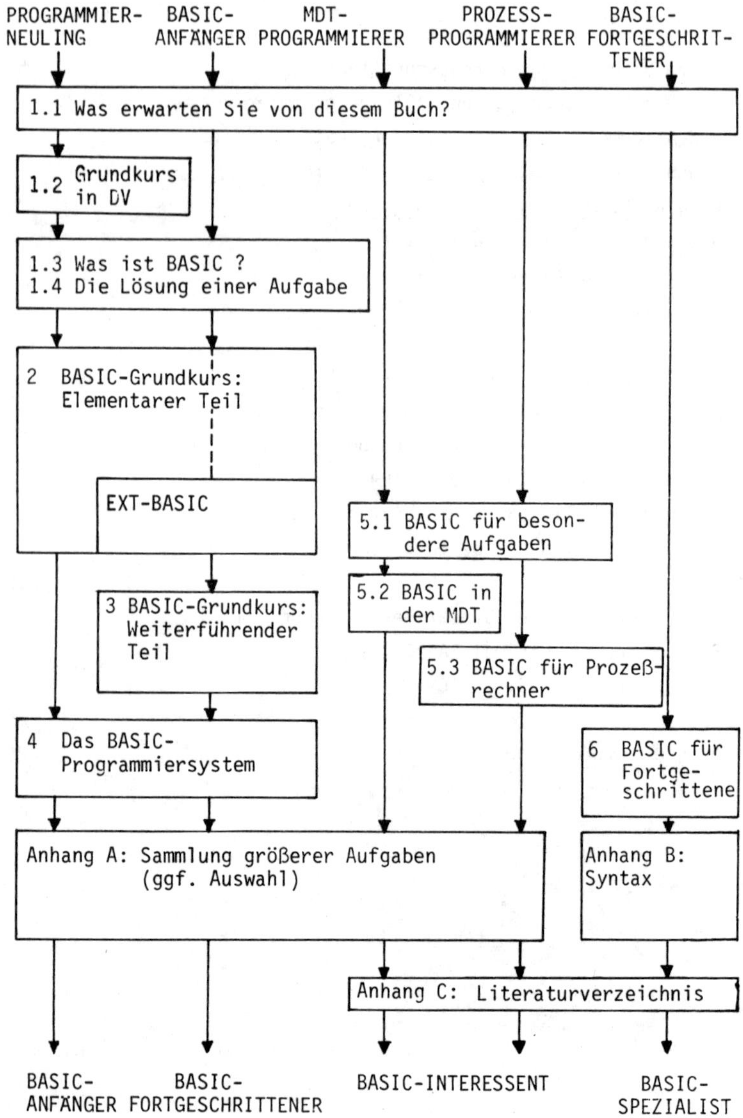

Abb.1 Wie wird dieses Buch gelesen?

1 Programmieren für Anfänger

1.1 Was erwarten Sie von diesem Buch?

Wir als Autoren haben von Ihnen, dem Leser, ebenso gewisse Vorstellungen, wie Sie umgekehrt von dem Buch, das Sie soeben in die Hand genommen haben. Wollen wir zunächst feststellen, ob sie einander entsprechen! - Wir nehmen an, daß Sie sich für das Programmieren interessieren, daß Sie also lernen wollen, mit Computern umzugehen. Sie wollen dies tun, um für die Lösung eines Problems ein leistungsfähiges Werkzeug einsetzen zu können. Dabei kann es einmal sein, daß Sie nicht unbedingt Informatiker, d.h. Computer-Spezialist werden wollen (wie Sie auch nicht Auto-Konstrukteur werden müssen, um ein Fahrzeug lenken zu können); oder Sie haben bereits einige Erfahrungen und Kenntnisse in der Datenverarbeitung, und wollen sich nur mit den vielfältigen Möglichkeiten der Programmiersprache BASIC näher beschäftigen.

Wenn Sie auf die eine oder die andere Weise bisher mit uns einig sind, haben Sie das richtige Buch gewählt; wir werden Sie mit einem - es ist vielleicht der einfachste - Weg vertraut machen, einen Computer zur Lösung von Aufgaben zu verwenden; wir werden Ihnen zeigen, daß

- an Computern nichts Geheimnisvolles ist,
- Programmieren keine Hexerei ist, und daß
- Sie mit BASIC Ihre Probleme leicht bewältigen können.

Wie Sie weiterlesen sollen, zeigt Ihnen die Abb. 1: Wenn Sie noch gar nichts mit diesem Werkzeug "Computer" zu tun gehabt haben, lesen Sie dieses Buch von Anfang an, und zwar soweit, wie Sie keine Schwierigkeiten haben und es Ihnen noch Spaß macht. - Wenn Sie aber schon programmiert haben (vielleicht mit einem von BASICs größeren Geschwistern ALGOL, FORTRAN oder COBOL), brauchen Sie erst bei Abschnitt 1.3 (Was ist BASIC?), gegebenfalls auch erst beim BASIC-Grundkurs (Kapitel 2) anzufangen. - Fortgeschrittenere werden in Kapitel 3 alles über BASIC-Erweiterungen finden und können die Antworten auf weiterführende Fragestellungen in den Kapiteln 5 und 6 nachschlagen:

- "Spezial-BASICs" gibt es vor allem für Kleinrechner in großer Vielfalt; das gilt sowohl für die Mittlere Datentechnik wie für Prozeßrechner. Wenn Sie sich mit einem dieser Gebiete beschäftigen müssen, können Sie sich zur Orientierung und zur Hilfe bei der Bewertung in Kapitel 5 informieren.
- Wer schließlich schon einige Programmiererfahrung hat und BASIC möglichst optimal einsetzen will, lese in Kapitel 6 nach, wie man in dieser Sprache strukturiert programmiert,und ähnliche "Feinheiten" mehr.

Für Sie alle gilt: wenn Sie nicht nur Trockenschwimmen lernen wollen, sollten Sie Erlerntes oder Nachgeschlagenes an einem Computer ausprobieren; je mehr Sie üben, desto besser. Wir haben eine Reihe von Beispielen und Aufgaben verschiedener Größe und Schwierigkeit zusammengestellt und hoffen, daß Sie auch etwas Ihrem Problem Verwandtes darunter finden. - Wer sich schließlich für die formalen Grundlagen interessiert, findet in der syntaktischen Definition im Anhang, sowie im Literaturverzeichnis alles Nötige.

Viel Freude und Erfolg mit

Beginners
All-Purpose
Symbolic
Instruction
Code

(bedeutet etwa: "Allzweck-Programmiersprache für Anfänger"; ein paar englische Vokabeln sind in der Datenverarbeitung unvermeidlich).

1.2 Ein Grundkurs in Datenverarbeitung

Was ist ein Computer?

Ein Computer, auch Rechenanlage oder Datenverarbeitungsanlage genannt, ist eine Maschine, die Sie beauftragen können, Berechnungen und logische Entscheidungen nach einem vorher mitzuteilenden Plan auszuführen. So gesehen ist z.B. auch eine Person, die Sie anweisen, mit Hilfe eines Tischrechners Zahlen zu summieren, ein "Computer".

Wir wollen jedoch nur von Computern sprechen, die "echte" Maschinen sind; solche Apparate gibt es in den verschiedensten Ausführungen: angefangen von einzelnen Geräten, die aus einem Bildschirm, einer Schreibmaschinentastatur und "ein wenig" Elektronik bestehen, bis zu großen Rechenzentren mit einer Vielzahl verschiedener Geräte, die ganze Säle füllen. Möglicherweise haben Sie es auch mit einem "Terminal" zu tun, z.B. einer Schreibmaschine, die mit dem an einem anderen Ort aufgestellten Computer verbunden ist und Ihnen seine Dienstleistungen zugänglich macht. Ein solcher Computer muß eine Reihe von Fähigkeiten aufweisen:

a. er muß "rechnen" können;
b. er muß einen Rechenplan, ein "Programm" verstehen;
c. er muß sich das Programm, Daten und Ergebnisse merken (sie speichern);
d. er muß sich mit der Umwelt (also auch mit Ihnen) verständigen können.

Abb. 2 zeigt die Struktur und den Informations-(Daten-)Fluß in einem Computer. Wir wollen als die Hauptbestandteile eines Computers festhalten:

- Das Rechenwerk (auch arithmetisch-logische Einheit genannt): für a;
- den Speicher: für c;
- die Ein/Ausgabe-Einheit (z.B. Ihr Terminal): für d;

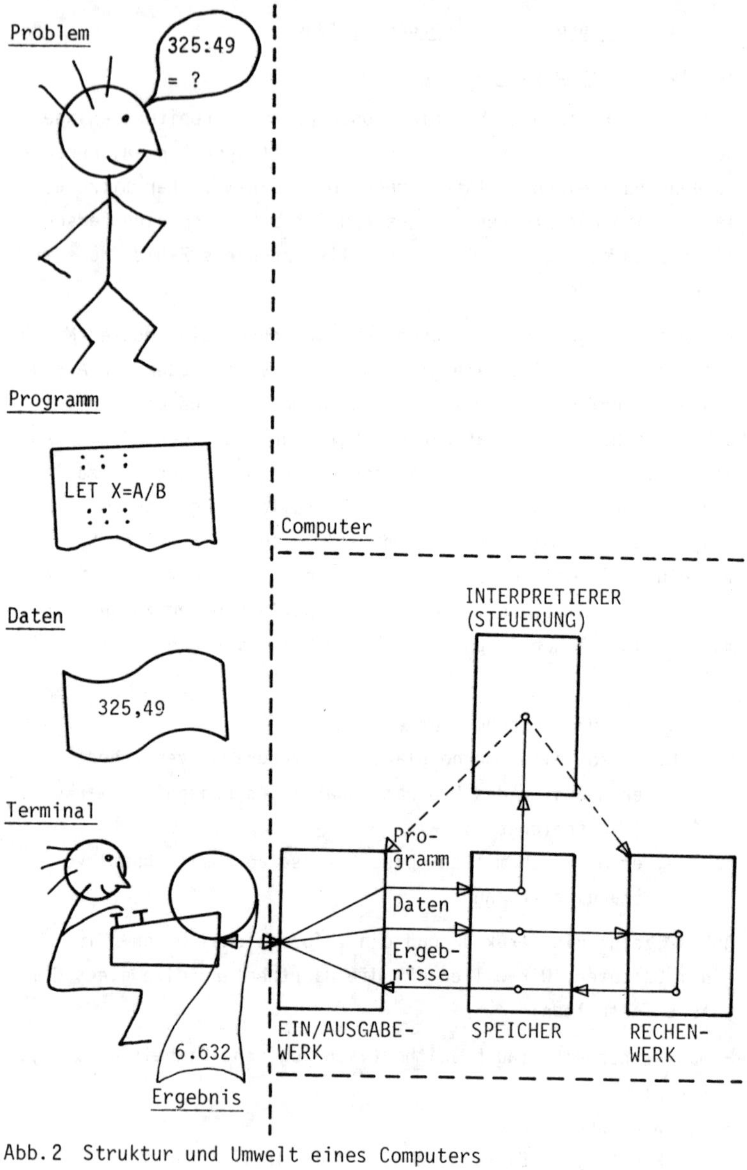

Abb.2 Struktur und Umwelt eines Computers

- sowie den Interpretierer für das Programm, in unserem Fall das BASIC-Programmiersystem: für b.

Noch eine Anmerkung: Häufig verwendete Begriffe in diesem Zusammenhang sind "Hardware": Rechenwerk, Speicher und Ein/Ausgabewerk, bzw. "Software": alle dem Computer einprogrammierten (also von ihm "erlernten") Eigenschaften, z.B. das BASIC-Programmiersystem.

Was ist ein Programm?

Ein Programm ist eine Nachricht, eine Folge von Informationen, die ein Mensch einer Maschine mitteilt. Da Computer sehr schnell arbeiten können, ist es im allgemeinen angebracht, ihnen Arbeitsanweisungen nicht während, sondern vor der Ausführung zu geben. Ein Programm ist also ein Rezept, auf welche Weise Eingabedaten zu Ergebnissen verarbeitet werden sollen (z.B. die Angaben über Arbeitsdauer und Stundenlohn zum Ergebnis "Wochenlohn"). Wir müssen beachten, daß zweierlei Arten von Informationen zu unterscheiden sind:
- Programme (Arbeitsanweisungen, Rezepte) und
- Daten, mit denen jeweils gerechnet wird.

Abb. 3 zeigt verschiedene "Programme", nicht allein aus der Datenverarbeitung. - Eine charakteristische Eigenschaft von Programmen ist, daß sie in einer für den Computer verständlichen Sprache abgefaßt sein müssen. Computer sind im Verstehen von Anweisungen wenig beweglich, d.h. Wortschatz und Grammatik der Programmiersprachen unterliegen strikten Regeln. Die Formulierung muß insbesondere sehr genau sein und für alle möglichen Fälle eine exakte Beschreibung der auszuführenden Tätigkeiten geben; ein Computer ist nicht imstande, "frei" zu entscheiden, wenn Unklarheiten vorliegen.

Ein Beispiel soll dies veranschaulichen:
- In der Programmiersprache BASIC bedeutet

Programm 1: <u>Salzburger Nockerln</u>

25g Butter, einige Tropfen Rum, 5 Eiweiß, 3 Eidotter, 70g Puderzucker, 1 Päckchen Vanillezucker, 30g Mehl; 1/4 l Milch, 30g Butter oder Margarine. Rührschüssel mit Rührbesen.

Die Eiweiß in die Rührschüssel geben und mit Rührbesen auf Stufe II zu sehr festem Schnee schlagen. In 2 Partien Zucker zugeben und ca. 5 Minuten cremig schaumig schlagen. Abschalten, die 3 Eidotter an die eine Schüsselwand legen, das Mehl an die gegenüberliegende und Masse per Hand vorsichtig vermengen. Zuletzt die flüssige Butter kurz unterheben. Die Schaummasse muß schnittfest sein. Während dessen in einer Auflaufform Milch und Fett zum Kochen bringen. Die Masse in 3 großen Nockerln auf die heiße Milch legen und Form sofort in den vorgeheizten Ofen geben. In knapp 15 Minuten goldgelb backen und sofort mit Puderzucker bestreut heiß servieren.

Programm 2: <u>Reparaturauftrag</u>

Kunde: J. Neumann
Kennzeichen: KA - L 9707
Typ: VW Golf LX
Fahrgestell Nr. S3DB15P 71349
Annahme: 21.10.77
Termin: 24.10.77, 16.00 Uhr

Nr.	Arbeitstext	Bemerkungen
1 W066	10.000 km Inspektion; Ölwechsel; Zündung einstellen	---
2 ---	rechte Tür überprüfen	---
3 ---	Hinterachse überprüfen (Geräusche)	wenn Achslager defekt, Rückfrage (Tel. 6083710)

Programm 3: <u>Primzahlbestimmung</u>

```
5 REM SIEB DES ERATHOSTHENES
10 DIM X(100)
15 INPUT N
20 FOR I = 1 TO N
25 LET X(I) = 0
30 NEXT I
35 FOR K = 2 TO N
40 IF X(K) <> 0 THEN 65
45 PRINT K
50 FOR I = K TO N STEP K
55 LET X(I) = 1
60 NEXT I
65 NEXT K
70 END
```

Abb. 3 Drei Programme

```
LET X = A / B ,
```

daß A durch B dividiert werden soll und X den Wert des Quotienten aufnimmt; die Anweisung

```
LET X = A : B
```

hingegen ist für den Computer, bzw. sein BASIC-(Programmier-) System schon nicht mehr verständlich.

- Sollte B gleich null sein, so würde das Programm nicht funktionieren, d.h. der Computer würde die Arbeit mit einer Fehlermeldung abbrechen; um dies zu vermeiden, müssen wir schreiben (die Zahlen am Zeilananfang sind Zeilennummern):

```
10 IF B = 0 THEN 30
20 LET X = A / B
30 END
```

(Wenn B gleich null ist, wird die Division ausgelassen und nach Ausführung der Zeile 10 sofort mit Zeile Nummer 30 fortgesetzt.)

In den ca. 30 Jahren, seit denen es Computer gibt, wurden mehr als 1000 Programmiersprachen erfunden. Zunächst hat jeder Computertyp seine eigene Maschinensprache; Assemblersprachen entsprechen im Aufbau den Maschinensprachen, sind aber für den Menschen leichter lesbar. Darüber hinaus wurden "problemorientierte" Programmiersprachen entwickelt, die der natürlichen Sprache (im allgemeinen der englischen) und der Formelschreibweise der Mathematik verwandt sind. Einige davon haben weitere Verbreitung gefunden wie etwa ALGOL, FORTRAN, PL/1, COBOL, APL, RPG, PASCAL. In diese Gruppe - nach COBOL und FORTRAN am verbreitetsten - gehört auch BASIC, die einfachste der universellen Programmiersprachen.

1.3 Was ist BASIC?

BASIC (Beginners All-Purpose Symbolic Instruction Code) wurde im

Jahre 1964 von John Kemeny und Thomas Kurtz vom Dartmouth College in den USA entwickelt (vgl. /KK/), insbesondere um Studenten das Programmieren zu lehren. Es ist eine Programmiersprache ("Instruction Code"), die der natürlichen Sprache ähnlich ist ("Symbolic"), die für die meisten Aufgabenstellungen brauchbar ("All-purpose") und für Anfänger ("Beginners") nicht schwierig ist.

BASIC ist weit verbreitet, nicht nur wegen seiner einfachen Erlernbarkeit, sondern auch deswegen, weil immer mehr kleine Computer und billige Terminals verwendet werden. Dabei soll es auch auf einfache Weise möglich sein, ein BASIC-System zu implementieren, d.h. auf diesem Computer zu realisieren (vgl. Kapitel 6).

BASIC "kann" in einer Beziehung mehr als andere Programmiersprachen: Sie können darin alles ausdrücken, was Sie dem Computer mitteilen wollen. Sie brauchen keine zusätzliche Kommando-, Steuer- oder Job-Control-Sprache zu erlernen. Was das praktisch bedeutet, und wie wir überhaupt beim Programmieren mit BASIC vorgehen, zeigen wir im nächsten Abschnitt.

1.4 Die Lösung einer Aufgabe

Wenn Sie jemandem Anweisungen geben wollen, etwas für Sie auszuführen, so haben Sie grundsätzlich zwei Verfahrensweisen zur Verfügung:

"Tue dies und jenes!"
"Hier hast Du einen Plan, führe ihn aus!"
(Der Plan enthält die eigentlichen Anweisungen)

Genau so können Sie mit einem BASIC-System verfahren; wir nennen die erste Methode Kommando-Modus, die zweite Programm-Modus. Beide Modi werden wir verwenden, wenn wir Aufgaben in BASIC formulieren und mit Hilfe des Computers lösen.

Betrachten wir eine erste Aufgabe: Bei einer Wahl sind 37822500 gültige Stimmen abgegeben worden; eine Partei hat 16099019 Stimmen, eine andere 18394801 Stimmen erhalten usw. Wir möchten wissen, wieviel Prozent das jeweils sind. Um auch für die nächsten Wahlen gerüstet zu sein, wollen wir ein allgemein verwendbares Programm anfertigen. Wir gehen dazu an unseren Computer (bzw. unser Terminal) und beginnen einen Dialog mit der Maschine (im folgenden sind, nur zur Unterscheidung, vom Computer gedruckte Texte unterstrichen):

(Wir haben den Computer und sein BASIC-System "eingeschaltet".)

```
READY
NEW
READY
10 INPUT P,G
20 LET X = 100 * P / G
30 PRINT "DIE PARTEI HAT", X, "PROZENT DER STIMMEN"
40 END
READY
RUN
? 16099019
? 37822500
DIE PARTEI HAT 42.564 PROZENT DER STIMMEN
READY
```

Dieses Beispiel zeigt, wie wir Aufgaben mit einem BASIC-System lösen; die einzelnen Schritte sind die gleichen, wie sie auch bei komplizierteren Problemen notwendig sind. Wir wollen nun den Dialog Schritt für Schritt erläutern:
Die Grundeinheit eines BASIC-Dialogs ist die Zeile (BASIC ist wie die meisten Programmiersprachen eine geschriebene Sprache). Sind die Zeilen numeriert, dann sind wir im Programm-Modus (Anweisungen für spätere Ausführung); sind sie nicht numeriert, dann liegt Kommando-Modus vor (sofortige Ausführung mit anschließender Quittung des Systems).

READY

Nach dem Einschalten des Computers und des BASIC-Systems meldet sich der Computer mit READY ("bereit"), dem Zeichen, daß er arbeitsbereit ist.

NEW

Damit teilen wir dem System mit, daß wir ein neues Programm erstellen wollen.

READY

Quittung des BASIC-Systems; es ist bereit, ein neues Programm anzunehmen.

10 ...

Die folgenden Eingaben sind Programmzeilen, sie erhalten aufsteigend geordnete Zeilennummern (Abstände von Zeile zu Zeile beliebig).

Vier Typen von Anweisungen - sie sind in BASIC durch ein Schlüsselwort am Anfang der Zeile kenntlich gemacht - werden in diesem Programm gebraucht:

10 INPUT P,G

Die Eingabe von Daten, die der Programmierer dem System zur Verarbeitung übergeben will, erfolgt durch die INPUT-Anweisung. Wir geben darin an, welchen Variablen die eingegebenen Werte zugewiesen werden sollen (das heißt, welche Namen die Daten im Programm haben sollen). Namen bestehen in BASIC aus einem Buchstaben, der von einer Ziffer gefolgt sein kann (z.B. A, P, A7 oder P1). Wir können sie nach Gutdünken festlegen, es empfiehlt sich jedoch, Abkürzungen zu verwenden, z.B. P für Parteistimmen, G für Gesamtstimmen.

20 LET X = 100 * P / G

Berechnungen werden mit der Zuordnungsanweisung LET ausgeführt. Diese sind so zu lesen: Berechne den Wert des arithmetischen Ausdrucks rechts vom Gleichheitszeichen (hier gilt die "übliche" mathematische Schreibweise; Multiplikation wird durch *, Division durch / symbolisiert) und weise ihn der links stehenden Variablen zu.

30 PRINT "DIE PARTEI HAT", X, "PROZENT DER STIMMEN"

Mit PRINT erhalten wir Daten (im allgemeinen Ergebnisse) vom Computer zurück. Bei Variablen, deren Name angegeben wird (in unserem Fall X), wird der aktuelle Wert ausgedruckt. Auch feste Texte können ausgegeben werden - sie sind im Programm durch Anführungszeichen eingeschlossen.

40 END

END ist eine Kontrollanweisung [1], durch sie wird dem BASIC-System mitgeteilt, daß das Programm zu Ende ist.

READY

Nach Beendigung der Programmeingabe teilt das System mit, daß es das Programm akzeptiert hat und für neue Aufgaben bereit ist.

RUN

Wir geben nun ein RUN-Kommando ("laß das Programm laufen!"), um aus den vorhandenen Eingabedaten die gewünschten Ergebnisse berechnen zu lassen.

? ...

An jenen Stellen im Programm, die INPUT-Anweisungen enthalten, wird der Computer anhalten und eine Eingabeanforderung (in den meisten Systemen ein Fragezeichen) ausdrucken.

? 16099019

Wir antworten mit der Eingabe des Wertes (P), mit dem wir gerade rechnen wollen. (Dieses Programm kann, wie jede andere programmierte Rechenvorschrift, beliebig oft mit verschiedenen Daten ausgeführt werden.)

? 37822500

Das System verlangt als zweite Eingabe den Wert von G.

DIE PARTEI HAT 42,564 PROZENT DER STIMMEN

Hat das System alle vom Programm verlangten Daten erhalten, führt es die angegebenen Berechnungen aus und druckt beim Erreichen der PRINT-Anweisung den Wert der Variablen X (mit Begleittext) aus.

READY

Das Problem ist damit gelöst. Wir können mit einem beliebi-

---

[1] Wir verwenden diesen Begriff hier vorläufig noch informell.

gen neuen Auftrag fortsetzen.

Fassen wir zusammen: Ein Computer, der in BASIC programmierbar ist, versteht Kommandos (z.B. RUN) und kann Programme ausführen. Programme bestehen aus Zeilen, die Anweisungen enthalten. Die wichtigsten Typen von Anweisungen sind Eingabeanweisungen (z.B. INPUT), Ausgabeanweisungen (z.B. PRINT), Kontrollanweisungen (zur Steuerung des Programmablaufs) und die Zuordnungsanweisung (LET).

Versuchen wir nun, dieselbe Aufgabe nocheinmal zu lösen, wobei wir ein etwas realistischeres Programm entwerfen werden, das heißt eines, das den Einsatz des Computers wirklich lohnt. - Der Dialog mit dem Computer verläuft wie folgt:

```
READY
NEW
READY
10 REM AUSWERTUNG EINER WAHL
20 REM N = ANZAHL DER PARTEIEN, G = ANZAHL GÜLTIGER STIMMEN
30 INPUT N
40 INPUT G
50 PRINT "WAHL ZUM DEUTSCHEN BUNDESTAG"
60 PRINT "PARTEI", "STIMMEN", "PROZENT"
70 FOR I = 1 TO N
80 INPUT N$, P
90 LET X = P/G * 100
100 PRINT X
110 NEXT I
120 END
READY
RUN
? 4
? 37822500
```

```
WAHL ZUM DEUTSCHEN BUNDESTAG
PARTEI         STIMMEN        PROZENT
? FDP ,        2995085        7.9
? CDU ,        14367302       38.1
? CSU ,        4027499        10.6
? SPD ,        16099019       42.6
READY
```

Wir betrachten die neu hinzugekommenen Elemente:

10 REM ...

Mit einem REMark (einer Bemerkung) können wir ein Programm besser lesbar machen, indem wir - nur für den menschlichen Leser bestimmte - Kommentare einfügen. Für den Computer ist REM und der darauffolgende Text ohne Bedeutung.

80 INPUT N$ ...

Außer mit Zahlen können wir in BASIC auch mit Texten arbeiten. Texte können gespeichert, das heißt Variablen als Wert zugewiesen werden, sie können verglichen, zusammengesetzt u.a.m. werden. Eine Textvariable ist an ihrem Namen zu erkennen: er endet mit dem Zeichen $, also z.B. N$ (im Beispiel wird der Name der Partei in der Variablen N$ gespeichert).

70 FOR I = 1 TO N
...
110 NEXT I

Eine der Stärken eines Computers ist, daß er gleiche Arbeiten immer wieder mit sehr großer Geschwindigkeit und Präzision durchführen kann. Es ist deshalb angenehm, eine Anweisung zu verwenden, die sagt: "tue das folgende so-und-so-oft mal!". In BASIC heißt diese Anweisung FOR; sie enthält die Angabe einer Zählvariablen, sowie die des Zählbereiches. Die Anweisungen zwischen Zeile 70 und 110 im Beispiel werden "N-mal" ausgeführt. NEXT I ist die Anweisung, die die Schleife abschließt.

Mit diesen Erläuterungen sind Sie vielleicht schon imstande zu verstehen, was im vorangehenden Programmbeispiel geschieht. Wir stellen diese Frage als erste Aufgabe in diesem Buch. Sollten Sie Schwierigkeiten haben, halten Sie sich nicht weiter auf, nach den folgenden abschließenden Bemerkungen zum "BASIC-System" beginnt der systematische BASIC-Sprachlehrgang.

Betrachten wir nochmals die oben beschriebenen Arbeitsabläufe: wir haben gesehen, daß ein Computer Aufgaben lösen kann - wie er es genau macht, hat uns nicht weiter interessiert. Wir setzen nur voraus, daß der Computer ein "BASIC-System" besitzt, das es uns ermöglicht, in dieser Sprache formulierte Aufgaben lösen zu lassen. Praktisch - wir kommen später, vor allem in Kapitel 4 und 6 noch darauf zurück - finden wir 2 Betriebsarten, sowie (unabhängig davon) 2 Methoden zur Implementierung von BASIC-Systemen. Wir geben hier informelle Kurzdefinitionen und werden die Begriffe im folgenden fallweise verwenden:

Betriebsarten:

- interaktives System: die Aufgaben werden (wie oben) im Dialog mit dem Computer gelöst;
- Batch(Stapel)System: Programme und Daten werden auf Datenträger (z.B. Lochkarten) geschrieben und dem Computer zur späteren Bearbeitung übergeben.

Implementierungsmethoden:

- Interpreter: das BASIC-System erledigt das "Lesen" (eigentlich: Analysieren) und das Ausführen des Programms in einem Arbeitsgang;
- Compiler (Übersetzer): das Programm wird im ersten Arbeitsgang übersetzt (in Maschinensprache), in einem zweiten ausgeführt.

2 BASIC-Grundkurs: Elementarer Teil

2.1 Vorbemerkung

Die Programmiersprache BASIC wurde im Jahre 1964, wie bereits gesagt, am Dartmouth College in den USA von Kemeny and Kurtz entwickelt (vgl. /KK/), und zwar als einfach zu erlernende Sprache zur Lösung mathematisch-technischer Probleme für den interaktiven Betrieb mit dem Computer. Sie fand rasch große Verbreitung und wurde dabei mehr und mehr modifiziert und erweitert, u.a. auch für kommerzielle Anwendungen. Im Laufe der Zeit war so eine Vielfalt von BASIC-Versionen entstanden, die alle ähnlich, aber doch verschieden voneinander waren, wie durch vergleichende Gegenüberstellungen /Is1, Is2, Li/ ganz deutlich gezeigt wird. Diese Vielfalt von Sprachvarianten war denn auch der Anlaß, daß sich ECMA (European Computer Manufacturers Association) und ANSI (American National Standards Institute) in Kooperation seit 1974 um eine Standardisierung von BASIC bemühen. Das Ergebnis dieser Bemühungen ist ein abgeschlossener Vorschlag für ein sogenanntes "Minimal BASIC": dieser Teil der Sprache muß in jedem Fall realisiert sein, wenn von einer Implementierung von BASIC die Rede ist. Darüber hinaus gibt es - unterschiedlich weit gediehene - Standardisierungsvorschläge für Erweiterungen, und zwar jeweils für bestimmte Teilbereiche (z.B. Textverarbeitung, Matrixoperationen, formatierte Ausgabe usw.).

In diesem Kapitel wollen wir zunächst den elementaren Teil von BASIC beschreiben, d.h. im wesentlichen Minimal BASIC. Wir halten uns inhaltlich an den ECMA-Vorschlag /ECMA/, der mit dem ANSI-Vorschlag /ANSI/ identisch ist. Dieser Teil ist für Programmier-Anfänger gedacht. Wir haben daher versucht, den Text in entsprechender Form aufzubereiten und darzubieten. Aus diesem Grund halten wir uns in den Bezeichnungen auch nicht genau an die wörtliche Übersetzung der Bezeichnungen des ECMA-Vorschlags; wir haben Begriffe und ihre Bezeichnungen so gewählt, daß wir den Aufbau von Programmen anschaulich beschreiben können. Die verwendeten

Begriffe erhalten im laufenden Text einen Namen, eine Bezeichnung, auch Metavariable genannt, und werden verbal erläutert. Eine exakte syntaktische Definition ist im Anhang B gegeben: aus formalen Gründen werden dort die Metavariablen mit kleinen Buchstaben (und Bindestrichen) geschrieben; um einen eindeutigen Bezug zwischen laufendem Text und Anhang B herzustellen, wird an der Stelle des laufenden Textes, an der eine Metavariable zum ersten Mal beschrieben (definiert) wird, zusätzlich in Klammern die Schreibweise angegeben, mit der man die betreffende Metavariable im Anhang B auffinden kann, so z.B. Textzeichen (<u>textzeichen</u>) oder Schlüsselwort (<u>basic-schlüsselwort</u>). Wir werden gelegentlich diese Schreibweise auch im laufenden Text verwenden.

In diesem Buch werden wir beschreiben, wie ein richtiges Programm in BASIC auszusehen hat. Für die Fehlerbehandlung werden zwar in den Standards auch Empfehlungen gemacht, aber gerade hier gibt es Unterschiede zwischen den verschiedenen BASIC-Systemen, so daß Einzelheiten der Fehlerbehandlung besser dem jeweiligen Handbuch entnommen werden. Im übrigen sei an dieser Stelle noch darauf hingewiesen, daß - auch wenn von "Standard BASIC" die Rede ist - sich durchaus fast jedes BASIC-System in einigen Punkten mehr oder weniger vom Standard unterscheidet. Hier sei wieder auf das jeweilige Handbuch verwiesen.

Neben dem Teil, der sich mit Minimal BASIC befaßt, enthält jeder (numerierte) Abschnitt dieses Kapitels einen zweiten Teil, der sich auf BASIC-Erweiterungen, d.h. auf "Extended BASIC" bezieht. Dieser Teil ist für BASIC-Fortgeschrittene gedacht, BASIC-Anfänger können ihn beim erstmaligen Durcharbeiten dieses Buches getrost überschlagen. Daher ist dieser Teil vom ersten auch optisch deutlich abgegrenzt, und zwar in der Form, wie der jetzt folgende Teil von dem bisherigen.

EXT-BASIC.
Nach dieser Zeichenfolge werden nun Konstruktionen besprochen, die in einem erweiterten BASIC zusätzlich möglich sind. Für diese Erweiterungen legen wir einmal den Vorschlag von Bull, Freeman und Garland /BFG/, sowie zum anderen Vorschläge von ECMA /ECMA-W/ und ANSI /ANSI-W/ zugrunde, soweit sie bereits zugänglich sind. Hierzu sind grundsätzlich zwei Bemerkungen angebracht: Erstens sind viele Punkte hier noch im Fluß, so daß sich die endgültigen Standards von den jetzigen Vorschlägen wohl noch unterscheiden werden. Zweitens haben wir uns bei der Auswahl der Erweiterungen, die wir hier vorstellen, sehr beschränkt, da wir glauben, daß mit der geplanten Vielzahl der Erweiterungsmöglichkeiten die eigentliche Natur von BASIC - eine einfache, leicht erlernbare Sprache zu sein - sehr stark verwässert wird.

Dieser Teil ist, wie bereits gesagt, für BASIC-Fortgeschrittene gedacht. Wir setzen hier generell Kenntnis des Minimal BASIC voraus und werden dem Leser auch zumuten, anhand von Querverweisen gewisse Dinge an anderer Stelle des Buches genauer nachzulesen.

Dieser Teil über Extended BASIC wird ähnlich abgeschlossen, wie er begonnen wurde, und zwar genauso wie jetzt hier.
EXT-BASIC-END.

Da durchaus auch eine Folge solcher Abschnitte denkbar ist, geht es im folgenden Text mit Konstruktionen des Minimal BASIC weiter.

2.2 Grundelemente von BASIC: Alphabet, Zeichen, Worte

Betrachten wir zunächst einmal eine x-beliebige Sprache, etwa deutsch oder russisch oder japanisch, und schauen uns an, wie diese Sprache aufgebaut ist. Grundlage jeder solchen Sprache ist ein sogenanntes Alphabet, d.h. eine festgelegte Menge von Zeichen (Buchstaben, Ziffern, Bildzeichen usw.); mit diesen Zeichen bildet man Worte über diesem Alphabet - das sind Zeichenfolgen, bestehend aus einer Aneinanderreihung von Zeichen des Alphabets, und mit diesen Worten bildet man nach gewissen Regeln, die als Grammatik der Sprache bezeichnet werden, die gültigen Sätze dieser Sprache. Der formale Aufbau wird durch die Syntax beschrieben, während durch die Semantik Aussagen über einen Sinngehalt der Sätze gemacht werden. So kann man z.B. mit den folgenden (vereinfachten) Syntax-Regeln der deutschen Sprache

"Ein Satz hat die Form Subjekt-Prädikat-Objekt."
"Subjekte sind: der Baum, das Haus, die Sprache, der Mensch,..."
"Objekte sind: den Baum, das Haus, die Sprache, den Menschen,..."
"Prädikate sind: essen, ißt, aß, marschieren,..."

zwar den syntaktisch korrekten deutschen Satz

"Der Baum aß die Sprache."

bilden, aber die Semantik sagt uns, daß dieser Satz im Regelfall keine richtige Bedeutung hat.

Genau wie eine natürliche Sprache ist auch jede Programmiersprache so aufgebaut. Die Zeichen des Alphabets von BASIC (alphabet-zeichen), i.f. auch BASIC-Zeichen genannt, sind gerade die Zeichen, die üblicherweise auf Schreibmaschinen oder ähnlichen Geräten vorhanden sind. Alle BASIC-Zeichen können zum Schreiben von Programmen verwendet werden, wir sprechen daher auch von Programmzeichen (programm-zeichen);sie bestehen aus den großen Buchstaben (buchstabe) A bis Z, den Ziffern (ziffer) 0 bis 9 und den folgenden Sonderzeichen: [1)] (siehe Fußnote auf der nächsten Seite).

" | ! | # | $ | % | & | ' | (|) | * | , | / | : | ; | < |
= | > | ? | ^ | _ | ␣ | . | + | -

Eine Sonderstellung nimmt hier das "-Zeichen ein: es dient zur Kenntlichmachung eines Textes; alle Programmzeichen außer " werden daher auch als Textzeichen (<u>text-zeichen</u>) bezeichnet. In gewissen Fällen kann auf diese Abgrenzungszeichen verzichtet werden, in diesen Fällen darf aber der in Frage kommende Text nur aus Buchstaben und Ziffern, höchstens noch den Zeichen

. | + | -

bestehen; diese 3 Zeichen zusammen mit Buchstaben und Ziffern bezeichnen wir als Volltextzeichen (<u>volltext-zeichen</u>).

Die Zeichen ' und " stellen jeweils ein Zeichen dar, also ist die Aufeinanderfolge zweier Apostrophs '' durchaus verschieden von den Anführungszeichen ". Einige der oben angegebenen Zeichen sind u.U. nicht auf allen Computer-Schreibmaschinen vorhanden, so daß es durchaus möglich sein kann, daß diese Zeichen dort vielleicht anders aussehen; so könnte etwa das Zeichen ^ verschiedentlich als ↑ oder ** geschrieben werden müssen, oder aber es gibt vielleicht nur kleine Buchstaben, die dann gerade die großen ersetzen. Das Zeichen ␣ bedeutet einen Zwischenraum (d.h. Leerstelle), auch als Space oder Blank bezeichnet. Dieses Zeichen ist nur bei der Spracherläuterung in dieser Form sichtbar dargestellt, in BASIC-Programmen selbst ist es lediglich als normale Leerstelle zu sehen. Wir werden weiter unten noch einmal auf dieses Zeichen zurückkommen.

Setzt man diese Zeichen nebeneinander, so erhält man die Worte über dem Alphabet, die je nach Zusammensetzung an bestimmten Stellen eines Programms mit einer bestimmten Bedeutung stehen können. Eine beliebig lange Folge von Programmzeichen wird (in bestimmtem Zusammenhang) als Kommentar (<u>kommentar</u>) bezeichnet; "beliebig lang" meint hier, daß auch die Länge 0 zugelassen ist -

---

[1] Das Zeichen | dient hier und im folgenden, wie auch in der formalen Beschreibung der Syntax in Anhang B, zur Trennung der einzelnen Elemente in einer Aufzählung (Liste) verschiedener Möglichkeiten, wie ein Begriff gebildet werden kann. Es ist selbst kein BASIC-Zeichen.

d.h. die Zeichenfolge ist eigentlich gar nicht da. Eine beliebig lange Folge von Textzeichen ist ein Text (text); dieser Text muß in BASIC-Programmen und in Datenlisten zur deutlichen Abgrenzung von anderen Sprach- bzw. Datenelementen in "-Zeichen eingeschlossen sein. Eine Zeichenfolge aus mindestens einem Zeichen, die nur aus Volltextzeichen und ␣ besteht, ist ein Volltext (volltext); das erste und letzte Zeichen muß jedoch ein Volltextzeichen sein. Die Unterscheidung zwischen Text und Volltext ist deshalb notwendig, weil an gewissen Stellen des Programms eine Zeichenfolge als solche vom Computer nur erkannt werden kann, wenn Anfang und Ende markiert sind (durch ") - vgl. Textkonstanten, während an anderer Stelle diese Markierung nicht notwendig, dafür aber auch nicht jedes Textzeichen erlaubt ist. Kommentare finden Verwendung als erläuternde Anmerkung in der Kommentaranweisung, Texte (in "-Zeichen) als Textkonstanten sowie Texte und Volltexte als Datenelemente in Datenlisten.

Beispiele	
kommentar	JEDES ZEICHEN (AUCH ?, !, #, *) KANN IN EINEM "KOMMENTAR" VERWENDUNG FINDEN.
"text"	"BLANK'S UND KOMMAS KÖNNEN IN TEXTEN VERWENDET WERDEN, SO WIE HIER."
volltext	IN EINEM VOLLTEXT KANN KEIN KOMMA ENTHALTEN SEIN - WOHL ABER EIN PUNKT.

Andere Worte können vom Benutzer definiert werden, um numerische Konstanten (Zahlen) oder Namen für Variable und Funktionen zu bezeichnen; darauf kommen wir im nächsten Abschnitt zurück. Daneben gibt es aber auch noch bestimmte, vom System vorgegebene Worte, die z.B. als Schlüsselworte (basic-schlüsselwort) wie LET, INPUT, GOTO, END usw. zum Aufbau von Anweisungen dienen und eine feste Bedeutung haben. Eine vollständige Liste dieser Schlüsselworte findet sich im Anhang B.
Mit so gebildeten Worten sowie mit jeweils bestimmten Zeichen

werden - ähnlich wie bei der Bildung von Sätzen einer natürlichen Sprache - Ausdrücke und Anweisungen gebildet, die dann nach den Regeln der Programmiersprache zu einem Programm zusammengesetzt werden. Dies wird in den folgenden Abschnitten im einzelnen besprochen werden.

Zwei Regeln sind noch zur Verwendung des Zeichens ␣ anzumerken:

1. ␣ ist nicht erlaubt am Anfang einer Zeile, innerhalb von Schlüsselworten (außer, es ist wie bei GOTO und GOSUB explizit vorgesehen), innerhalb numerischer Konstanten, innerhalb einer Zeilennummer, innerhalb des Namens von Variablen und Funktionen sowie innerhalb von Vergleichsoperatoren, die aus zwei Zeichen bestehen.

2. ␣ soll stehen vor jedem Schlüsselwort sowie nach jedem Schlüsselwort, sofern dort nicht das Zeichen "neue Zeile" steht.

Sind diese beiden Regeln gewährleistet, so können Blanks beliebig im Programm vorkommen; sie sollen sogar zur Erhöhung der Lesbarkeit von Programmen häufig verwendet werden.

EXT-BASIC.
Zu den BASIC-Zeichen gehören neben den Programmzeichen noch die Kontrollzeichen (<u>kontroll-zeichen</u>): das sind implementierungsabhängige Zeichen für spezielle Zwecke, z.B. für "Wagenrücklauf", "neue Zeile" u.ä. Unabhängig von den BASIC-Zeichen gibt es die Codezeichen (<u>code-zeichen</u>) als Zusammenfassung der Programmzeichen mit den sogenannten <u>code-mnemo</u>'s - das ist implementierungsabhängiger mnemotechnischer Code, meist bestehend aus zwei bis drei Buchstaben oder zwei Buchstaben und einer Ziffer, für spezielle BASIC-Zeichen; z.B. CR für "Wagenrücklauf" (carriage return), LF für "neue Zeile" (line feed) oder SP für ␣ (space).

Andere Zusammenfassungen von Teilmengen obiger Zeichen sind teilweise vorgesehen, darauf möchten wir aber hier noch nicht ein-

gehen. Bei einigen Erweiterungen sind neben den Groß- auch Kleinbuchstaben zugelassen. Sie haben - außer in Texten - dieselbe Bedeutung wie die Großbuchstaben.
EXT-BASIC-END.

2.3 Konstanten, Variablen und Ausdrücke

In einem Programm sind in der Regel gewisse Berechnungen mit Zahlen durchzuführen, oder es sind Texte nach einer gewissen Vorschrift zu behandeln. Zu diesem Zweck müssen in dem Programm alle Größen mit einem entsprechenden Bezeichner (Namen) angesprochen werden können. Die Darstellung dieser Bezeichner richtet sich im wesentlichen danach, ob es sich um konstante oder variable Größen handelt.

2.3.1 Konstanten

Konstanten (basic-konstante) sind Bezeichner für Größen, deren Wert beim Schreiben des Programmes bereits bekannt ist und sich während des ganzen Programmablaufs nicht verändert; es kann sich hierbei um numerische oder um Textkonstanten handeln. Im ersten Fall ist der Wert der Konstanten eine Zahl, im zweiten ein Text. Dementsprechend unterscheiden sich auch die Bezeichner für diese Konstanten.

Eine numerische Konstante (numerische-konstante) ist eine Zahl, genauer gesagt eine Dezimalzahl, d.h. eine Zahl in dezimaler Darstellung. Für das BASIC-Programm selbst bezieht man sich in der Zahlendarstellung auf die gewohnte Basis 10 (Dezimalsystem), wohingegen die interne Zahlendarstellung im Computer durchaus eine andere Basis beinhalten kann - z.B. 2 (Dualsystem) oder 16 (Hexadezimalsystem); diese interne Darstellung ist für den BASIC-Programmierer selbst im Prinzip uninteressant bis auf evtl. daraus resultierende Ungenauigkeiten, worauf wir weiter unten im Zusammenhang mit der Laufanweisung noch kurz eingehen werden (vgl.

2.6.1). Auf eine genaue Erörterung dieser ganzen Problematik wollen wir hier aus Platzgründen nicht näher eingehen, der interessierte Leser vergleiche hierzu etwa /HSt/.

Eine solche Dezimalzahl (dezimalzahl) kann in BASIC auf ganz unterschiedliche Weisen dargestellt werden: mit oder ohne Vorzeichen, mit oder ohne Dezimalpunkt (wie bei fast allen Programmiersprachen üblich, wird das gewohnte Komma als Punkt geschrieben), evtl. zusätzlich mit einem Exponententeil. Betrachten wir eine Dezimalzahl ohne das möglicherweise dazugehörige Vorzeichen (vorzeichen), d.h. + oder -, so läßt sich diese Zahl ohne Vorzeichen auf folgende Arten schreiben:

- sofern es sich um eine ganze Zahl handelt, in der Darstellung mit implizitem Punkt (Format NR1, vgl. auch 2.7.2) - z.B. 317, d.h. der Punkt kann als ganz rechts stehend gedacht werden;
- in der unskalierten Darstellung mit explizitem Punkt (Format NR2) - z.B. 31.7 oder 317.0;
- in der skalierten Darstellung mit explizitem Punkt (Format NR3) - z.B. 317.0E-1 oder 31.7E1 oder 317.E+1 oder 317.0E0; sowie
- in der skalierten Darstellung mit implizitem Punkt - z.B. 317E-1 oder 317E0.

Bei einer skalierten Darstellung gibt der Skalenfaktor hinter dem Buchstaben E an, um wieviel Stellen der Dezimalpunkt zu verschieben ist, und zwar nach links bei negativem, nach rechts bei positivem Skalenfaktor; mit anderen Worten: E+4 z.B. besagt Multiplikation mit 10^4, E-4 besagt Division durch 10^4, d.h. Multiplikation mit 10^{-4}. Weiterhin kann bei einer Darstellung mit explizitem Punkt entweder der linke oder der rechte Teil der Zahl (aber nicht beide) entfallen.

Wir können also feststellen, daß sich eine Zahl ohne Vorzeichen (zahl-ohne-vorzeichen) in der unskalierten Darstellung ohne, in der skalierten Darstellung mit einem Exponententeil (exponenten-teil) schreiben läßt - d.h. dem Buchstaben E, gefolgt von einer positiven oder negativen ganzen Zahl, genauer: einem Vorzeichen, sofern notwendig, und danach einer ganzen Zahl ohne Vorzeichen (ganze-zahl-ohne-vorzeichen), dargestellt durch eine Folge von Ziffern mit der üblichen Bedeutung. Lassen wir einen evtl. vorhandenen Exponententeil einer Dezimalzahl weg, so bezeichnen wir den Rest als Mantisse (mantisse); diese läßt sich, entsprechend der oben angegebenen Darstellungen mit implizitem oder explizitem Punkt, schreiben als ganze Zahl ohne Vorzeichen mit oder ohne darauffolgenden Punkt, als Dezimalbruch (dezimal-bruch) - d.i. ein Punkt gefolgt von einer ganzen Zahl ohne Vorzeichen, oder als eine Kombination von beiden, natürlich mit nur einem Punkt. Innerhalb der Zeichenfolge zur Darstellung einer Dezimalzahl ist, wie bereits in 2.2 gesagt, kein Blank erlaubt.

Beispiele	
ganze-zahl-ohne-vorzeichen	317|0|1|4|31|7|3|3170|03|03170
dezimal-bruch	.317|.0|.7
mantisse	317|.317|31.|.7|31.7|3170|03170
exponenten-teil	E1|E+3|E-4|E0|E03
zahl-ohne-vorzeichen	317|317.0|.317E+3|31.7|3170E-1|03170
dezimalzahl	317|+317.0|-.317E+3|-31.7|-03170
numerische-konstante	wie dezimalzahl

Der Wert der numerischen Konstanten ist gleich der Zahl, die durch die beschriebene Zeichenfolge dargestellt wird. Nach den bisherigen Definitionen ist eine beliebige Anzahl von Ziffern zugelassen, jedoch ist in der Regel bei jedem BASIC-System eine höchstzulässige Anzahl s signifikanter Dezimalziffern vorgegeben; "signifikante Dezimalziffern" sind hierbei die Ziffern der Mantisse von der ersten von Null verschiedenen Ziffer bis zur letzten von Null verschiedenen Ziffer, z.B. bei der Dezimalzahl

03170 die Ziffern 317. Wird diese Höchstzahl überschritten, so wird der darüber hinausgehende Teil gerundet. Jedes BASIC-System muß mindestens 6 signifikante Dezimalziffern verarbeiten können, d.h. es muß immer $s \geqq 6$ gelten.

Weiterhin gibt es bei jedem BASIC-System eine kleinste positive darstellbare Zahl EPS (als Abkürzung für EPSILON, in der Mathematik üblicherweise die Bezeichnung für eine beliebig kleine Zahl) sowie eine größte (ebenfalls positive) darstellbare Zahl INF (als Abkürzung für INFINITY = Unendlich). Der Absolutwert jeder von Null verschiedenen darstellbaren Zahl liegt innerhalb dieser beiden Grenzen. Ergibt sich - als Ergebnis von Berechnungen oder bei der Eingabe - ein Wert < EPS ("underflow"), so wird der Wert Null angenommen; ergibt sich ein Wert > INF ("overflow"), so ist dies ein Fehler, es kann jedoch mit einem sogenannten "Maschinen-Unendlich" weitergerechnet werden. Bei jedem BASIC-System müssen Zahlen im Bereich von 10^{-38} bis 10^{+38} darstellbar sein, d.h. es muß immer $EPS \leqq 10^{-38}$ und $INF \geqq 10^{+38}$ gelten.

EXT-BASIC.

Neben der Dezimalzahl gibt es als numerische Konstante noch die Codezahl (code-zahl), das ist eine implementierungsabhängige Kennzeichnung für den verwendeten Code (code), z.B. denkbar in der Form ASC für ASCII-Code oder BDC bzw. EBC für BCD- bzw. EBCDIC-Code, gefolgt von einem in runde Klammern eingeschlossenen Code-Zeichen. Der Wert einer solchen numerischen Konstanten ist der numerische Wert des durch das Codezeichen dargestellten BASIC-Zeichens in der entsprechenden Codierung.

Beispiele:

ASC(0) = 48, ASC(<) = 60, ASC(A) = 65, ASC(CR) = 13,
EBC(0) = 240, EBC(<) = 76.

EXT-BASIC-END.

Eine Textkonstante(text-konstante) wird in einem BASIC-Programm dargestellt durch einen in "-Zeichen gesetzten Text.

Beispiel	
text-konstante	"XYZ"|"X - 3B2"|"1E10"

Der Wert einer Textkonstanten ist die von den "-Zeichen eingeschlossene Zeichenfolge selbst, in obigen Beispielen also z.B. XYZ oder 1E10; bei diesem letzten Beispiel ist zu beachten, daß es sich um die Zeichenfolge 1E10 als solche, und nicht um die Dezimalzahl 1E10 handelt! Ein Blank innerhalb der Zeichenfolge einer Textkonstanten hat die Bedeutung eines Zwischenraumes im entsprechenden Text (anders als sonst ein Blank innerhalb des Programms). Die Länge einer Textkonstanten - das ist die Anzahl der Zeichen zwischen den " - ist nur begrenzt durch die Länge einer Zeile (vgl. 2.4.1). Wir werden jedoch später sehen, daß der Wert einer Textvariablen nur die Länge von 18 Zeichen haben darf. Textkonstanten einer größeren Länge sind daher nur von Interesse innerhalb einer Liste von auszuschreibenden Elementen (vgl. 2.4.5 bzw. 2.7.2).

EXT-BASIC.
Analog zur Codezahl als numerische Konstante, ist eine Textkonstante auch in der Form

    code $ (code-zeichen)

möglich. Der Wert einer solchen Textkonstanten ist die Zeichenfolge, die aus dem einen, durch code-zeichen angegebenen BASIC-Zeichen gemäß der durch code angegebenen Codierung besteht. In der Regel wird bei jedem BASIC-System nur eine Codierung (ASC, EBCDIC, ...) möglich sein, so daß eine solche Konstruktion nur im Fall, daß code-zeichen ein Kontrollzeichen ist, nicht trivial ist. Z.B. ist dann ASC$(G) = "G", ASC$(7) = "7" usw., wohingegen z.B. ASC$(CR) nicht-trivial ist; das CR entsprechende Kon-

trollzeichen kann nur in dieser Form als Textkonstante geschrieben werden.
EXT-BASIC-END.

2.3.2 Variablen

Variablen sind Bezeichner für Größen, deren Wert beim Schreiben des Programms noch nicht bekannt ist und erst während des Programmlaufs bestimmt wird (z.B. durch Einlesen oder durch Auswertung eines bestimmten Ausdrucks). Je nachdem, ob es sich um numerische Werte oder Textwerte handelt, nennen wir eine solche Variable (variable) "numerische Variable" oder "Textvariable"; die Unterscheidung zwischen numerischen und Textvariablen kann, wie wir weiter unten sehen werden, bereits aufgrund des zugeordneten Namens allein getroffen werden, da jede Textvariable mit dem Zeichen $ endet. Während des Programmlaufs ist jeder numerischen Variablen genau ein numerischer Wert, jeder Textvariablen genau ein Textwert zugeordnet - sofern eine erstmalige Wertzuweisung an diese Variable überhaupt stattgefunden hat; zu Beginn der Programmausführung haben alle Variablen einen undefinierten (genauer: implementierungsabhängigen) Wert. Eine Änderung dieses Wertes kann durch Ausführung bestimmter Anweisungen erfolgen.

Jede numerische Variable (n-variable) und jede Textvariable (t-variable) kann zunächst einmal eine einfache numerische bzw. eine einfache Textvariable sein. Eine solche einfache Variable (einfache-variable), d.h. eine einfache numerische oder Textvariable, bezieht sich auf die Bezeichnung einer einzelnen, im Prinzip isoliert dastehenden Größe; darüber hinaus kann eine numerische Variable sich auch auf ein Element eines numerischen Feldes, d.h. einer 1- oder 2-dimensionalen Ansammlung gleichartiger Größen, beziehen - darauf werden wir in 2.6.2 noch ausführlich eingehen. Eine einfache numerische Variable (einfache-n-variable) wird als ein einziger Buchstabe oder als ein Buchstabe mit einer angehängten Ziffer (z.B. A oder X oder S4), eine einfache Textvariable (einfache-t-variable) als ein Buchstabe mit einem angehängten $-Zeichen (z.B. A$ oder X$) dargestellt. Die in diesem Beispiel vorkommenden einfachen Variablen A und A$ bzw. X und X$ sind als unterschiedliche Größen aufzufassen, sie können jeweils beide gleichzeitig in einem Programm vorkommen.

Der Wert einer numerischen Variablen ist eine Zahl mit den weiter oben bereits erläuterten Einschränkungen. Der Wert einer Textvariablen ist ein Textwert (basic-textwert), das ist eine Zeichenfolge, die aus beliebig vielen beliebigen BASIC-Zeichen bestehen kann - etwa ein Volltext oder ein Text. Die Länge eines Textwertes ist gleich der Anzahl der BASIC-Zeichen, die den Textwert bilden. Bei jedem BASIC-System wird eine maximale Länge LON vorgegeben sein; sie darf nicht kürzer als 18 sein (LON ≥ 18). Die Länge des einer Textvariablen zugeordneten Textwertes liegt also zwischen 0 (= leerer Text) und LON, sie kann innerhalb dieser Grenzen während eines Programmlaufs beliebig variieren. (Ein BASIC-Programm stimmt voll mit Minimal BASIC überein, wenn es bei jeder Implementierung von Minimal BASIC läuft - d.h. es darf nur Textwerte bis zu 18 Zeichen voraussetzen.)

EXT-BASIC.
Als Bezeichnung für eine einfache Textvariable ist, wie bei einfachen numerischen Variablen, die Numerierung von Buchstaben mit einer Ziffer zugelassen, z.B. A4$ oder X1$. Darüber hinaus kann sich eine Textvariable auch auf das Element eines Textfeldes (vgl. 2.6.2) beziehen. Als Textwerte sind Zeichenfolgen größerer Länge zugelassen, der Vorschlag lautet hier LON ≥ 72.
EXT-BASIC-END.

2.3.3 Ausdrücke

Berechnungsvorschriften werden mit Hilfe von Ausdrücken (ausdruck) durchgeführt; handelt es sich um die Berechnung eines numerischen Wertes, so reden wir von einem arithmetischen Ausdruck, sonst von

einem Textausdruck.
Ein arithmetischer Ausdruck (arithmetischer-ausdruck) wird aus numerischen Konstanten, Variablen und Funktionsreferenzen (d.h. dem Aufruf einer numerischen Funktion - dies erläutern wir genauer in 2.8) mittels der arithmetischen Operatoren

+ | - | * | / | ^

gebildet. Die Operatoren haben die übliche Bedeutung, ^ steht für das Potenzieren, z.B. 5^2 = 5^2 = 25. Andere als die angegebenen Operatoren, z.B.: für Division oder ** für Potenzieren sind nicht erlaubt, es sei denn, es handelt sich um ein BASIC-System, bei dem die vorgeschlagenen Zeichen, z.B. ^, nicht hardwaremäßig realisierbar sind (vgl. hierzu auch 2.2). Bezüglich der Operatoren gelten die üblichen algebraischen Regeln:

^ kommt vor * und /, * und / sind gleichrangig;
* und / kommen vor + und -, + und - sind gleichrangig.

Soll diese Rangordnung durchbrochen werden, so kann dies auf die übliche Art mittels Klammerung - d.h. mit den Zeichen (und) - geschehen.

Um diese Abarbeitungsregeln auch durch Bezeichnungen klarzumachen, wird die Konstruktion des arithmetischen Ausdrucks stufenweise aufgebaut. Auf der untersten Stufe beginnt sie mit dem elementaren arithmetischen Ausdruck (n-elementar-ausdruck): dieser ist zunächst entweder eine Zahl ohne Vorzeichen, eine numerische Variable oder der Aufruf einer numerischen Funktion; weiterhin wird ein beliebiger, bereits gebildeter arithmetischer Ausdruck durch Klammerung (...) zu einem elementaren arithmetischen Ausdruck. Er wird als Einheit bezüglich des Potenzierens angesehen. Ein solcher Elementarausdruck allein oder beliebig viele, durch ^ miteinander verbundene Elementarausdrücke bilden zusammen einen Faktor (faktor), d.h. eine Einheit bezüglich Multiplikation und Division. Ein Faktor allein oder beliebig viele, durch * oder / miteinander verbundene Faktoren bilden zusammen einen Term (term), eine Einheit bezüglich Addition und Subtraktion. Ein arithmetischer Ausdruck ist nun ein Term allein oder eine Folge beliebig vieler, durch + oder - miteinander verbundener Terme; vor dem ersten Term darf dabei noch ein Vorzeichen stehen. Dieses Vorzeichen bezieht sich aber auf den ganzen Term, d.h. es ist -A^B = -(A^B) und nicht gleich (-A)^B.

Gleichrangige Operatoren werden, falls die Reihenfolge von Bedeutung ist, von links nach rechts ausgewertet; so gilt etwa

$$A\hat{\ }B\hat{\ }C = (A\hat{\ }B)\hat{\ }C = (A^B)^C = A^{B\cdot C},$$
$$A/B/C = (A/B)/C = \frac{A}{B\cdot C}\,.$$

Ist die Reihenfolge nicht von Bedeutung, so bleibt bei fehlender Klammerung die Auswertung dem BASIC-System überlassen, d.h. dieses kann, evtl. aus Effizienzgründen, mathematische Gesetze über Kommutativität und Assoziativität von Operatoren, wie etwa

$$x+y = y+x \text{ oder}$$
$$x+(y+z) = (x+y)+z$$

voll ausnutzen.

Beispiele	
n-elementar-ausdruck	2 ¦ 3 ¦ A ¦ B2 ¦ C
faktor	3 ¦ A ¦ B2 ¦ C ¦ C^2 ¦ A^B
term	A ¦ B2 ¦ C ¦ C^2 ¦ 3*B2 ¦ A^C
arithmetischer-ausdruck	A-B2-C ¦ A+3*B2-C^2 ¦ -A^C ¦ -A ¦ -C ¦ B2-C^2

Durch Klammerung von arithmetischen Ausdrücken können wir dann in einem zweiten Durchgang erhalten:

n-elementar-ausdruck	(-A) ¦ (-C) ¦ (B2-C^2)
faktor	(-A)^C ¦ A^(-C) ¦ (B2-C^2)
term	(-A)^C ¦ A^(-C) ¦ 3*(B2-C^2)
arithmetischer-ausdruck	(-A)^C ¦ A^(-C) ¦ A-3*(B2-C^2)

Zur Auswertung arithmetischer Ausdrücke ist noch das folgende zu sagen:

1. A^0 hat im Fall A $\neq$ 0 gemäß mathematischer Definition den Wert 1. In BASIC erhält darüber hinaus auch 0^0 per Definition den Wert 1.

2. Ist der Wert von B keine ganze Zahl, also z.B. +1.3 oder -4.7, so kann A^B nur ausgewertet werden, wenn A > 0 ist. In diesem Fall gilt A^B = $e^{B \cdot \ln A}$ (ln = natürlicher Logarithmus, e = Basis der natürlichen Logarithmen = 2.71828...). Ist A $\leq$ 0, so ist dies ein Fehler, der zum Programmabbruch führt.

3. Eine Division durch 0 ist nicht statthaft. Es wird jedoch in diesem Fall häufig mit dem Wert "Maschinen-Unendlich" weitergerechnet. Genauso wird der Fall des "overflow" behandelt, d.h. der Fall, daß der errechnete Wert größer als INF wird.

4. Die Genauigkeit der Auswertung ist implementierungsabhängig, jedoch erfolgt die Auswertung mit mindestens 6 signifikanten Dezimalstellen (vgl. auch 2.3.1, zahl-ohne-vorzeichen).

Anders als ein arithmetischer Ausdruck ist ein Textausdruck (text-ausdruck) sehr viel einfacher: es ist hier nur ein elementarer Textausdruck (t-elementar-ausdruck), d.h. eine Textkonstante oder eine Textvariable zugelassen.

EXT-BASIC.

Als elementarer arithmetischer Ausdruck ist auch eine Codezahl zugelassen; für die Bildung elementarer Textausdrücke beachte man, daß als Textkonstante ebenfalls eine Code-Textkonstante erlaubt ist (vgl. 2.3.1).

Beliebig viele elementare Textausdrücke können mit dem Konkatenationsoperator & zu einem Textausdruck zusammengesetzt werden; der Wert dieses Textausdrucks entspricht dem Textwert, der aus der nahtlosen Zusammensetzung der einzelnen Textwerte entsteht.

Beispiele	
t-elementar-ausdruck	A$ | B$ | "IS TOO SMALL."
text-ausdruck	A$&B$ | B$&A$ | B$&A$&"IS TOO SMALL."

Ist hier etwa A$ = "COME " und B$ = "IN", so erhält man

A$&B$ = "COME IN", B$&A$ = "INCOME",
B$&A$&"IS TOO SMALL." = "INCOME IS TOO SMALL."

Weitere Operatoren sind nicht vorgesehen, daher ist auch eine Klammerung nicht notwendig. - Als elementarer Textausdruck ist zusätzlich der Aufruf einer Textfunktion zulässig. Mit dieser Möglichkeit können weitere Operatoren in der Form von speziellen Standardfunktionen simuliert werden (vgl. 2.8.2 bzw. 3.1).
EXT-BASIC-END.

2.4 Einfache Anweisungen; Programmaufbau

2.4.1 Aufbau eines BASIC-Programms

BASIC ist eine zeilenorientierte Sprache. Ein Programm (programm) in BASIC ist von der äußeren Form her eine Folge von BASIC-Zeilen, deren letzte eine sogenannte Endzeile ist. Jede solche BASIC-Zeile (basic-zeile) enthält eine Zeilennummer (zeilen-nummer) - das ist eine 1- bis 4-stellige ganze Zahl (ohne Vorzeichen), die die betreffende Zeile identifiziert und mit welcher diese Zeile angesprochen werden kann, sowie eine Anweisung. Diese Anweisung (anweisung) ist entweder eine einfache Anweisung oder eine Blockanweisung oder eine END-Anweisung. Jede Anweisung beginnt mit einem diese Anweisung kennzeichnenden Schlüsselwort; wir werden auf alle diese Anweisungen noch ausführlich eingehen. Jede Zeile wird abgeschlossen durch das Zeilenende (zeilen-ende); das ist in Minimal BASIC gleichbedeutend mit einem Zeichen für den Beginn einer "neuen Zeile" (neue-zeile); dieses Zeichen ist implementierungsabhängig, es kann z.B. als "Wagenrücklauf" oder durch das Ende der Lochkarte realisiert sein. Die Zeilen müssen in aufsteigender Reihenfolge der Zeilennummern vorliegen. Die letzte Zeile muß, wie bereits gesagt, eine Endzeile (end-zeile) sein, d.h. eine Zeile, die als Anweisung gerade die END-Anweisung (end-anweisung) enthält: diese besteht nur aus dem Schlüsselwort END. Diese Endzeile, z.B.

```
999 END
```

bedeutet für den Compiler das physische Ende dieses Programms, ein Programm kann demnach auch nur eine END-Anweisung enthalten.

Jede Zeilennummer hat einen positiven Wert, der für die Anordnung und Identifizierung der Zeilen von Bedeutung ist. Da also die Zeilennummer eine Marke für die betreffende Zeile ist, dürfen gleiche Zeilennummern in einem gültigen BASIC-Programm nicht vorkommen. (Dies schließt nicht aus, daß es Systemprogramme gibt, die z.B. Zeilen, die nicht nach aufsteigenden Zeilennummern sortiert sind, in die richtige Reihenfolge bringen und auch doppelte Zeilennummern in dem Sinne behandeln, daß eine Zeile davon ausgewählt wird.) Führende Nullen in einer Zeilennummer beeinflussen ihren Wert nicht, d.h. beispielsweise, daß die Zeilen 0041 und 41 identisch sind. Es sei hier nochmals auf die Regeln über den Gebrauch von Blanks hingewiesen (vgl. 2.2).

Eine solche Programmzeile ist eine zusammenhängende Zeichenfolge, die - wie bereits gesagt - durch ein spezielles, implementierungsabhängiges Zeichen, das als "neue Zeile" bezeichnet wird, abgeschlossen wird. (Dasselbe gilt im übrigen auch für Zeilen anderer Art, nämlich für Druck- und Eingabezeilen; das Zeichen für "neue

Zeile" kann durchaus von der Art der Zeile abhängen.) So aufgefaßt, enthält eine Zeile bis zu 72 Zeichen - einschließlich der Zeilennummer, aber ohne neue-zeile. Eine Zeile, die nur aus der Zeilennummer besteht, gehört übrigens nicht zum gültigen Programm, da sie keine Anweisung enthält (vgl. hierzu auch 4.2).

Betrachten wir uns nun die in den einzelnen Zeilen eines Programms enthaltenen Anweisungen. Jede Anweisung muß vollständig in dieser einen Zeile enthalten sein, eine Fortsetzung über mehrere Zeilen hinweg ist nicht möglich. Einige dieser Anweisungen, nämlich die oben bereits erwähnten Blockanweisungen, dienen einem speziellen Zweck: diese Blockanweisungen (block-anweisung) kommen jeweils als Anweisungspaar vor, die wie ein Klammerpaar alle dazwischenliegenden Zeilen zusammen mit den Zeilen, die die beiden Blockanweisungen enthalten, zu einer logischen Einheit, einem Block zusammenfassen. Dieser Block (block) beinhaltet hier die Realisierung einer Laufanweisung (auch "Schleife" genannt); man spricht in BASIC von einem FOR-Block. Die Blockanweisungen sind dementsprechend die FOR-Anweisung und die NEXT-Anweisung; wir kommen darauf ausführlich in 2.6.1 zurück.

Eine Zeile, die eine einfache Anweisung enthält, d.h. keine Block- und keine END-Anweisung, ist eine einfache Zeile (einfache-zeile). Jede einfache Zeile wird ebenfalls als Block aufgefaßt.

Mit diesen Bezeichnungen ist dann ein BASIC-Programm (basic-programm) ein abgeschlossenes, lauffähiges Programm, welches aus einer Aneinanderreihung beliebig vieler solcher Blöcke besteht und mit einer Endzeile abgeschlossen wird. Die Ausführung des Programms erfolgt Zeile für Zeile sequentiell, und zwar so lange, bis durch eine Kontrollanweisung diese sequentielle Reihenfolge durchbrochen wird. Das Programm endet - wenn es nicht aufgrund eines Fehlers vorzeitig abgebrochen wird - entweder, wenn die in der Endzeile enthaltene END-Anweisung oder eine spezielle STOP-Anweisung zur Ausführung gelangt.

EXT-BASIC.
Das Zeilenende kann die Form

! kommentar neue-zeile

haben, d.h. man hat die Möglichkeit, hinter jeder Anweisung (von der Formatanweisung abgesehen, s.u.) einen erläuternden Text zu schreiben; z.B. kann eine BASIC-Zeile nun auch das Aussehen

```
137 LET X = 0 ! ANFANGSWERT SETZEN
```

haben. Eine Zeile, die nur eine Zeilennummer enthält, wird üblicherweise aus dem Programm entfernt, obwohl sie eigentlich gültig ist (vgl. 2.4.2, Scheinanweisung).

Zu den Anweisungen kommen zusätzlich die Formatanweisung und die Unterprogrammanweisungen (unterprogramm-anweisung) - d.h. Anweisungen für Unterprogramm-Anfang, Unterprogramm-Ausgang und Unterprogramm-Ende - hinzu. Die Formatanweisung ist im Prinzip auch eine einfache Anweisung; der einzige Unterschied ist der, daß in derselben Zeile, die eine Formatanweisung enthält - und die ebenfalls eine einfache Zeile ist, kein Kommentar enthalten sein darf. Die Formatanweisung ist im übrigen (neben der Scheinanweisung) die einzige Anweisung, die kein Schlüsselwort besitzt.

Neben der einzeiligen Funktionsdefinition gibt es die mehrzeilige Funktionsdefinition in Form eines Funktionsblocks. Die zugehörigen Blockanweisungen sind Funktionsblock-Anfang und Funktionsblock-Ende (vgl. 2.8.3).

Ein BASIC-Programm kann zusätzlich zu einem Programm eine Folge von Unterprogrammen enthalten, d.h. eine ganze Programmdatei (programm-file), sowie - durch die entsprechenden Dateianweisungen daran angehängt - eine Folge von Unterprogrammdateien (unterprogramm-file), von denen jede aus einem oder mehreren Un-

terprogrammen besteht. Jede Programm- bzw. Unterprogrammdatei ist eine Datei im Sinne von BASIC und über jeweils einen Kanal ansprechbar. Man vergleiche hierzu die Abschnitte 3.2 (Externe Unterprogramme) und 3.5 (Das BASIC-File-System).
EXT-BASIC-END.

2.4.2 Beschreibung einiger einfacher Anweisungen

Anweisungen, die keine Blockanweisung und nicht die END-Anweisung sind, bezeichnen wir als einfache Anweisungen; jede einfache Anweisung entspricht genau einer Programmzeile. Eine solche einfache Anweisung (einfache-anweisung) kann von einem der folgenden Typen sein:

- Zuordnungsanweisung; sie dient der Zuordnung von berechneten Werten an eine Variable, wir werden sie in 2.4.3 ausführlich besprechen;
- Kontrollanweisung; sie dient der Unterbrechung des sequentiellen Programmablaufs; eine spezielle Kontrollanweisung ist die STOP-Anweisung (stop-anweisung): sie besteht nur aus dem Schlüsselwort

  STOP

  und beinhaltet den Stop des Programms, d.h. das logische Programmende; in diesem Sinn kann sie auch die END-Anweisung ersetzen (jedoch nicht die END-Anweisung als Anweisung für das physische Programmende);
- DATA-Anweisung; sie dient der Festlegung von Werten von Variablen innerhalb des Programms;
- Ein/Ausgabe-Anweisung (ein-ausgabe-anweisung), d.h. Eingabeanweisung oder Ausgabeanweisung oder RESTORE-Anweisung (vgl. 2.7.1); in 2.4.4 werden wir als Eingabeanweisung die INPUT-Anweisung, in 2.4.5 als Ausgabeanweisung die Print-Anweisung (in ihrer einfachsten Form) kennenlernen (vgl. auch 1.4);

- Feldanweisung (<u>feld-anweisung</u>); sie dient als Feldvereinbarung der genaueren Spezifizierung von Feldern;
- Funktionsanweisung; sie dient zur Definition einfacher Funktionen durch den Benutzer (d.h. den Programmierer);
- Kommentaranweisung (<u>kommentar-anweisung</u>); sie hat die Form

  REM kommentar

  (REM = Abkürzung für REMARK) und dient der Einstreuung von Kommentarzeilen in ein Programm, um dieses besser lesbar zu machen; Beispiel:

  REM DIES IST EINE BEISPIELZEILE;

  eine Kommentarzeile wird einfach übergangen, es gelangt die nächste Zeile zur Ausführung;
- RANDOMIZE-Anweisung; wir kommen auf diese Anweisung im Zusammenhang mit der numerischen Standardfunktion RND (vgl. 2.8.2) zurück;
- OPTION-Anweisung (<u>option-anweisung</u>); sie kann von der Gestalt

  OPTION BASE 0 | OPTION BASE 1

  sein und dient in dieser Form zur Festlegung der unteren Grenze aller Indizes von Feldern (vgl. hierzu 2.6.2).

EXT-BASIC.
Einfache Anweisungen können zusätzlich von einem der folgenden Typen sein:

- die OPTION-Anweisung kann auch die Form

  OPTION andere-option

  haben und ist für spätere Erweiterungen reserviert, demgemäß kann derzeit über <u>andere-option</u> auch noch nichts Genaueres ausgesagt werden;
- Scheinanweisung (<u>schein-anweisung</u>); sie ist die leere Anweisung, d.h. sie besteht aus dem leeren Text; eine Zeile mit Scheinan-

weisung enthält nur die Zeilennummer, es sei denn - und das ist ihre eigentliche Bedeutung, das Zeilenende enthalte einen zusätzlichen Kommentar; Beispiel:

```
1130 ! DIES SIND ZWEI ZEILEN MIT SCHEIN-
1131 ! ANWEISUNGEN UND KOMMENTAR;
```

sie hat in diesem Zusammenhang dieselbe Bedeutung wie die Kommentaranweisung;

- Unterprogramm-Aufruf, zum Aufruf eines externen, d.h. außerhalb des Programms liegenden Unterprogramms; sowie
- Datei-Anweisung zum Umgang mit dem BASIC-File-System.

Zu den einfachen Anweisungen, genauer zu den Feldanweisungen, zählen auch die Matrixanweisungen für den Umgang mit ganzen Feldern. EXT-BASIC-END.

2.4.3 Die Zuordnungsanweisung

Eine der wichtigsten einfachen Anweisungen ist die Zuordnungsanweisung (zuordnungs-anweisung), die wegen des zugeordneten Schlüsselwortes LET auch als LET-Anweisung (let-anweisung) bezeichnet wird. Sie dient der Zuordnung des Wertes eines Ausdrucks an eine Variable, ein sogenanntes Ziel (ziel) und hat die allgemeine Form:

```
LET ziel = ausdruck
```

Entsprechend der beiden erörterten Typen von Konstanten, Variablen und Ausdrücken handelt es sich bei der numerischen Zuordnungsanweisung (n-let-anweisung) um die Zuordnung des Wertes eines arithmetischen Ausdrucks an eine numerische Variable, d.h. ein numerisches Ziel (n-ziel), bei der Textzuordnungsanweisung (t-let-anweisung) um die Zuordnung des Wertes eines Textausdrucks an eine Textvariable, d.h. ein Textziel (t-ziel).

Beispiele	
n-let-anweisung	LET P = 3.14159 ¦ LET X = A*X^2-X^3
t-let-anweisung	LET A$ = "COME " ¦ LET B$ = "IN"¦ LET C$ = A$

Die Auswertung der LET-Anweisung geschieht in der Art, daß zunächst der Wert des Ausdrucks der rechten Seite (d.h. der Seite rechts vom Gleichheitszeichen) berechnet und dieser Wert dann als neuer Wert der Variablen der linken Seite, dem Ziel, zugeordnet wird; so kann also durchaus die Variable der linken Seite im Ausdruck der rechten Seite selbst vorkommen. Bei der n-let-anweisung sind beliebige arithmetische Ausdrücke zugelassen, sowie als Ziele auch Feldelemente; darauf kommen wir in 2.6.2 nochmals zurück.

EXT-BASIC.
Der Wert des Ausdrucks der rechten Seite kann mit einer LET-Anweisung auch mehreren Variablen zugewiesen werden, man spricht in diesem Fall von einer "Mehrfachzuweisung". Diese hat die allgemeine Form: [1)]

```
LET ziel, ziel, ..., ziel = ausdruck
```

Dabei müssen natürlich alle Ziele vom selben Typ wie der Ausdruck der rechten Seite sein.

Beispiele	
n-let-anweisung	LET A, Y(I), Z = I+1 ¦ LET T(I,J),I,J = I+J
t-let-anweisung	LET A$,B$ = A$&B$&"IS TOO SMALL."

Die Auswertung einer n-let-anweisung geschieht in folgender Reihenfolge:

- Berechnung aller Indizes der linken Seite
- Berechnung des Wertes des Ausdrucks der rechten Seite

1) Diese Notation entspricht nicht der exakten Syntaxnotation im Anhang B.

- Zuordnung dieses Wertes an alle Ziele.

Hat in obigem Beispiel vor der Ausführung der LET-Anweisung I den Wert 2, J den Wert 3, so gilt danach:

T(2,3) = 5, I = 5, J = 5, T(5,5) wie vorher.

Bei der Zuordnungsanweisung kann als Ziel auf der linken Seite außer dem Namen einer Variablen auch der Name einer vom Benutzer definierten Funktion stehen, und zwar je nach Typ entweder einer numerischen oder einer Textfunktion. Ein Funktionsname als Ziel ist nur möglich innerhalb des Funktionsblocks, der zur Definition der Funktion mit diesem Namen dient. In diesem Fall ist auch keine Mehrfachzuweisung möglich.
EXT-BASIC-END.

2.4.4 Die INPUT-Anweisung

Die INPUT-Anweisung (input-anweisung) dient der interaktiven Eingabe von Daten, d.h. der Eingabe von Daten während des laufenden Programms, vom Terminal aus; sie hat die allgemeine Form:

INPUT ziel, ziel, ..., ziel

Auf das Schlüsselwort INPUT folgt also eine Liste von Zielen (ziel-liste), die aus einem oder mehreren, durch Komma voneinander getrennten Zielen besteht. In dieser Zielliste können durchaus Ziele verschiedenen Typs vorkommen, da sie nicht dafür gedacht ist, daß allen Zielen derselbe Wert zugewiesen wird, wie wir gleich sehen werden.

Wenn eine Zeile mit einer INPUT-Anweisung zur Ausführung kommt, so bewirkt dies zunächst, daß das System dem Benutzer am Terminal einen Hinweis gibt, daß nun Daten irgendwelcher Art benötigt werden. Dies geschieht durch eine sog. Eingabeanforderung (basic-input-anforderung): das ist ein implementierungsabhängiges Zeichen oder eine Zeichenfolge mit diesem speziellen Sinn, meist die zwei Zeichen ?␣ oder das Zeichen ? allein.

Durch diese Eingabeanforderung wird vom Benutzer am Terminal eine Eingabeantwort (basic-input-antwort) verlangt: das ist eine Antwortzeile (einzeilige-antwort), bestehend aus einer Eingabedatenliste, die durch ein implementierungsabhängiges Zeichen für Eingabeende (input-ende), z.B. neue-zeile, abgeschlossen wird. Die Eingabedatenliste (input-liste) besteht aus einem oder mehreren Eingabedaten, die durch Komma voneinander getrennt sind. Jedes Eingabedatenelement (input-datum) ist ein beliebiges Datenelement (datum), d.h. entweder eine Dezimalzahl oder ein in "-Zeichen eingeschlossener Text oder ein Volltext, vor und nach dem beliebig viele Blanks stehen können.

Die INPUT-Anweisung bewirkt nun, daß die Elemente der Eingabedatenliste der Eingabeantwort sukzessive den Elementen der Zielliste der INPUT-Anweisung zugeordnet werden; dies bedeutet natürlich, daß diese Elemente in ihrem Typ jeweils übereinstimmen müssen - d.h. es kann z.B. nicht ein Textwert einer numerischen Variablen zugeordnet werden. Falls diese Übereinstimmung nicht vorhanden ist, so wird in der Regel durch eine neue Eingabeanforderung eine neue Eingabeantwort verlangt; d.h. übrigens auch, daß die Wertzuordnung erst erfolgt, wenn alle Datenelemente der Antwortzeile überprüft sind.

Beispiele			
input-anweisung	INPUT X	INPUT X, A$,Y(2)	INPUT A, B, C$
input-liste	3.14159	2,SMITH, -3	3.7, 2.4, "SMITH"

Falls die Antwortzeile weniger Datenelemente enthält, als durch die INPUT-Anweisung eigentlich verlangt werden, so werden in der Regel, durch Wiederholung der Eingabeanforderung, weitere Eingabedaten angefordert, die durch eine nächste Antwortzeile geliefert werden.

Eine erneute Eingabeanforderung zur (richtigen) Wiederholung der Antwortzeile erfolgt in der Regel, wenn die Antwortzeile zu viele oder zu große Datenelemente enthält. Mit "zu große" sind sowohl numerische wie Textdaten gemeint. Haben numerische Datenelemente einen zu kleinen Wert, so werden sie durch 0 ersetzt.

Die Zielliste der INPUT-Anweisung kann natürlich auch Feldelemente enthalten. In diesem Fall sind gewisse zusätzliche Regeln zu beachten (vgl. 2.6.2).

Wird das Programm nicht im interaktiven Mode abgearbeitet, sondern im Batchbetrieb, so beinhaltet die INPUT-Anweisung eine Anforderung von Daten von einem entsprechenden (implementierungsabhängigen) externen Gerät. Es erfolgt dann eine Programmunterbrechung, bis die Anforderung vollständig befriedigt worden ist. In welcher Form dazu die Daten einzugeben sind, ist implementierungsabhängig.

EXT-BASIC.
Falls input-ende verschieden ist von neue-zeile, so kann von vornherein vorgesehen werden, daß die Eingabeantwort aus mehr als einer Antwortzeile (mehrzeilige-antwort) besteht: in diesem Fall werden die Antwortzeilen von der ersten bis zur vorletzten durch neue-zeile und nur die letzte durch input-ende abgeschlossen. Die Abarbeitung erfolgt in der Art, daß nach jeder Antwortzeile, die mit neue-zeile abgeschlossen wird, eine neue Antwortzeile erwartet wird - genauso, wie wenn eine neue INPUT-Anweisung zur Ausführung käme. (Der Unterschied zu Minimal BASIC besteht eigentlich nur darin, daß der Zusatz "in der Regel" bei der Erläuterung der Behandlung einer zu kleinen Eingabedatenliste wegfällt.)

Die Eingabedatenliste kann zusätzlich als Element den Eingabe-Stop (input-stop) enthalten, das ist das Schlüsselwort STOP, vor und nach dem - wie bei jedem Datenelement der Eingabedatenliste - beliebig viele Blanks stehen können. Sobald dieses Element gelesen wird, erfolgt ein regulärer Programm-Stop, d.h. man hat hierdurch die Möglichkeit, vom Terminal aus das Programm abzubrechen.

Die INPUT-Anweisung kann auch die Form

INPUT WAIT index: ziel-liste

haben. Hierbei gibt der Wert eines Indexausdrucks (vgl. 2.6.2, index) an, wieviel Sekunden, vom Absetzen der Eingabeanforderung an gerechnet, das System Datenelemente einer Antwortzeile akzeptiert. Nach dieser Zeit werden keine Eingabewerte mehr akzeptiert; die Variablen, denen bis dahin noch kein Eingabewert zugewiesen wurde, bleiben unverändert.

Beispiel	
input-anweisung	INPUT WAIT 10: A, B, C$, Z

Auf eine weitere Form der INPUT-Anweisung werden wir im Zusammenhang mit dem BASIC-File-System eingehen (vgl. 3.5.3).
EXT-BASIC-END.

2.4.5 Ein einfaches Programm

Zu einem sinnvollen Programm gehört neben der Eingabe auch die Ausgabe von Daten in einem gewissen Umfang. Dieser Ausgabe von Daten über das Terminal (oder, im Batchbetrieb, über ein implementierungsabhängiges externes Gerät) dient die PRINT-Anweisung (print-anweisung); in ihrer einfachsten Form hat sie die Gestalt

PRINT ausdruck, ausdruck,..., ausdruck

und bewirkt das Ausschreiben der Werte der einzelnen Ausdrücke - sowohl arithmetischer wie Textausdrücke - in die gerade aktuelle Druckzeile; nach der Ausgabe dieser Werte erfolgt ein Übergang zur nächsten Zeile. Für das folgende Beispiel habe X den Wert 2, Y den Wert 2.8 und N$ den Wert MEYER.

Beispiel	
print-anweisung	PRINT X+Y, 3.7, "OTTO", N$
Druckzeile	4.8 3.7 OTTO MEYER

An dieser Stelle möge dies beispielhaft genügen. Ausführlich werden wir auf die PRINT-Anweisung in 2.7.2 eingehen.

Als Beispiel betrachten wir nun die folgende Aufgabe (A0): Ein Kunde hat drei Artikel in unterschiedlichen Mengen gekauft und wünscht eine Rechnung. Diese soll enthalten: den Kundennamen, die Bezeichnung der Artikel, Menge und Preis pro Einheit sowie Gesamtpreis des Artikels, und schließlich den gesamten Rechnungsbetrag. Als Eingabedaten sollen am Terminal (in dieser Reihenfolge) zur Verfügung gestellt werden: Kundenname; dann für jeden Artikel eine Zeile mit Artikelbezeichnung, Menge und Preis pro Einheit. Mit dem folgenden BASIC-Programm kann diese Aufgabe gelöst werden:

```
100 REM PROGRAMM ZUR LÖSUNG DER AUFGABE A0
110 REM
120 REM EINGABE
130 REM *******
140 REM
150 INPUT K$
160 INPUT A$, M1, P1
170 INPUT B$, M2, P2
180 INPUT C$, M3, P3
190 REM
200 REM BERECHNUNGEN
210 REM ************
220 REM
230 LET B1 = M1 * P1
240 LET B2 = M2 * P2
250 LET B3 = M3 * P3
```

```
260 REM
270 REM AUSGABE
280 REM *******
290 REM
300 PRINT "RECHNUNG FÜR HERRN/FRAU/FIRMA", K$
310 PRINT "ARTIKEL", "ANZAHL", "PREIS/EINHEIT", "BETRAG DM"
320 PRINT A$, M1, P1, B1
330 PRINT B$, M2, P2, B2
340 PRINT C$, M3, P3, B3
350 PRINT "GESAMT-RECHNUNGSBETRAG: DM ", B1 + B2 + B3, "."
360 REM PROGRAMMENDE
370 STOP
380 END
```

Werden am Terminal nacheinander (nach der jeweiligen Eingabeanforderung) die folgenden Zeilen eingegeben:

```
UNI-KA
BLEISTIFT, 9, 0.75
RADIERGUMMI, 2, 1.53
KUGELSCHREIBER, 4, 2.11
```

so liefert das obige Programm die folgende Ausgabe:

```
RECHNUNG FÜR HERRN/FRAU/FIRMA  UNI-KA
ARTIKEL         ANZAHL  PREIS/EINHEIT  BETRAG DM
BLEISTIFT         9        0.75           6.75
RADIERGUMMI       2        1.53           3.06
KUGELSCHREIBER    4        2.11           8.44
GESAMT-RECHNUNGSBETRAG = DM 18.25
```

Die Anweisungszeile 370 (STOP) könnte im übrigen auch entfallen.

Wir können an obigem Programmbeispiel auch feststellen, daß (im Unterschied zu einigen anderen Programmiersprachen) die im Programm vorkommenden Variablen nicht an gesonderter Stelle aufgelistet werden müssen. Welche Variablen vorkommen und von welchem Typ sie sind (numerisch, Text), erkennt das BASIC-System selbst.

2.5 Kontrollanweisungen; interne Unterprogramme

2.5.1 Kontrollanweisungen

Ein Programm läuft normalerweise sequentiell ab, d.h. es wird Zeile für Zeile abgearbeitet. Diese sequentielle Abarbeitung wird solange durchgeführt, bis entweder das Programm durch eine END- oder STOP-Anweisung beendet wird oder bis eine andere Kontrollanweisung diese Reihenfolge durchbricht, d.h. die "Kontrolle" an eine andere Programmzeile als die nächstfolgende übergibt. Neben der STOP-Anweisung gehören zu den Kontrollanweisungen (kontroll-anweisung) die Sprunganweisung, die bedingte Anweisung, die Verzweigung, der Unterprogrammsprung sowie der Rücksprung.

Die Sprunganweisung (sprung-anweisung) hat die Form

GOTO zeilen-nummer

und bewirkt, daß das Programm nicht mit der nächstfolgenden Zeile weitermacht, sondern mit der Zeile, deren Zeilennummer in der Sprunganweisung angegeben ist. So würde beispielsweise die Einfügung der Zeile

```
355 GOTO 150
```

an die (gemäß der Zeilennumerierung) richtige Stelle in das Beispielprogramm in 2.4.5 bewirken, daß nach dem Ausschreiben des Rechnungsbetrages das ganze Programm von vorne beginnt, d.h. es werden die Daten des nächsten Kunden eingelesen, dann verarbeitet und ausgegeben, usw.
Anstelle des einen Schlüsselwortes GOTO können generell auch die zwei Schlüsselworte GO und TO mit beliebig vielen Blanks dazwischen geschrieben werden.

Ein solcher Sprung zu einer anderen Zeile kann nun davon abhängig gemacht werden, ob eine bestimmte Bedingung erfüllt ist, und zwar mittels der bedingten Anweisung. So kann es in dem obigen modifizierten Beispiel wünschenswert sein, in Abhängigkeit von einer bestimmten Eingabe das Programm enden zu lassen; es möge etwa vereinbart sein, daß die Eingabe der Zeichenfolge $$$ als Kundenname die Beendigung des Programms bedeutet. Durch Einfügen der Zeile 155 (unmittelbar nach 150) mit der entsprechenden bedingten Anweisung in der Form

```
155 IF K$ = "$$$" THEN 370
```

wird bewirkt, daß nach Eingabe der Antwortzeile

```
"$$$"
```

auf die durch Zeile 150 hervorgerufene Eingabeanforderung die Bedingung erfüllt ist und das Programm mit der Zeile 370 (STOP-Anweisung) weitermacht, also abbricht; wird eine andere Antwortzeile eingegeben, so ist die Bedingung nicht erfüllt, das heißt das Programm führt den Sprung nicht aus, sondern macht in der normalen Reihenfolge, also mit Zeile 160 weiter.

Nebenbei verdeutlicht dieses Beispiel auch nochmals die unterschiedliche Behandlung von Volltext und Text in Datenlisten: während der Kundenname MEYER unmittelbar in dieser Form hingeschrieben werden kann, muß die Zeichenfolge $$$ in "-Zeichen eingeschlossen werden, da sie keinen Volltext darstellt.

Die bedingte Anweisung (bedingte-anweisung) hat die allgemeine Form:

```
IF bedingung THEN zeilen-nummer
```

Die Bedingung (bedingung) zwischen IF und THEN kann ein Textvergleich (wie oben) oder auch ein numerischer Vergleich sein. Bei einem Textvergleich (t-vergleich) werden zwei Textausdrücke mittels = bzw. <> daraufhin untersucht, ob sie (bzw. ihre Textwerte) gleich (=) oder ungleich (<>) sind; dabei sind zwei Textwerte gleich genau dann, wenn sie gleiche Länge haben und zeichenweise übereinstimmen, sonst sind sie ungleich. Beim numerischen Vergleich (n-vergleich) wird verglichen, ob der Wert des links vom Vergleichsoperator stehenden arithmetischen Ausdrucks gleich (=), kleiner (<), größer (>), nicht kleiner (>=), nicht größer (<=) oder ungleich (<>) dem Wert des rechts vom Vergleichsoperator stehenden arithmetischen Ausdrucks ist. Die jeweiligen Vergleichsoperatoren sind oben in Klammern angegeben.

Beispiele			
n-vergleich	X > Y+83	2*X^3 <= X*Y	
t-vergleich	K$ = "$$$"	K$ = "MEYER"	A$<>B$
bedingte-anweisung	IF X>Y+83 THEN 200	IF A$<>B$ THEN 550	

Eine weitere Verallgemeinerung der Sprunganweisung ist die Verzweigung (<u>verzweigung</u>); hier gibt der Wert eines Indexausdrucks (vgl. 2.6.2, index) an, der wievielte Wert aus einer Liste von Zeilennummern als Sprungziel auszuwählen ist. Sie hat die allgemeine Form:

```
ON index GOTO zeilen-nummer,zeilen-nummer,...,zeilen-nummer
```

Beispiel	
verzweigung	ON L+1 GOTO 300, 400, 500

Hat in diesem Beispiel L den Wert 0, also L+1 den Wert 1, so erfolgt ein Sprung zur Zeile 300, hat L den Wert 1 (L+1 den Wert 2), so zur Zeile 400, und im Falle L = 2 zur Zeile 500. Liegt der Wert des Indexausdrucks nicht innerhalb 1 und der Anzahl der Zeilennummern in der Liste (d.h. ist L+1≤0 oder L+1>3), so ist dies ein Fehler.

Unterprogrammsprung und Rücksprung werden wir in 2.5.2 behandeln. Alle in Kontrollanweisungen vorkommenden Zeilennummern müssen selbstverständlich im Programm enthalten sein.

EXT-BASIC.
Bei der bedingten Anweisung ist hinter

```
IF bedingung THEN
```

eine beliebige Zuordnungs-, Kontroll-, Ein/Ausgabeanweisung oder die RANDOMIZE-Anweisung erlaubt. Die Bedeutung ist offensichtlich.

Weiterhin sind beim Textvergleich alle Vergleichsoperatoren wie auch beim numerischen Vergleich erlaubt. Ein Textwert ist dabei kleiner als ein anderer Textwert, wenn er in der lexikalischen Anordnung vor diesem kommt; man beachte hierbei, daß die für die lexikalische Anordnung zugrunde gelegte "collating sequence" (d.h. Reihenfolge der Alphabetzeichen) implementierungsabhängig ist.

Die zusätzlich erlaubte Kanalbedingung wird in 3.5 behandelt.

<table>
<tr><th>Beispiele</th><th></th></tr>
<tr><td>t-vergleich</td><td>X$ = Y$ | C$ < A$&B$&"XYZ"</td></tr>
<tr><td>bedingte-anweisung</td><td>IF X>Y THEN GOTO 300 | IF X$ >= Y$ THEN STOP |
IF X<0 THEN LET X=-X</td></tr>
</table>

Die Verzweigung kann auch als Unterprogrammsprung verwendet werden, in diesem Fall ist GOTO durch GOSUB zu ersetzen (vgl. 2.5.2).
EXT-BASIC-END.

2.5.2 Interne Unterprogramme

Bei vielen Programmen wird es vorkommen, daß eine bestimmte Folge von Anweisungen, nur jeweils mit anderen Zeilennummern versehen, an mehreren Stellen des Programms vorkommt. Um die Programmierung zu vereinfachen und das Programm übersichtlicher zu machen, empfiehlt es sich, diese Anweisungsfolge zu einem "internen Unterprogramm" zusammenzufassen und etwa ans Ende des Programms zu legen, mit entsprechender Zeilennumerierung. An jeder Stelle des Programms, an der diese Anweisungsfolge ausgeführt werden soll, erfolgt ein Sprung zu der ersten Zeile dieser Anweisungsfolge - und zwar nun nicht als normaler Sprung mit GOTO, sondern als Unterprogrammsprung (<u>unterprogramm-sprung</u>) mit GOSUB:

GOSUB zeilen-nummer

(Auch bei GOSUB ist, analog zu GOTO, die Zerlegung in GO und SUB möglich.) Die Anweisungsfolge des internen Unterprogramms muß nun zusätzlich in der letzten Zeile einen Rücksprung (rücksprung) in der Form

```
RETURN
```

enthalten; dieser Rücksprung, der nur nach vorangegangenem GOSUB möglich ist, verursacht einen Sprung zu der auf die GOSUB-Anweisung folgenden Zeile des Programms, d.h. man macht an der alten Stelle im Programm weiter.

Betrachten wir als Beispiel wieder die Aufgabe A0 (vgl. 2.4.5). Diese Aufgabe soll nun so gelöst werden, daß nicht eine Rechnung erstellt, sondern nach jedem Einzelartikel der Gesamtpreis des Artikels und zum Schluß der Gesamt-Rechnungsbetrag ausgegeben wird. Dazu dient das folgende BASIC-Programm, welches Lesen der Artikeldaten, Berechnen und Ausgeben des Gesamtpreises des Artikels sowie die Bildung der Zwischensumme für den Gesamt-Rechnungsbetrag als internes Unterprogramm realisiert:

```
100 REM ALTERNATIV-PROGRAMM ZUR LÖSUNG DER AUFGABE A0
110 REM
120 NÄCHSTER KUNDE
130 INPUT K$
140 IF K$ = "$$$" THEN 420
150 LET G = 0
160 GOSUB 300
170 GOSUB 300
180 GOSUB 300
190 PRINT "GESAMT-RECHNUNGSBETRAG: DM ", G, "."
200 GOTO 130
300 REM
```

```
310 REM INTERNES UNTERPROGRAMM - NÄCHSTER ATRIKEL
320 INPUT A$, M, P
330 LET B = M*P
340 PRINT "GESAMTPREIS ARTIKEL: DM ", B, "."
350 LET G = G+B
360 RETURN
400 REM
410 REM PROGRAMMENDE
420 END
```

Die Schachtelung von solchen GOSUB/RETURN-Zeilen ist möglich, die internen Unterprogramme müssen nicht selbständige abgeschlossene, zusammenhängende Programmteile sein. Die genaue Wirkung der GO-SUB- bzw. RETURN-Anweisung ist die folgende: kommt eine GOSUB-Zeile zur Ausführung, so wird - vor Ausführung des entsprechenden Sprungs - die Zeilennummer dieser Zeile in einer Liste ganz oben abgelegt (die Länge der Liste wird dabei um 1 vergrößert). Zu Programmbeginn ist diese Liste leer. Kommt eine RETURN-Zeile zur Ausführung, so wird aus der Liste die oberste (d.i. die zuletzt abgelegte) Zeilennummer entnommen, die Länge der Liste dabei um 1 verringert, und es erfolgt ein Sprung zu der dieser Zeile folgenden Zeile; ist die Liste leer, so ist das Programm fehlerhaft.

Die GOSUB/RETURN-Paare wirken also wie Klammern, der Rücksprung bezieht sich auf den jeweils zugehörigen Unterprogrammsprung. Die einzelnen GOSUB- bzw. RETURN-Zeilen können durchaus innerhalb einer Schachtelung mehrfach vorkommen. Die Liste muß 10 Zeilennummern aufnehmen können, d.h. es ist bis zu 10-fache Schachtelung solcher internen Unterprogramme möglich.

Eine Programmbeendigung ist möglich, auch wenn nicht alle Unterprogrammsprünge aufgelöst sind, d.h. wenn die Liste noch nicht leer ist.

EXT-BASIC.
In einem externen Unterprogramm (vgl. 3.2) sowie in einem Funktionsblock (vgl. 2.8.3) müssen, im Gegensatz zum Hauptprogramm selbst, alle Unterprogrammsprünge vor Beendigung des externen Unterprogramms bzw. der Funktion aufgelöst sein.
EXT-BASIC-END.

2.6 Laufanweisung und Felder

2.6.1 Die Laufanweisung

Im vorhergehenden Abschnitt haben wir gesehen, wie man mittels eines internen Unterprogramms den Fall behandelt, daß eine (bis auf die Zeilennumerierung) identische Anweisungsfolge an verschiedenen Stellen eines Programms zur Ausführung gelangen soll. Bei dem angegebenen Beispiel ist es allerdings ganz speziell so, daß die drei Unterprogrammsprünge unmittelbar aufeinanderfolgen, d.h. mit anderen Worten, daß an einer bestimmten Stelle des Programms eine ganz bestimmte Anweisungsfolge wiederholt auszuführen ist. Eine entsprechend häufige Wiederholung der Anweisung oder Anweisungsfolge (wie z.B. der INPUT-Anweisung in 2.4.5) verbietet sich, wenn die Zahl der Wiederholungen größer wird (z.B. 100 und mehr INPUT-Anweisungen nacheinander) oder wenn diese Anzahl gar variabel ist. Dann ist auch die oben angegebene platzsparende Lösung durch die Bildung eines internen Unterprogramms nicht mehr angebracht, zumal sie den Nachteil hat, daß an der betreffenden Programmstelle die auszuführende Anweisungsfolge selbst nicht unmittelbar zu sehen ist. Meistens kommt noch hinzu, daß solche zu wiederholenden Anweisungsfolgen in irgendeiner Weise einen Parameter (z.B. einen Index) in die Berechnung einbeziehen, der sich bei jeder Wiederholung ändert (z.B. um 1 erhöht).

Zur Lösung solcher Probleme dient die Laufanweisung ("Schleife") oder FOR-Block, wie es in BASIC heißt. Ein FOR-Block (for-block) beinhaltet, wie bereits in 2.4.1 angedeutet, die Zusammenfassung von aufeinanderfolgenden Zeilen (genauer: Blöcken) zu einem neuen

Block, indem eine FOR-Zeile vorangestellt und eine NEXT-Zeile angeschlossen wird; beide gehören zum FOR-Block dazu. FOR-Zeile (for-zeile) und NEXT-Zeile (next-zeile) sind beides Zeilen, die eine Blockanweisung enthalten, und zwar gerade die FOR- bzw. die NEXT-Anweisung. Jedem FOR-Block ist eine Lauf- oder Kontrollvariable (kontroll-variable), das ist eine einfache numerische Variable, zugeordnet, über die die Anzahl der Wiederholungen kontrolliert wird: diese Kontrollvariable nimmt nacheinander Werte an, die sich um eine vorgegebene Schrittweite (schrittweite) unterscheiden, und zwar ausgehend von (und einschließlich) einem gegebenen Anfangswert (anfangswert); für jeden Wert der Kontrollvariablen wird dann die Anweisungsfolge zwischen der FOR- und der zugehörigen NEXT-Anweisung ausgeführt, jedoch nur dann, wenn die Kontrollvariable noch nicht einen vorgegebenen Endwert (endwert) überschritten hat. Alle diese Angaben sind in der FOR-Anweisung (for-anweisung) enthalten, sie hat die allgemeine Form:

FOR kontroll-variable = anfangswert TO endwert STEP schrittweite

Die Kontrollvariable ist - wie oben bereits gesagt - eine beliebige einfache numerische Variable; Anfangswert, Endwert und Schrittweite sind beliebige arithmetische Ausdrücke. Falls die Schrittweite den Wert 1 hat, so kann der STEP-Teil entfallen, d.h. die FOR-Anweisung kann auch die Form

FOR kontroll-variable = anfangswert TO endwert

haben.

Die NEXT-Anweisung (next-anweisung) hat die Form:

NEXT kontroll-variable

Dabei ist zu beachten, daß zusammengehörige FOR-NEXT-Anweisungen dieselbe Kontrollvariable beinhalten.

Beispiele

for-anweisung	next-anweisung
FOR I=1 TO 10 STEP 3	NEXT I
FOR J=N TO M	NEXT J
FOR N=A/2 TO B STEP -1	NEXT N
FOR X=0 TO 1 STEP 0.1	NEXT X

Programmstück mit for-block	Bedeutung
150 LET G=0 151 INPUT N 155 FOR I=1 TO N 165 INPUT A$, M, P 175 LET G = G+M*P 185 NEXT I 190 PRINT G	Beispiel A0 (2.4.5, 2.5.2): Verallgemeinerung für N Artikel; die Kontrollvariable dient nur zur Zählung.
110 INPUT M 120 S1 = 0 130 S2 = 0 140 FOR K=2 TO M STEP 2 150 S1 = S1+K 160 S2 = S2+K^2 170 NEXT K 180 PRINT M, S1, S2	Summe der geraden Zahlen von 2 bis M und Summe ihrer Quadrate; die Kontrollvariable wird in die Berechnungen einbezogen.

Als Anfangs- und Endwert sowie Schrittweite sind beliebige arithmetische Ausdrücke zugelassen. So ist insbesondere auch eine negative Schrittweite erlaubt, d.h. man kann z.B. von einem Wert N ab bis auf 0 herunterzählen:

```
FOR I=N TO 0 STEP -1
```

Die Abarbeitung einer FOR-Anweisung geschieht in der folgenden Weise: zunächst werden Anfangs- und Endwert sowie Schrittweite berechnet, der Kontrollvariablen wird der Anfangswert zugewiesen - man sagt, der FOR-Block wird "aktiviert", er ist jetzt "aktiv" (bei Programmbeginn sind zunächst alle FOR-Blöcke inaktiv). Endwert und Schrittweite behalten den zu Beginn errechneten Wert während der ganzen Zeit, in der der FOR-Block aktiv ist, bei, auch wenn etwa in den betreffenden arithmetischen Ausdrücken eine Variable vorkommt, die im Innern des FOR-Blocks verändert wird.

Beispiel	(nur zur Demonstration)
15 FOR I=1 TO N 16 N=N+1 17 NEXT I	Die Größe N wird verdoppelt: hat N vor Zeile 15 den Wert 10, so nach Zeile 17 den Wert 20. Die obere Grenze 10 wird jedoch nicht verändert.

Nach dieser Aktivierung wird geprüft, ob die Anweisungen des FOR-Blocks überhaupt durchzuführen sind; dies ist nämlich nicht der Fall (wie in der mathematischen Notation üblich), wenn bei positiver Schrittweite der Wert der Kontrollvariablen größer, bei negativer Schrittweite kleiner ist als der Endwert (z.B. FOR I=5 TO 1 oder FOR I=1 TO 5 STEP -1). Verläuft diese Prüfung positiv, so werden die Anweisungen des FOR-Blocks einmal durchgeführt. Bei Erreichen der NEXT-Zeile wird die Kontrollvariable um den Wert der Schrittweite erhöht bzw. erniedrigt und geprüft, ob der Endwert bereits (nach oben bzw. nach unten) überschritten wurde. Ist dies der Fall, so ist die Laufanweisung als beendet anzusehen; der FOR-Block wird wieder inaktiv, die Kontrollvariable behält aber den ihr zuletzt zugewiesenen Wert. Ist dies nicht der Fall, so schließt sich der Kreis, d.h. es werden nun nochmals die Anweisungen des FOR-Blocks ausgeführt, die Kontrollvariable wieder erhöht bzw. erniedrigt usw.

Die Durchführung von Anweisungen im Innern eines FOR-Blocks ist nur erlaubt, wenn dieser aktiv ist (und dies ist nur möglich durch Ausführung der zugehörigen FOR-Anweisung), ein Sprung von außen in einen inaktiven FOR-Block ist also verboten. Ein Sprung nach außen ist jedoch erlaubt - der FOR-Block bleibt aktiv, die Kontrollvariable behält ihren Wert. Ein solcher Sprung kann zur vorzeitigen Beendigung der Laufanweisung dienen. Der FOR-Block bleibt dann jedoch so lange aktiv, bis eine neue FOR-Anweisung mit derselben Kontrollvariablen zur Ausführung gelangt. Dies ist vor allem von Bedeutung, wenn man den FOR-Block über einen GO-SUB-Sprung verlassen hat: es kann durch RETURN ein Rücksprung in den noch aktiven FOR-Block erfolgen.

Die FOR/NEXT-Anweisungen wirken wie eine Klammerung. Schachtelung von Laufanweisungen ist erlaubt, jedoch muß - wie es aus der bisherigen Beschreibung ja eigentlich schon hervorgeht - die Schachtelung vollständig sein, d.h. ein FOR-Block muß entweder ganz in einem anderen FOR-Block enthalten sein, oder er hat mit diesem überhaupt keine Anweisung gemeinsam (Überschneidungen sind also nicht erlaubt). Ist ein FOR-Block in einem anderen enthalten, so darf er nicht dieselbe Kontrollvariable haben.

Eine Bemerkung ist schließlich noch angebracht für den Fall, daß die Schrittweite nicht ganzzahlig ist, wenn man z.B. das Intervall von 0 bis 1 in Schritten von 0.1 von links nach rechts mittels der FOR-Anweisung

```
FOR X=0 TO 1 STEP 0.1
```

abtasten will. Hier ist - wie bereits in 2.3.1 angedeutet - eine gewisse Vorsicht am Platz, da man aufgrund verschiedener Basen für die Zahlendarstellung Ungenauigkeiten in der Arithmetik berücksichtigen muß. So ist etwa im Dual- oder Hexadezimalsystem die Dezimalzahl 0.1 nicht exakt darstellbar, d.h. die sie darstellende Zahl ist entweder etwas größer oder etwas kleiner als die exakte Dezimalzahl 0.1. Ist sie etwas größer, so entspricht die 10-malige Addition nicht der Addition des Wertes 1, sondern eines etwas größeren Wertes; d.h. der letzte (im Dezimalsystem noch gültige) Wert der Kontrollvariablen ist bereits größer als der Endwert 1 - die Anweisungen des FOR-Blocks werden nicht mehr durchgeführt, obwohl es der Benutzer eigentlich erwartet. (Im speziellen Fall kann man dem dadurch abhelfen, daß als Endwert nicht die Zahl 1, sondern eine etwas größere Zahl, etwa 1.01 gewählt wird.)

2.6.2 Felder

Ein Feld (feld) ist eine Sammlung von Zahlen, die in irgendeiner Weise logisch zusammengehören und die man sich als "Vektor", d.h. als 1-dimensionales Feld in einer Spalte, oder als "Matrix", d.h. als 2-dimensionales Feld in einem Rechteckschema, dargestellt denken kann; ein Feld kann in BASIC also die Dimension 1 oder 2 haben. Da ein solches Feld nur aus Zahlen besteht, bezeichnen wir es auch als numerisches Feld (n-feld), welches in einem BASIC-Programm durch einen aus nur einem Buchstaben bestehenden Namen identifiziert wird; je nach der Dimension (1 oder 2) handelt es sich um einen numerischen Vektor (n-vektor) oder um eine numerische Matrix (n-matrix).

Beispiele

Vektor A	Matrix B		
1.3	1.7	-2.2	-3.5
2.5	2.4	0	3
2.4	-3.2	1.5	-1
-3.6	3.6	7	1.8

(Ein Vektor kann so auch als Matrix aufgefaßt werden, die aus nur einer Spalte besteht.)

Die einzelnen Elemente eines solchen Feldes werden mittels Indizierung durch einen Index oder zwei Indizes angesprochen, d.h. hinter dem Namen des Feldes wird (in runden Klammern) erst die

Nummer der Zeile, dann - im Falle einer Matrix - die Nummer der Spalte angegeben, in der das betreffende Element steht; so gilt für obiges Beispiel:

A(1)=1.3, A(4)=-3.6, B(1,1)=1.7, B(3,2)=1.5, B(2,3)=3.

Allgemein kann man in einem BASIC-Programm ein Feldelement (n-feld-element) ansprechen durch den Namen des Feldes, gefolgt von einem oder zwei, in runde Klammern eingeschlossenen (durch ein Komma voneinander getrennten) Indexausdrücken, je nach der Dimension des Feldes. Ein solcher Indexausdruck (index) kann ein ganz beliebiger arithmetischer Ausdruck sein, der Wert des Indexausdrucks ist der zur nächstliegenden ganzen Zahl gerundete Wert dieses arithmetischen Ausdrucks; wenn im folgenden von Index oder Indexausdruck die Rede ist, so ist immer dieser ganzzahlige Wert gemeint. Ein solches numerisches Feldelement kann, wie bereits früher erwähnt, als indizierte Variable überall dort stehen, wo bisher von einer numerischen Variable die Rede war.

Die Zusammenstellung von Werten in einem solchen Feld ist gerade im Zusammenhang mit der Laufanweisung von Interesse: durchläuft z.B. eine Kontrollvariable I die Anzahl der Zeilen, eine Kontrollvariable J eines geschachtelten FOR-Blockes die Anzahl der Spalten, so kann man jeweils im Innern des zugehörigen FOR-Blocks die Elemente mit A(I) bzw. B(I,J) ansprechen.

Beispiele	
index	1 | K | X | X+Y/2
n-feld-element	A(1) | B(1,K) | W(X,X+Y/2)
n-variable	wie n-feld-element
arithmetischer-ausdruck	A(1) + A(2) + A(3) | A(1) + Z*B(1,K)
n-let-anweisung	LET W(X,X+Y/2) = A(1) + Z*B(1,K)
ziel-liste	X, Y, K, W(X,X+Y/2), B(1,K)

Stehen solche Feldelemente in der Zielliste einer INPUT-Anweisung, so erfolgt die Indexberechnung erst, wenn den in der Liste vorangehenden Variablen bereits ein Wert zugewiesen wurde; in obigem Beispiel sind also die Indizes von W und B abhängig von den gerade davor eingegebenen Werten für X, Y, K.

Der Name eines Feldes darf nicht gleich dem Namen einer einfachen Variablen oder dem Namen eines anderen Feldes sein, das heißt Namenskollisionen sind zu vermeiden. Das BASIC-System kann von sich aus im Programm erkennen, ob es sich um den Namen einer einfachen Variablen oder eines Feldes handelt, da in diesem Fall ja immer der in Klammern eingeschlossene Index bzw. die Indizes folgen, und so ist auch die Dimension des Feldes bekannt. Dem BASIC-System muß aber auch bekannt sein, aus wieviel Zeilen und Spalten das Feld besteht. Um den Schreibaufwand bei der Programmerstellung möglichst gering zu halten, geht das BASIC-System immer von jeweils 11 Zeilen bei einem Vektor bzw. je 11 Zeilen und Spalten bei einer Matrix aus, die von 0 bis 10 durchnumeriert werden. Für Felder, für die das nicht gelten soll, muß in einer expliziten Feldangabe (feld-angabe) zu dem Namen des Feldes die Anzahl der Zeilen (zeilenzahl) und evtl. der Spalten (spaltenzahl) - jeweils als positive ganze Zahl - angegeben werden, wobei Zeile und Spalte mit der Nummer 0 nicht mitgerechnet werden, in der Form:

feld(zeilenzahl) | feld(zeilenzahl,spaltenzahl)

In einer Feldvereinbarung (feld-vereinbarung), das ist eine Anweisung des BASIC-Programms, werden dann dem Programm eine oder mehrere solcher Feldangaben mitgegeben:

DIM feld-angabe, feld-angabe,...,feld-angabe

Beispiele	
feld-angabe	A(4) | B(4,3) | W(7,15)
feld-vereinbarung	DIM A(4), B(4,3) | DIM W(7,15)

Die Feldangaben eines Feldes dürfen nur einmal in einer Feldvereinbarung erfolgen; sie müssen erfolgt sein, bevor dieses Feld in einer anderen Anweisung angesprochen wird. Beim Ansprechen von Feldelementen muß der Index im jeweils gültigen Bereich liegen, d.h. er muß $\geq$ 0 (bzw. 1, vgl. OPTION BASE) und $\leq$ der vereinbarten Zeilen- bzw. Spaltenzahl sein. Ist dies nicht der Fall, so ist dies ein Fehler. Sind Zeilen- und Spaltenzahl einmal vereinbart, so gelten sie während des ganzen Programmlaufs unverändert.

Beispiel.	Matrixprodukt
100 DIM A(5), B(10,5)	Faßt man A auch als Matrix auf
... (eingabe)	(mit einer Spalte), so ist das
200 FOR I=1 TO 10	Matrixprodukt B·A eine Matrix
210 C(I) = 0	mit 1 Spalte und 10 Zeilen, also
220 FOR J=1 TO 5	ein Vektor C, für dessen i-te
230 C(I) = B(I,J)*A(J)	Komponente gilt:
240 NEXT J	$C_i = B_{i1} \cdot A_1 + B_{i2} \cdot A_2 + \ldots + B_{i5} \cdot A_5$
250 NEXT I	
... (ausgabe)	
500 END	

Weiterhin hat man die Möglichkeit, als untere Grenze für alle Indizes der Felder den Wert 1 (anstelle von 0) zu wählen, und zwar durch die spezielle Option-Anweisung:

```
OPTION BASE 1
```

Diese Anweisung darf nur einmal im Programm vorkommen und muß vor der ersten Anweisung stehen, die in irgendeiner Weise Felder anspricht, also auch vor Feldvereinbarungen. Sie bezieht sich auf alle im Programm vorkommenden Felder; ist also z.B. eine Feldvereinbarung DIM A(15) vorhanden, so gibt es die Werte A(1),A(2),... ...,A(15). Die ebenfalls mögliche Anweisung

```
OPTION BASE 0
```

setzt als untersten Indexwert den Wert 0 fest; da dieser Wert vom

System sowieso angenommen wird, ist diese Anweisung überflüssig.

EXT-BASIC.
Als Name für ein numerisches Feld ist auch ein Buchstabe, gefolgt von einer Ziffer möglich.

Neben numerischen Feldern gibt es auch Textfelder (t-feld), deren Name genauso gebildet werden kann wie der Name einer einfachen Textvariablen. Textfelder sind Textvektoren (t-vektor) oder Textmatrizen (t-matrix), deren Elemente (t-feld-element) als Werte Textwerte haben; sie werden in derselben Form angesprochen wie die Elemente numerischer Vektoren und Matrizen. Im übrigen gilt für Textfelder analog alles, was oben für numerische Felder gesagt war.

Beispiele	
n-feld-element	X4(3,2+J)
t-feld-element	A4$(J+3,6) \| F2$(1,V) | K$(4)
t-let-anweisung	LET K$(2) = A4$(J+3,6)&K$(1)
feld-vereinbarung	DIM R(2,7), R$(25), L$(3,5)

In Kapitel 3 werden wir auch noch spezielle Matrixanweisungen behandeln, das sind Anweisungen, die ganze Felder als solche, und nicht einzelne Feldelemente, ansprechen. Hier spielen die Zeilen und Spalten mit der Nummer 0, sofern sie vorhanden sind, eine Sonderrolle, da sie durch keine derartige Matrixanweisung angesprochen werden.
Durch solche Matrixanweisungen können zudem einmal gewählte Zeilen- und Spaltenzahlen dynamisch, d.h. während des Programmlaufs, verändert werden.
EXT-BASIC-END.

2.7 Ein/Ausgabe-Anweisungen

Ein/Ausgabe-Anweisungen sind einfache Anweisungen (vgl. 2.4.2), die dazu dienen, dem Programm Daten mitzuteilen (Eingabe) sowie im Programm errechnete Daten nach außen auszugeben, dem Benutzer mitzuteilen (Ausgabe).

2.7.1 Eingabe von Daten

Der Eingabe von Daten dienen die Eingabeanweisungen (eingabe-anweisung): das sind einmal die INPUT-Anweisung, die wir bereits in 2.4.4 ausführlich besprochen haben, und die READ-Anweisung; dazu benötigen wir weiter die mit der READ-Anweisung unmittelbar zusammenhängende DATA-Anweisung sowie auch die RESTORE-Anweisung.

READ- und DATA-Anweisung sind vor allem interessant beim interaktiven Programmerstellen. Mit DATA-Anweisungen werden im Programm Daten festgelegt (definiert), die in einem speziellen Datenfeld abgelegt werden. Dieses, jedem Programm zugeordnete Datenfeld werden wir im folgenden mit DF bezeichnen. Die READ-Anweisung dient dazu, Daten aus DF sukzessive herauszuholen und den Variablen einer Liste zuzuordnen.
Das Datenfeld DF kann man sich als ein spezielles 1-dimensionales Feld vorstellen, dessen Elemente von 0 an durchnumeriert sind und Daten unterschiedlichen Typs enthalten - also sowohl Dezimalzahlen, wie Texte und Volltexte. Dieses Feld wird durch die DATA-Anweisung für den ganzen Programmlauf fest belegt. Eine DATA-Anweisung (data-anweisung) hat die allgemeine Form:

```
DATA datum, datum,..., datum
```

Die hinter DATA stehende Datenliste (daten-liste) enthält ein oder mehrere Datenelemente beliebigen Typs. Alle DATA-Anweisungen eines Programms (gleichgültig, wo sie stehen) werden vor Programmbeginn gesammelt und die zugehörigen Datenlisten in der Reihenfolge des Auftretens im Programm (d.h. entsprechend der Zeilennummer) aneinander angehängt; man erhält so eine Liste von insgesamt N ($\geq$ 0) Datenelementen, die in dieser Reihenfolge den Elementen 0 bis N-1 des Feldes DF zugeordnet werden.

Kommt beim Programmlauf eine DATA-Zeile zur Ausführung, so bewirkt dies nun lediglich einen Übergang zur nächsten Zeile.

Die READ-Anweisung (read-anweisung) dient zum "Lesen" von Daten aus DF; sie hat die allgemeine Form

READ ziel, ziel, ..., ziel

und bewirkt, daß den in dieser Zielliste stehenden Variablen sukzessive aufeinanderfolgende Werte aus DF zugeordnet werden.

Zur genaueren Erläuterung denke man sich einen konzeptuellen - d.h. gedachten, dem Benutzer nicht zugänglichen - Zeiger RP ("read pointer"), der zu jedem Zeitpunkt während des Programmlaufs angibt, von welchem Element in DF ab aufeinanderfolgende Datenelemente ausgelesen werden. Dieser Zeiger RP hat bei Programmbeginn den Anfangswert 0. Gelangt eine READ-Anweisung zur Ausführung, so werden die Elemente DF(RP), DF(RP+1),... den Elementen der Zielliste der READ-Anweisung zugeordnet, und der Zeiger RP wird um die Länge der Zielliste erhöht, so daß er nun auf das nächste, noch nicht ausgelesene Element von DF zeigt; die vorangegangenen Werte bleiben jedoch in DF erhalten.

Beispiele	
data-anweisung	DATA 3.14159, PI, 5E-10, ","
	DATA 3, 4.1, -6E10
	DATA 2, BASIC
read-anweisung	READ P1, P$, X$
	READ K$, Y1
	READ Y(2), Y3, Y4, B$

Diese Reihenfolge der DATA- und READ-Anweisungen des obigen Beispiels entspricht den folgenden Wertzuweisungen:

P1 = 3.14159, P$ = "PI", X$ = "5E-10", K$ = ",",
Y1 = 3, Y(2) = 4.1, Y3 = -6E10, Y4 = 2, B$ = "BASIC".

Für die Zielliste und die zugeordnete Datenliste gilt im übrigen dasselbe, was bereits bei der INPUT-Anweisung gesagt wurde (vgl. 2.4.5 bezüglich Typübereinstimmung, "underflow", "overflow" und 2.6.2 bezüglich Feldelement als Ziel).
Werden durch die READ-Anweisung mehr Daten verlangt, als in DF vorhanden sind, so ist dies ein Fehler, der zum Abbruch des Programms führt.

Die RESTORE-Anweisung (restore-anweisung) besteht nur aus dem Schlüsselwort

RESTORE

und setzt den Zeiger RP im Datenfeld DF an den Anfang zurück, d.h. RP = 0. Die nächste READ-Anweisung liest dann praktisch die Werte aus DF von neuem.

EXT-BASIC.
Auf die INPUT-, die READ- und die RESTORE-Anweisung werden wir im Zusammenhang mit dem BASIC-File-System (vgl. 3.5) noch einmal zurückkommen.

Als weitere Eingabeanweisung gibt es noch die Textzeilen-Eingabeanweisung oder Line-Input-Anweisung (linput-anweisung), die - ganz ähnlich der INPUT-Anweisung - aus dem Schlüsselwort LINPUT und einer nachfolgenden Liste von Textzielen (t-ziel-liste) besteht. Sie hat die allgemeine Form:

LINPUT t-ziel, t-ziel, ..., t-ziel

Sie verlangt pro Textziel eine Antwortzeile; die ganze Zeile, d.h. alle Zeichen bis auf neue-zeile bzw. input-ende, wird als Textwert gedeutet und dem betreffenden Textziel als Wert zugeordnet.

Beispiel	
linput-anweisung	LINPUT B1$, B2$, V$(J)

Wie bei der INPUT-Anweisung, so ist auch die Line-Input-Anweisung in der Form

LINPUT WAIT index: t-ziel-liste

möglich, mit der entsprechenden Bedeutung.
EXT-BASIC-END.

2.7.2 Ausgabe von Daten

Zur Ausgabe von Daten dient die PRINT-Anweisung (print-anweisung), die wir in ihrer einfachsten Form bereits in 2.4.5 kennengelernt haben; sie hat, wie dort bereits ersichtlich, die Gestalt:

PRINT print-liste

Dabei besteht die nach PRINT folgende PRINT-Liste (print-liste) aus einer Liste von beliebig vielen sogenannten PRINT-Items, die durch eines oder mehrere der Trennzeichen "," oder ";" voneinander abgetrennt werden. (Die Trennzeichen sind hier in "-Zeichen gesetzt, damit man sie nicht mit Satzinterpunktionszeichen des laufenden Textes verwechselt.) "Beliebig viele" meint, wie immer, daß die Liste auch leer sein kann. Die Liste kann außerdem, im Gegensatz zu sonstigen Listen, mit einem oder mehreren der Trennzeichen enden. Die Trennzeichen haben jeweils eine bestimmte Bedeutung, auf die wir unten eingehen werden. Als PRINT-Item (print-item) ist möglich einmal ein beliebiger Ausdruck - dies bedeutet, daß der Wert dieses Ausdrucks ausgegeben werden soll, oder ein sogenannter "Tab" (tabulator), d.i. eine Angabe in der Form

TAB(index)

zur Einstellung bestimmter Druckpositionen.

Beispiele	
print-anweisung	PRINT | PRINT, | PRINT; | PRINT X | PRINT X;(Y+Z)/2 | PRINT ,,, X | PRINT X,Y, | PRINT "X IST GLEICH", 10 | PRINT TAB(10); A$; "IST ERLEDIGT."

Die Ausgabe durch die PRINT-Anweisung erfolgt im interaktiven Betrieb über das Terminal, im Batchbetrieb über ein spezielles (implementierungsabhängiges) externes Gerät. Sie erfolgt, wie später noch ausführlich beschrieben wird, grundsätzlich in der Weise, daß jeder auszugebende Wert in die nächste Spalte ("Zone") der Zeile, entsprechend einer festgelegten Einteilung der Druckzeile, geschrieben wird, und zwar nach einem genau vorgegebenen Format. Ein zusätzliches Komma bedeutet, daß eine Spalte leer bleibt. So bewirkt die Anweisung

```
PRINT "A =", -4.7,, "B =", 7.3
```

die Ausgabe

```
|A =    |-4.7   |        |B =    | 7.3   |
```

Dem Ausschreiben einer Zahl (wie auch jedes anderen Wertes) entspricht die Generierung einer bestimmten Zeichenfolge für die Druckzeile. Betrachten wir zunächst, in welcher Form der Wert eines in der PRINT-Liste enthaltenen arithmetischen Ausdrucks ausgeschrieben werden soll. Jeder solche Wert wird in einem der in 2.3.1 bereits erwähnten Formate NR1 (Darstellung als ganze Zahl ohne Dezimalpunkt), NR2 (Darstellung mit explizitem Punkt, aber ohne Exponententeil) oder NR3 (Darstellung mit explizitem Punkt und Exponententeil) ausgeschrieben; ist die Zahl negativ, so kommt ein Minuszeichen (-), sonst ein Blank (␣) davor; nach der Darstellung der Zahl als solcher folgt ein Blank.

Bevor wir auf die Auswahl des Formats und die genaue Darstellung in diesem Format eingehen, müssen wir auf zwei zu jedem BASIC-System gehörige (implementierungsabhängige) Größen $\underline{d}$ und $\underline{e}$ eingehen: die Zahl d gibt an, mit welcher (maximalen) Anzahl von signifikanten Dezimalziffern (vgl. 2.3.1) die Mantisse einer Dezimalzahl ausgeschrieben werden kann; die Zahl e gibt an, wieviel Ziffern für das Schreiben des Dezimal-Exponenten (maximal) vorgesehen sind. Für jedes BASIC-System muß gelten:

$$d \geq 6, \; e \geq 2.$$

Es sei nun x der Absolutwert der Zahl, die ausgeschrieben werden soll.
Ist x eine ganze Zahl mit höchstens d Dezimalziffern (d.h. $x < 10^d$), so wird sie im Format NR1 ausgeschrieben.

Beispiele (d = 6)

Zahl	generierte Zeichenfolge für Ausgabe	Länge	Bemerkungen
0	␣0␣	3	kleinste Länge (3)
31	␣31␣	4	
- 271	-271␣	5	
- 317000	-317000␣	8	
999999	␣999999␣	8 (d+2)	größte Zahl
1000000	-		nicht mehr möglich

Falls dieser Fall nicht vorliegt, gehen wir folgendermaßen vor: wir wissen, daß x - unabhängig vom Format - mit höchstens d signifikanten Ziffern ausgeschrieben werden kann; was darüber hinausgeht, wird nach den üblichen Regeln auf- oder abgerundet, man erhält eine positive Zahl y mit höchstens d signifikanten Ziffern. Läßt sich diese Zahl y im Format NR2 mit d Dezimalziffern darstellen, und zwar so, daß diese Darstellung auch alle signifikanten Ziffern enthält, so wird diese Darstellungsform gewählt. Nullen hinter der letzten signifikanten Ziffer, sofern sich diese im Dezimalbruch-Teil befindet, werden weggelassen; ist die Zahl < 1, so wird auch die 0 vor dem Dezimalpunkt weggelassen.
Beispiele siehe nächste Seite.

Ist der so gerundete Wert y nicht in dieser Form darstellbar, so wird er im Format NR3, d.h. mit Mantisse und Exponententeil dargestellt. Dabei ist der Dezimalpunkt so verschoben, daß er unmittelbar hinter der ersten signifikanten Ziffer steht (dies ist immer möglich, da man die Dezimalpunktverschiebung durch den Dezimalexponenten wieder korrigieren kann), d.h. für die Mantisse gilt:

$$1 \leq \text{Mantisse} < 10.$$

Nullen hinter der letzten signifikanten Ziffer im Dezimalbruch-Teil werden weggelassen. Der Exponent selbst wird mit Vorzeichen und 1 bis e Ziffern geschrieben (- führende Nullen werden weggelassen).

Beispiele	(Format NR2; d = 6)			
Zahl	gerundet	Ausgabe	Länge	Bemerkungen
31.4	31.4	␣31.4␣	6	
-213.4378	-213.438	-213.438␣	9	
213437.8	213438.0	␣213438.␣	9	
0.213	0.213	␣.213␣	6	
213.0	213.0	␣213.␣	6	
0.0004	0.0004	␣.0004␣	7	
0.09999995	0.1	␣.1␣	4	kleinste (pos.) Zahl mit maximaler Anzahl signifikanter Ziffern
999999.499	999999.0	␣999999.␣	9 (d+3)	(fast) größte Zahl
999999.5	1000000.0	-	-	nicht mehr möglich

Beispiele	(Format NR3; d = 6)			
Zahl	gerundet	Ausgabe	Länge	Bemerkungen
12749637.3	12749600.0	␣1.27496E+7␣	12	max: d+e+5
-12750000	-12750000.0	-1.275E+7␣	10	
0.0000000001	0.0000000001	␣1.E-10␣	8	
0.09999995	0.1	␣1.E-10␣	7	

Eine Zahl erzeugt also eine Ausgabe-Zeichenfolge der maximalen Länge d + e + 5.

Für einen Textausdruck der PRINT-Liste wird genau die dem Textwert entsprechende Zeichenfolge (also ohne "-Zeichen) als Ausgabe-Zeichenfolge generiert.

Bevor wir nun die genaue Wirkung einer PRINT-Anweisung erläutern können, müssen wir noch kurz auf den Aufbau einer Druckzeile (Ausgabezeile) eingehen. Eine Druckzeile besteht aus einer zusammenhängenden Folge aufeinanderfolgender Zeichen des BASIC-Alphabets. Alle Druckzeilen haben dieselbe Länge, d.i. die Anzahl der Zeichen, die sie enthält; diese Größe ist implementierungsabhängig, sie wird im folgenden MRG (= Abkürzung für "margin") genannt; die Druckzeile selbst enthält nicht das auch hier vorhandene Zeichen für "neue Zeile".

Die Druckzeile ist in n aufeinanderfolgenden Zonen eingeteilt, die alle - evtl. bis auf die letzte - die gleiche Länge l_z (in Zeichen) haben; da jede solche Zone eine Ausgabe-Zahl in beliebiger Darstellung aufnehmen können muß, und da zwischen je zwei ausgegebenen Zahlen noch mindestens ein weiterer Zwischenraum sein soll (wegen Tab - s.u.), muß gelten:

$$l_z \geqq d + e + 6 \geqq 14.$$

Die letzte Zone (Zone n) kann eine andere Länge l_n haben. Es gilt generell:

$$(n-1)\cdot l_z + l_n = MRG\ .$$

Für die Druckzeile eines Terminals gilt üblicherweise: n=5, l_z=15.

Die Zonen seien im folgenden durchnumeriert von 1 bis n, die Zeichen der Druckzeile von 1 bis MRG. Bei Programmbeginn sind alle Stellen der Zeile per Definition zunächst als leer (Blank) vorgesehen.
Mit diesen Bezeichnungen kann nun die genaue Wirkung einer PRINT-Anweisung beschrieben werden.

Betrachten wir zunächst die einfachste Form (oder Standardform) der PRINT-Anweisung:

```
PRINT ausdruck, ausdruck, ..., ausdruck
```

Die Ausgabe geschieht derart, daß der Wert jedes Ausdrucks in eine eigene Zone geschrieben wird - dies ist auch der Grund für die oben aufgestellte Bedingung $l_z \geqq d + e + 6$; die Ausgabe jedes Wertes richtet sich nach den oben erläuterten Ausgaberegeln. Soll ein Wert nicht in die nächste Zone, sondern unmittelbar anschließend an den vorhergehenden Wert ausgedruckt werden, so muß statt "," ein ";" als Trennzeichen gegeben werden. Falls durch Ausgabe eines Wertes die Zeilenbreite (MRG) überschritten würde, erfolgt vorher neue-zeile, dann erfolgt die Ausgabe wie eben erläutert.

Ein "," bedeutet generell Übergang zur nächsten Zone.

Schließt eine Zeile ab wie oben, also ohne "," und ohne ";", so erfolgt ein Übergang zur neuen Zeile (d.h. es wird zusätzlich neue-zeile generiert). Schließt die Zeile ab mit ";", so erfolgt die Ausgabe des ersten Wertes der nächsten PRINT-Anweisung unmittelbar anschließend an den zuletzt ausgegebenen Wert; schließt sie ab mit ",", so wird vorher der Anfang der nächsten Zone eingestellt (so es sie noch gibt; falls nicht, wird auf die erste Zone der nächsten Zeile eingestellt).

Ist die für einen Ausdruck generierte Ausgabe-Zeichenfolge zu lang für die aktuelle (schon begonnene) Zeile, so erfolgt Übergang zur neuen Zeile; dann erfolgt in jedem Fall Ausgabe des Wertes - wenn die Länge der Ausgabe-Zeichenfolge > MRG ist, so erfolgt einfach eine Trennung, Übergang zur nächsten Zeile und Fortführung der Ausgabe in dieser Zeile.

Steht anstelle eines Ausdrucks ein Tab in der Form TAB(index), so gibt der Wert von index die neue Druckstellenposition an. Ist index kleiner als die gegenwärtige Druckstellenposition, so erfolgt vorher neue-zeile. Ist index > MRG, so wird index modulo MRG reduziert. Ist index < 1, so ist dies ein Fehler.

Ist die PRINT-Liste überhaupt leer, so ist dies gleichbedeutend mit Zeilenwechsel (neue-zeile).

Beispiel: vgl. kommerzielles Beispiel, Anhang A.9.

Aufgabe: Man korrigiere die PRINT-Anweisung im Beispiel A0 (2.4.5) derart, daß die Ausgabe so erfolgt, wie in 2.4.5 behauptet.

EXT-BASIC.
Auf weitere Ausgabeanweisungen wie die WRITE-Anweisung und die MARGIN-Anweisung werden wir im Zusammenhang mit dem BASIC-File-System (vgl. 3.5) noch zu sprechen kommen.
EXT-BASIC-END.

2.8 Funktionen

2.8.1 Der Begriff der Funktion

Wir haben in vorangehenden Abschnitten bereits gesehen, wie man sich wiederholende Anweisungen oder Anweisungsfolgen platzsparend und übersichtlich zusammenfassen kann: bei Wiederholung an derselben Programmstelle durch den FOR-Block (vgl. 2.6.1), bei Wiederholung an verschiedenen Stellen des Programms durch ein internes Unterprogramm mit den GOSUB- und RETURN-Anweisungen. Wir werden nun noch den Fall behandeln, daß eine Berechnungsvorschrift an mehreren Stellen des Programms in derselben Weise durchgeführt werden soll. Ist in dieser Berechnungsvorschrift eine Größe (Variable) enthalten, deren Wert sich von Mal zu Mal ändern kann, so reden wir von einer Funktion: eine solche Funktion f gibt an, wie der Funktionswert f(x) von der sich ändernden Größe, dem "Parameter" x abhängt, z.B.:

(1) $f(x) = \sin x$ (sin = Sinusfunktion),

(2) $f(x) = a \cdot x^2 + b \cdot x + c$.

Hat nun x einen bestimmten Wert, so kann mittels der oben angegebenen Berechnungsvorschrift der zu diesem "Argument" gehörige Funktionswert berechnet werden, z.B.:

(1) $f(\frac{3\pi}{2}) = \sin \frac{3\pi}{2} = -1$,

(2) $f(2) = a \cdot 2^2 + b \cdot 2 + c = 4a + 2b + c$
(abhängig von den konstanten Größen a, b, c).

Als "Argument" bezeichnen wir dabei den für die gerade erfolgende Berechnung aktuellen Wert des Parameters.

Wir haben auch in BASIC die Möglichkeit, derartige numerische Funktionen zu verwenden: einer Berechnungsvorschrift wird ein Name zugeordnet, mit dem man dann diese Berechnung im Programm aktivieren kann. Jede solche numerische Funktion (<u>n-funktion</u>) wird identifiziert durch einen Funktionsnamen; dabei handelt es sich einmal um fest vorgegebene Namen zur Bezeichnung von Funktionen, die in jedem BASIC-System von vornherein fest vorgegeben sind und um deren Definition sich der Benutzer nicht kümmern muß (n-vorhandene-funktion), und zum anderen um - nach gewissen Regeln - frei wählbare Namen für Funktionen, die vom Benutzer selbst definiert werden (n-definierte-funktion). Die Aktivierung einer solchen Funktion (<u>n-funktions-aufruf</u>) erfolgt durch Angabe des Funktionsnamens, gefolgt von einer in runde Klammern eingeschlossenen Argumentliste (<u>argument-liste</u>), genauer einem einzigen Argument (<u>argument</u>) - d.i. ein beliebiger arithmetischer Ausdruck, für den die Funktionsberechnung durchgeführt werden soll; z.B. liefert der Funktionsaufruf

```
SIN (X^2+Y^2)
```

der vorhandenen Sinus-Funktion SIN (vgl. 2.8.2) den Wert dieser Funktion für den Wert des Ausdrucks $X^2 + Y^2$.
Es kann sich bei einer solchen Funktion auch um eine Berechnungsvorschrift handeln, die keinen Parameter benötigt; in diesem Fall muß natürlich die Argumentliste (samt den Klammern) entfallen.

Inhaltlich handelt es sich bei jedem Aufruf einer numerischen Funktion um eine formale Bezugnahme auf einen numerischen Wert - genau wie z.B. die Bezugnahme auf den Wert einer numerischen Variablen. Daher wird jeder solche Funktionsaufruf, wie bereits in 2.3.3 angedeutet, in BASIC wie ein elementarer arithmetischer Ausdruck behandelt.

Beispiel	
n-funktions-aufruf	SIN (X^2+Y^2)
elementar-ausdruck	SIN (X^2+Y^2)
arithmetischer-ausdruck	7*X-3*SIN(X^2+Y^2)^3

EXT-BASIC.
Die Argumentliste kann auch aus mehr als einem Argument bestehen; in diesem Fall werden die einzelnen Argumente in der Liste durch ein Komma getrennt. Jedes Argument selbst kann auch ein Textausdruck sein.

Neben dem Aufruf einer einfachen numerischen Funktion, wie sie oben behandelt wurde, gibt es als n-funktions-aufruf noch den Aufruf einer numerischen Feldfunktion: das sind 2 standardmäßig vorgesehene Funktionen mit den Namen DET und DOT, deren Argumente numerische Vektoren bzw. Matrizen sind, die aber einen einzigen numerischen Wert zurückbringen. Wir kommen darauf im Zusammenhang mit den Matrixanweisungen in 3.4.2 zurück.

Neben den numerischen Funktionen gibt es Textfunktionen (<u>t-funktion</u>), die bei Aufruf als Wert einen Textwert liefern; dementsprechend wird der Aufruf einer solchen Textfunktion (<u>t-funktions-aufruf</u>) in der Form des Funktionsnamens, gefolgt von der in Klammern eingeschlossenen Argumentliste, wie jeder andere elementare Textausdruck behandelt (vgl. 2.3.3). Genau wie bei den numerischen Funktionen gibt es auch bei Textfunktionen vorhandene Textfunktionen (t-vorhandene-funktion), deren Namen durch BASIC fest vorgegeben sind, sowie vom Benutzer definierte Textfunktionen (t-definierte-funktion).
EXT-BASIC-END.

2.8.2 Im BASIC-System vorhandene Funktionen

Wie oben bereits angedeutet, gibt es in BASIC eine feste Menge von in jedem System vorhandenen numerischen Funktionen (n-vorhandene-funktion). Wir bezeichnen sie auch als numerische Standardfunktionen (n-standard-funktion),da sie Berechnungsvorschriften für die am häufigsten benötigten Funktionen im technisch-wissenschaftlichen Bereich beinhalten. Jede solche Funktion wird mit einem Namen angesprochen, der aus 3 (fest vorgegebenen) Buchstaben besteht; der Aufruf erfolgt, wie oben bereits gesagt, durch den Namen, in der Regel gefolgt von einem in runde Klammern eingeschlossenen Argument; bei einigen Funktionen entfällt dieses Argument. Wie die Berechnungsvorschrift im einzelnen aussieht - d.h. welches mathematische Verfahren zugrundegelegt wurde - ist dem Benutzer nicht ersichtlich.

Es folgt nun eine vollständige Liste der numerischen Standardfunktionen von BASIC; dabei steht X für einen beliebigen arithmetischen Ausdruck.

n-standard-funktion (vollständige Liste)

Name	Aufruf	math. Notation[1]	Bedeutung/Bemerkungen
ABS	ABS(X)	$\|X\|$	Absolutwert von X, z.B. ABS(1.3) = ABS(-1.3) = 1.3
ATN	ATN(X)	arctan X	arcus tangens, Hauptwert im Bogenmaß: $-\frac{\pi}{2} < \text{ATN(X)} < \frac{\pi}{2}$
COS	COS(X)	cos X	cosinus, X im Bogenmaß
EXP	EXP(X)	e^X	e = Basis der natürlichen Logarithmen = 2.71828... (vgl. auch 2.3.3; nicht zu verwechseln mit der implementierungsabhängigen Zahl e aus 2.7.2); falls "underflow": EXP(X) = 0

[1] Für die hier angegebenen Bezeichnungen legen wir /Me/ zugrunde.

n-standard-funktion (Fortsetzung) (vollständige Liste)

Name	Aufruf	math. Notation	Bedeutung/Bemerkungen
INT	INT(X)	[X]	größte ganze Zahl ≤ X: INT(X) ≤ X < INT(X) + 1; z.B. INT(1.3) = 1, INT(-1.3) = -2
LOG	LOG(X)	$\ln X$, $\log_e X$	natürlicher Logarithmus; nur definiert für X > 0
RND	RND		liefert eine nächste Zufallszahl ("random number") zwischen 0 und 1: 0 ≤ RND < 1 (s.u.)
SGN	SGN(X)	sgn X	Vorzeichen (Signum) einer Zahl: 1 für X > 0, 0 für X = 0, -1 für X < 0
SIN	SIN(X)	sin X	sinus, X im Bogenmaß
SQR	SQR(X)	$\sqrt{X}$	positive Quadratwurzel ("square root") von X; nur definiert für X ≥ 0
TAN	TAN(X)	tan X	tangens, X im Bogenmaß

Diese Funktionen kann man nun, wie oben bereits erwähnt, in entsprechender Weise bei der Bildung von arithmetischen Ausdrücken und dementsprechend von numerischen Zuordnungsanweisungen mit einbeziehen.

Beispiele	
n-let-anweisung	LET Y = ABS(X-SIN(Y/X))
	LET Y = A+B*EXP(-B) / INT(LOG(P))
	LET Z = SQR(A^2+B^2)

Die RND-Funktion ist von Bedeutung vor allem für Simulationsaufgaben: jeder Aufruf liefert die erste bzw. eine weitere Zahl in einer Folge von Zufallszahlen (genauer: Pseudozufallszahlen), die einer Gleichverteilung im Intervall [0,1) entsprechen. Diese Folge von Zufallszahlen ist implementierungsabhängig, sie ist jedoch bei jedem Programmaufruf dieselbe. Eine nicht voraussagbare Änderung wird durch die RANDOMIZE-Anweisung (randomize-anweisung)

RANDOMIZE

bewirkt, indem eine neue Startzahl konstruiert wird, z.B. durch Zurückgreifen auf gewisse, durch die Maschinenuhr gelieferte, zeitabhängige Werte. Durch diese RANDOMIZE-Anweisung kann erreicht werden, daß bei jedem Programmlauf mit anderen Zufallszahlen gerechnet wird.

EXT-BASIC.
Die Liste der numerischen Standardfunktionen wird erweitert, wobei auch Namen mit 2 und 4 Buchstaben vorkommen; neben weiteren mathematischen Funktionen kommen auch andere Funktionen hinzu, die einen numerischen Wert als Ergebnis haben. X stehe dabei wieder für einen beliebigen arithmetischen Ausdruck, Y ebenfalls, A$ für einen beliebigen Textausdruck.

n-standard-funktion			(Auswahl [1])
Name	Aufruf	math. Notation	Bedeutung/Bemerkungen
ACS	ACS(X)	arccos X	arcus cosinus im Bogenmaß: $0 \leq ACS(X) \leq \pi$
ASN	ASN(X)	arcsin X	arcus sinus im Bogenmaß: $-\frac{\pi}{2} \leq ASN(X) \leq \frac{\pi}{2}$
CEIL	CEIL(X)	$\lceil X \rceil$	kleinste ganze Zahl $\geq$ X: $X \leq CEIL(X) < X+1$; z.B. CEIL(1.3) = 2, CEIL(-1.3) = -1
COT	COT(X)	cot X	cotangens, X im Bogenmaß

[1] Wir bringen hier (und im folgenden) lediglich eine uns sinnvoll erscheinende Auswahl aus den zur Zeit diskutierten vorhandenen Funktionen; die Diskussionen sind noch nicht abgeschlossen.

n-standard-funktion (Fortsetzung) (Auswahl)

Name	Aufruf	math. Notation	Bedeutung/Bemerkungen
DEG	DEG(X)		Umwandlung "Bogenmaß" in "Grad" ("degree")
EPS	EPS		kleinste darstellbare Zahl > 0 (implementierungsabhängig, vgl. 2.3.1)
FP	FP(X)		Dezimalbruch-Teil ("fractional part") von $\|X\|$; z.B. FP(3.175) = FP(-3.175) = 0.175; FP(X) = ABS(X) - INT(ABS(X))
INF	INF		größte darstellbare Zahl (implementierungsabhängig, vgl. 2.3.1)
IP	IP(X)		ganzzahliger Anteil ("integer part") von X; z.B. IP(3.175) = 3, IP(-3.175) = -3
LEN	LEN(A$)		Länge des Textwertes von A$ (= Anzahl der Zeichen; vgl. auch 3.1)
LGT	LGT(X)	lg X $\log_{10} X$	Logarithmus zur Basis 10 ("ten"), nur definiert für X > 0
LOC	vgl.3.5		(BASIC-File-System)
LOF	vgl.3.5		(BASIC-File-System)
LON	LON		Länge des längstmöglichen Textwertes (implementierungsabhängig, vgl. 2.3.2)
LOP	vgl.3.5		(BASIC-File-System)
LTW	LTW(X)	ld X, $\log_2 X$	Logarithmus zur Basis 2 ("two"), nur definiert für X > 0
MAX	MAX(X,Y)	max{X,Y}	Maximum zweier numerischer Werte

n-standard-funktion (Fortsetzung) (Auswahl)

Name	Aufruf	math. Notation	Bedeutung/Bemerkungen
MIN	MIN(X,Y)	$\min\{X,Y\}$	Minimum zweier numerischer Werte
MOD	MOD(X,Y)		X-Y*INT(X/Y), d.h. Rest der ganzzahligen Division von |X| durch |Y|, mit Vorzeichen von Y; z.B. MOD(3,2) = MOD(-3,2) = 1, MOD(3,-2) = MOD(-3,-2) = -1
MRG	vgl. 3.5		(BASIC-File-System)
PER	vgl. 3.5		(BASIC-File-System)
PI	PI	π	Konstante π = 3.14159...
POS	vgl. 3.1		(Textverarbeitung)
RAD	RAD(X)		Umwandlung "Grad" in "Bogenmaß" ("radians")
REM	REM(X)		X-Y*IP(X/Y), d.h. Rest der ganzzahligen Division von |X| durch |Y|, mit Vorzeichen von X; z.B. REM(3,2) = REM(3,-2) = 1, REM(-3,2) = REM(-3,-2) = -1
VAL	VAL(A$)		Umwandlung des Textwertes von A$ in eine Zahl, sofern der Textwert der gültigen Eingabeform für eine Zahl entspricht (sonst: Fehler); z.B. VAL("123.5") = 123.5 (als Zahl!)

Weiterhin gibt es, wie in 2.8.1 bereits erwähnt, in jedem BASIC-System auch von vornherein vorhandene Textfunktionen (t-vorhandene-funktion), deren Namen aus 3-4 Buchstaben, gefolgt von dem $-Zeichen besteht. Ein Teil dieser Funktionen dient der echten Textverarbeitung, das sind die sogenannten Standardtextfunktionen (t-standard-funktion):

DEL$ | EXT$ | GAP$ | LIN$ | REP$ | STR$

Wir werden diese Standardfunktionen in 3.1 ausführlich behandeln.

Neben diesen Standardfunktionen dient ein anderer Teil der vorhandenen Funktionen der Kommunikation mit dem Maschinensystem selbst, indem vor allem die Maschinenfunktionen bezüglich Zeit und Datum ausgenutzt werden. Je nachdem, ob als Ergebnis eine Zahl oder ein Text geliefert wird, bezeichnen wir diese Funktionen als numerische Systemfunktionen (n-system-funktion) oder als Systemtextfunktionen (t-system-funktion). Es sind dies:

n-, t-system-funktion (Auswahl, s.o.)

Name	Bedeutung/Bemerkungen
DATE	Datum als ganze Zahl in der Form JJTTT: JJ = 2-stellige Jahreszahl (ohne Hunderter), TTT = 3-stelliger Jahrestag (bei Durchnumerierung von 1 - 365 bzw. 366); z.B. am 5. Februar 1977: DATE = 77036
TIME	Uhrzeit in der Form "Sekunden seit 0.00 Uhr" (als ganze Zahl)
DATE$	Datum als Text (8 Zeichen) in der Form "JJ/MM/TT": JJ = Jahr, MM = Nr. des Monats, TT = Tag des Monats; z.B. am 5. Februar 1977: DATE$ = "77/02/05"
TIME$	Uhrzeit als Text (8 Zeichen) in der Form "hh:mm:ss": hh = Stunden, mm = Minuten, ss = Sekunden; z.B. um 7 Uhr, 17 Minuten, 30 Sekunden: TIME$ = "07:17:30"

Diese Funktionen haben alle keinen Parameter, d.h. der Aufruf erfolgt direkt durch Hinschreiben des Namens in einen entsprechenden Ausdruck.

EXT-BASIC-END.

2.8.3 Benutzerdefinierte Funktionen

Der Benutzer hat die Möglichkeit, einen arithmetischen Ausdruck mit einem Namen zu belegen und ihn so als eine Funktion zu defi-

nieren. Als Name einer solchen benutzerdefinierten numerischen Funktion (n-definierte-funktion) sind ebenfalls - wie bei den Standardfunktionen - drei Buchstaben vorgesehen, jedoch sind die ersten beiden fest als FN vorgegeben. Die Definition der Funktion geschieht in einer Funktionsanweisung (funktions-anweisung), einer einfachen Anweisung (vgl. 2.4.2), die folgendermaßen aufgebaut ist: zuerst kommt das Schlüsselwort DEF; danach folgt der Name der Funktion, in der Regel gefolgt von einer in Klammern eingeschlossenen Parameterliste (parameter-liste), genauer: einem einzigen Parameter (parameter) - d.i. der Name einer einfachen numerischen Variable; von diesem Teil durch das Zuordnungszeichen (=) getrennt, folgt dann der arithmetische Ausdruck, der die gewünschte Berechnungsvorschrift angibt. Dieser Ausdruck enthält den oben erwähnten Parameter; es ist jedoch auch möglich, daß kein Parameter gebraucht wird - in diesem Fall fehlt die Parameterliste (einschließlich der Klammern).
(Die Namen der Funktionen kann der Compiler übrigens von allen anderen Namen unterscheiden, da sie aus drei Buchstaben bestehen - Variable z.B. enthalten nur einen Buchstaben.)

Beispiele	
n-definierte-funktion	FNA | FNB | FNP | FNC
parameter	X | Y | Z1 | Z2 | Z3
funktions-anweisung	DEF FNA(X) = A*X^2+B*X+C
	DEF FNB(Y) = 3.5*SIN(Y) - ABS(X/Y+C)
	DEF FNP = 3.14159
	DEF FNC = A^2+B^2-A*B*FNP

Der Aufruf der Funktion geschieht, wie bereits in 2.8.1 erwähnt, durch Hinschreiben des Namens der Funktion, gefolgt von der Argumentliste - das Argument entspricht als aktueller Wert dem Parameter, der bei der Definition auftauchte. (Ist dort kein Parameter vorhanden, so darf beim Funktionsaufruf auch kein Argument vorkommen.) Die Wirkung ist die, daß der betreffende

Ausdruck der rechten Seite der Funktionsanweisung berechnet wird, und zwar wird der Parameter überall, wo er auftaucht, durch den Wert des Argumentes ersetzt.

Beispiele

n-funktions-aufruf	Wert von Z
LET Z = FNA(3)	A*3^2+B*3+C = 9A+3B+C
LET Z = FNC	$A^2 + B^2 - 3.14159 \cdot A \cdot B$
LET Z = FNB(X)	$3.5 \sin X - \lvert 1+C \rvert$

Die als Parameter vorkommende Variable gilt nur für diese Zeile, in der die Funktionsanweisung vorkommt, d.h. "lokal"; sie hat keinen Bezug zu einer anderen Variablen des Programms, die denselben Namen hat, denn sie wird ja beim Funktionsaufruf durch einen entsprechenden aktuellen Wert ersetzt. Andere Variable, die in dem arithmetischen Ausdruck vorkommen (z.B. A, B, C in FNA, X in FNB usw.), sind die Variablen des Programms, in dem die Funktionsanweisung steht.

Eine Funktionsanweisung muß vor dem ersten Aufruf stehen, der auf diese Funktion Bezug nimmt. Der in ihr enthaltene Ausdruck wird erst beim Aufruf der Funktion berechnet. Wenn eine Zeile mit Funktionsanweisung während des Programmlaufs zur Ausführung gelangt, so erfolgt lediglich ein Übergang zur nächsten Zeile.

Eine Funktion darf nur einmal im Programm definiert werden. Sie kann selbst wieder eine andere Funktion aufrufen (vgl. obige Beispiele), jedoch sind (direkte oder indirekte) rekursive Aufrufe nicht erlaubt: d.h. sie darf sich nicht selbst aufrufen, weder direkt noch über eine Reihe anderer dazwischen liegender Funktionsaufrufe.

Die genauen Regeln für die Auswertung eines Funktionsaufrufs sind die folgenden, in dieser Reihenfolge:

- Berechnung des Argumentes, das ja ein beliebiger Ausdruck ist;
- Zuordnung dieses Wertes an den Parameter in der Parameterliste der Funktionsanweisung;
- Berechnung des Ausdrucks in der Funktionsanweisung;
- Zuordnung dieses Wertes als Wert der Funktion.

Es ist demnach auch durchaus möglich, daß im Argument des Funktionsaufrufs dieselbe Funktion nochmals aufgerufen wird, z.B.:

```
LET Z = FNA (1+3*FNA(W)).
```

Beispiel

Programm	Aufgabe
110 INPUT A,B,C	Einlesen von 3 Größen A, B, C;
120 DEF FNQ(X) = A*X^2+B*X+C	Bestimmung der Funktionswerte
130 FOR X=1 TO 100	$A\cdot X^2+B\cdot X+C$
140 PRINT X, FNQ(X), FNQ(1/X)	sowie
150 NEXT X	$A\cdot(\frac{1}{X})^2+B\cdot(\frac{1}{X})+C$
160 END	für alle ganzzahligen X zwischen 1 und 100;
	Ausgabe aller Werte

EXT-BASIC.
Als benutzerdefinierte Funktion (definierte-funktion) ist neben der numerischen auch die Textfunktion (t-definierte-funktion) erlaubt, die ganz analog in einer Funktionsanweisung definiert wird, wobei der Ausdruck der rechten Seite natürlich ein Textausdruck ist; alles, was oben im Hinblick auf die numerische Funktion gesagt wurde, gilt entsprechend auch für die Textfunktion.

Als Namen für benutzerdefinierte Funktionen sind nun nach FN dieselben Namen wie auch für einfache Variable vom betreffenden Typ zugelassen.

Die Parameterliste kann aus mehr als einem Parameter bestehen; in diesem Fall werden die einzelnen Parameter durch Komma getrennt. Als Parameter ist auch eine einfache Textvariable zugelassen. Beim Aufruf muß die Argumentliste dann entsprechend viele Argumente enthalten, die Parameterliste der Funktionsanweisung und die Argumentliste des Aufrufs müssen in Länge und Typ der Elemente übereinstimmen: die Parameter werden in der durch die Liste gegebenen Reihenfolge durch die Argumente der Argumentliste ersetzt, dann wird der Funktionswert berechnet. Alle Parameter sind lokal.

Beispiele	
n-definierte-funktion	FNA1 | FNA2
t-definierte-funktion	FNA$ | FNA1$
funktions-anweisung	DEF FNA1(X,Y) = X+Y^2
	DEF FNA2(X,A$) = X*LEN(A$)
	DEF FNA$(X$,Y$) = X$&A$&Y$
n-let-anweisung	LET T = 5*FNA1(5,T)
t-let-anweisung	LET B$ = A1$ & FNA$("XYZ",B$) & "AB"

Zusätzlich zu dieser einzeiligen Definition einer Funktion mittels der Funktionsanweisung gibt es auch die mehrzeilige Funktionsdefinition (funktions-definition), die aus einer Folge von einfachen Zeilen und FOR-Blöcken besteht. Die Zusammenfassung dieser Zeilen zu einem Funktionsblock (funktions-block) geschieht durch eine zusätzliche Anfangszeile (funktions-anfangs-zeile) und eine Endzeile (funktions-end-zeile), die die entsprechenden Blockanweisungen enthalten: die Endzeile enthält das Funktionsblock-Ende (funktions-block-ende) in der Form

FNEND

und beinhaltet sowohl das physische wie auch das logische Ende der Funktionsdefinition (vgl. END beim Programm); die Anfangszeile enthält den Funktionsblock-Anfang (funktions-block-anfang):

dieser enthält nach dem Schlüsselwort DEF den Namen der Funktion, die definiert werden soll, sowie - falls vorhanden - die in Klammern gesetzte Parameterliste, genau wie bei der Funktionsanweisung. Das nachfolgende "= ausdruck" der Funktionsanweisung fehlt hier, dafür folgt die mehrzeilige, durch FNEND abgeschlossene Funktionsdefinition. Die Wertzuweisung an den Funktionsnamen erfolgt durch eine Zuordnungsanweisung, die als Ziel gerade den Namen der Funktion (ohne Parameter!) enthält.

Beispiel

Programm	Wirkung
100 DEF FNJ(A$) 110 LET FNJ = 1 120 IF A$ = "JA" THEN 140 130 LET FNJ = 0 140 FNEND 150 LET A1 = FNJ("NEIN") 160 LET A2 = FNJ("JA") 170 LET A3 = FNJ(" JA ") 180 PRINT A1, A2, A3 190 END	Es wird die folgende Zeile ausgegeben: 0 1 0

Alles, was oben zur Definition einer Funktion mit der Funktionsanweisung gesagt wurde, gilt entsprechend für die Definition einer Funktion durch einen Funktionsblock. Dementsprechend sind z.B. auch alle Variablen innerhalb der Funktionsdefinition, die nicht Parameter sind, nicht lokal, sondern werden von außen übernommen. Zusätzlich muß noch gesagt werden, daß

- kein Sprung von außen in die Funktionsdefinition erlaubt ist,
- der Funktionsblock nur durch einen entsprechenden Funktionsaufruf aktiviert wird,
- der Funktionsblock bei Aktivierung nur über die FNEND-Zeile verlassen werden kann, also auch ein Sprung nach außen nicht

möglich ist, und

- bei Verlassen des Funktionsblocks alle GOSUB-Unterprogrammsprünge innerhalb der Funktionsdefinition durch entsprechend viele RETURN-Anweisungen aufgelöst sein müssen (vgl. 2.5.2)

EXT-BASIC-END.

Damit ist die Beschreibung von Minimal BASIC beendet.

EXT-BASIC.
In diesem ganzen Kapitel werden Konstruktionen betrachtet, die nur in erweiterten BASIC-Versionen möglich sind. Den Bemerkungen zu Beginn von Kapitel 2 (vgl. 2.1) ist an dieser Stelle nichts Grundsätzliches hinzuzufügen; es sei nur nochmals betont, daß wir nicht alles, was zur Zeit diskutiert wird, in dieses Buch aufgenommen haben.

3.1 Textverarbeitung

Die Textverarbeitung in BASIC geschieht im wesentlichen nicht mittels Operatoren, sondern mittels Standardfunktionen. Als Operator ist nur das Konkatenationszeichen (Verkettungszeichen) & vorgesehen.
Um die Wirkung der Standardfunktionen zu veranschaulichen, betrachten wir zunächst beliebige Textvariable und -ausdrücke sowie deren Wert, einen Textwert: jeder Textwert besteht aus einer Folge von BASIC-Zeichen; ist N die Anzahl dieser Zeichen, so heißt N auch die Länge des Textwertes bzw. die Länge der Textvariablen oder eines Textausdrucks mit diesem Wert; die zur Darstellung des Textwertes im Programm bzw. bei den Daten evtl. benötigten bzw. vorhandenen "-Zeichen vor und nach dem Textwert werden dabei nicht mitgerechnet. Die Zeichen des Textwertes kann man sich von 1 bis N durchnumeriert denken, so daß es also auch durchaus sinnvoll ist, z.B. vom Wert des i-ten Zeichens oder von der Stellennummer des ersten Zeichens, das einen bestimmten Wert hat, zu reden.

Es sei nun A$ eine Textvariable oder ein beliebiger Textausdruck, desgleichen B$ und C$; X stehe für einen beliebigen arithmetischen Ausdruck, M und N für einen Indexausdruck (d.h. sie haben einen ganzzahligen Wert); die bereits in 2.8.2 beschriebenen Standardfunktionen seien hier der Vollständigkeit halber nochmal kurz miterwähnt.

n-standard-funktion		(Textverarbeitung)
Name	Aufruf	Bedeutung/Bemerkungen
LEN	LEN(A$)	Länge ("length") von A$ (vgl. 2.8.2); LEN(A$)=0: A$ = leerer Text (kein Zeichen)
LON	LON	größtmögliche ("longest") Länge eines Textwertes (vgl. 2.8.2)
POS	POS(A$,B$)	Nummer der Stelle ("position") in A$, an welcher beim ersten Vorkommen von B$ in A$ (von links an gerechnet) das erste Zeichen von B$ steht (=0, wenn B$ nicht in A$ vorkommt); z.B. POS("ELLE", "LE") = 3, POS("ELLE", "L") = 2, POS("ELLE", "K") = 0
VAL	VAL(A$)	VAL("123.5") = 123.5 (als Zahl, vgl. 2.8.3) ("value")

t-standard-funktion		
Name	Aufruf	Bedeutung/Bemerkungen
DEL$	DEL$(A$,B$)	streiche ("delete") B$, wo es zum ersten Mal in A$ vorkommt (falls überhaupt); z.B. DEL$("EDEN", "E") = "DEN" DEL$("EDEN", "A") = "EDEN"
EXT$	EXT$(A$,M,N)	ziehe heraus ("extract") aus A$ die Teilfolge vom M-ten bis zum N-ten Zeichen; d.h. explizit: ist A$ = "$a_1 a_2 \ldots a_L$" (L = LEN(A$)), so ist: EXT$(A$,M,N) = "$a_M a_{M+1} \ldots a_N$", falls $1 \leq M \leq N \leq L$, bzw. = "" (d.h. leerer Text) sonst; z.B. EXT$("EDEN",2,2) = "D" (Gewisse Grenzfälle für M und N können evtl. noch speziell behandelt werden.)
GAP$	GAP$(N)	erzeugt N Blanks ("gaps"); von Bedeutung für Ausgabedatei

Name	Aufruf	Bedeutung/Bemerkungen
LIN$	LIN$(N)	erzeugt Wagenrücklauf und N mal Zeilenvorschub ("line"); von Bedeutung für Ausgabedatei
REP$	REP$(A$,B$,C$)	ersetze ("replace") B$ durch C$ dort, wo es zum ersten Mal in A$ vorkommt (falls überhaupt); z.B. REP$("EDEN", "ED", "AMM") = "AMMEN"
STR$	STR$(X)	dezimale Darstellung von X als Text ("string"); z.B. STR$(123.5) = "123.5", STR$(-3.14) = "-3.14"; Blanks vor einer positiven Zahl bzw. im Anschluß an eine beliebige Zahl werden nicht generiert.

Diese Funktionsaufrufe können - wie bereits gesagt - wie beliebige elementare Ausdrücke verwendet werden; so liefert dann z.B. die Anweisung

```
LET X$ = REP$ ( "NA" & EXT$("MESSEN",2,5) , "AES" , "A" )
```

für X$ den Wert "NASE".

3.2 Externe Unterprogramme

In 2.5.2 hatten wir bereits gesehen, daß man interne Unterprogramme bilden kann, die mit GOSUB- bzw. RETURN-Anweisungen verwaltet werden. Darüber hinaus gibt es nun die Möglichkeit, Unterprogramme auch außerhalb des Programms und unabhängig von diesem zu definieren; solche Unterprogramme bezeichnet man daher auch als externe Unterprogramme. Das Programm selbst kann mit einem solchen externen Unterprogramm nur über die Parameter kommunizieren, ähnlich wie bei Funktionen; genau wie bei diesen wird das externe Unterprogramm mit einem Namen belegt und bei Bedarf im Programm (oder auch einem anderen Unterprogramm) durch einen Unterprogramm-Aufruf aktiviert.

3.2.1 Definition eines externen Unterprogramms

Ein externes Unterprogramm (unterprogramm) ist - wie ein Programm - eine selbständige Programmeinheit, die auch ähnlich wie ein Programm aufgebaut ist: es besteht aus einer Folge von Unterprogramm-Blöcken (unterprogramm-block) - d.i. entweder ein Block, wie im Programm, oder eine Unterprogrammausgang-Zeile (unterprogramm-ausgang-zeile), die den Ausgang aus dem Unterprogramm zurück ins (rufende) Programm beinhaltet. Dieser Unterprogramm-Ausgang (unterprogramm-ausgang) hat die Form

SUBEXIT

und bewirkt das logische Ende des Unterprogramms und somit den Rücksprung ins rufende Programm (d.h. zur nächsten Anweisung nach CALL, vgl. 3.2.2). Wie ein Programm durch die Endzeile abgeschlossen wird, so wird ein Unterprogramm durch eine Unterprogramm-Endzeile (unterprogramm-end-zeile) als letzte Zeile abgeschlossen, die zwischen Zeilennummer und Zeilenende als Anweisung das Unterprogramm-Ende (unterprogramm-ende) in der Form

SUBEND

enthält: SUBEND bedeutet (analog zu END) sowohl das physische wie das logische Ende des Unterprogramms; im letzteren Sinn ist es gleichbedeutend mit SUBEXIT.

Um das Unterprogramm auch von Anfang an als solches zu kennzeichnen, muß als allererste Zeile eine Unterprogrammzeile (unterprogramm-zeile) stehen: die Anweisung dieser Zeile beinhaltet demgemäß die Kennzeichnung als Unterprogramm, den sogenannten Unterprogramm-Anfang (unterprogramm-anfang). Dieser enthält nach dem zugehörigen Schlüsselwort SUB den Namen des Unterprogramms (unterprogramm-name) - d.i. ein Name (name), bestehend aus einer beliebig langen Folge von Buchstaben und Ziffern, wovon das erste Zeichen ein Buchstabe sein muß - und hinter diesem Namen, in runde Klammern eingeschlossen, die Liste der formalen Parameter (formale-parameter-liste). Diese Liste enthält einen oder, durch Komma getrennt, mehrere formale Parameter; sie dient der Kommunikation mit dem (rufenden) Programm.

Jeder formale Parameter (formale-parameter) ist eine für das Unterprogramm lokale Größe und beinhaltet entweder eine einfache Variable, einen Vektor, eine Matrix oder einen Kanal (vgl. 3.5); er hat dann die Form - in dieser Reihenfolge - des Namens einer einfachen Variablen, des Namens eines Vektors gefolgt von () , des Namens einer Matrix gefolgt von (,) , oder einer Kanalkonstante (kanal-konstante), dargestellt als # gefolgt von einer nicht-negativen ganzen Zahl. Als Vektor (vektor) bzw. Matrix (matrix) sind dabei sowohl numerische wie Textvektoren/matrizen zugelassen. Solche Vektoren und Matrizen dürfen nicht mehr in einer Feldvereinbarung des Unterprogramms vorkommen, ihre Zeilen- und Spaltenzahl wird aus dem rufenden Programm übernommen.
Die maximale Länge eines Namens ist implementierungsabhängig, sie muß jedoch mindestens 6 sein.
In der Liste der formalen Parameter darf jeder formale Parameter nur einmal vorkommen. Wird in dem Unterprogramm kein formaler Parameter benötigt, so entfällt der Teil "(formale-parameterliste)".

Das Unterprogramm besteht also aus einer Folge beliebiger Anweisungen, die lediglich nicht sein können:

- eine END-Anweisung (diese ist reserviert für das Programm selbst),
- eine SUB- bzw. SUBEND-Anweisung, außer in der ersten respektive letzten Zeile.

Eine CALL-Anweisung (vgl. 3.2.3), d.h. der Aufruf eines anderen Unterprogramms, ist erlaubt, jedoch weder direkte noch indirekte Rekursivität (vgl. hierzu auch 2.8.3).

Im Gegensatz zu Funktionsdefinitionen (die als solche ja eigentlich internen Unterprogrammen entsprechen) sind alle Größen in einem Unterprogramm - auch die, die nicht in der Liste der formalen Parameter vorkommen - lokal, Kommunikation zwischen Unterprogramm und rufendem Programm besteht nur über den Zusammenhang formale/aktuelle Parameterliste. Dies bedeutet u.a. auch:

- READ und RESTORE beziehen sich auf ein Unterprogramm-eigenes Datenfeld DF, der zugehörige Zeiger RP wird bei Eintritt ins Unterprogramm auf 1 zurückgesetzt;
- OPTION BASE gilt nur lokal; jedoch behalten die als formale Parameter übergebenen Felder die Untergrenzen sowie Zeilen- und Spaltenzahlen aus dem rufenden Programm bei;
- Kanalnummern sind ebenfalls nur lokal, ein interner Kanal wird nach Beendigung des Unterprogramms inaktiv.

Beispiele	
unterprogramm-anfang	SUB CALC(X,Y,Z$)
	SUB SORT(A(), B(), A$, #3)

Betrachten wir als Beispiel für ein ganzes Unterprogramm die Berechnung eines Polynomwertes

(1) $p(x) = a_o + a_1x + a_2x^2 + \ldots + a_nx^n$

nach dem Hornerschema, d.h. mittels der zu (1) äquivalenten Formel

(2) $p(x) = (\ldots((a_nx + a_{n-1})x + a_{n-2})x + \ldots + a_1)x + a_o,$

wobei in einer Schleife das bereits erzielte Zwischenergebnis mit x multipliziert und um den Koeffizienten mit dem nächstniedrigeren Index erhöht wird. Die Koeffizienten sollen dem Unterprogramm in einem Vektor A (mit unterer Grenze 0) übergeben werden, n als Variable N, x als Variable X, und über P werde der Polynomwert p(x) zurückgegeben:

```
510 SUB HORNER (N, A(), X, P )
520 IF N >= 0 THEN 550
530 PRINT "POLYNOMGRAD IST NEGATIV."
540 STOP
550 LET P = A(N)
560 FOR I=N-1 TO 0 STEP -1
570 LET P = P * X + A(I)
580 NEXT I
590 SUBEND ! ENDE SUB HORNER
```

Das obige Unterprogramm liefert im Prinzip einen Wert (Funktionswert) als Ergebnis ab, so daß man auch daran denken könnte, diesen Funktionswert über einen Funktionsblock programmintern zu berechnen; dies geht allerdings für dieses Beispiel in BASIC nicht, da die Parameter einer Funktion nur einfache Variable sein dürfen. Außerdem ist die Bildung eines Funktionsblocks programmintern, die Funktion müßte somit, wenn sie auch in anderen Programmen bzw. Unterprogrammen vorkommen würde, dort jedesmal neu definiert werden.

Ein externes Unterprogramm kann selbst Funktionsanweisungen und Funktionsblöcke enthalten, sowie auch interne Unterprogramme mit den entsprechenden GOSUB- und RETURN-Anweisungen. Genau wie beim Funktionsblock, müssen dann vor der Beendigung des Unterprogramms alle GOSUB-Unterprogrammsprünge aufgelöst sein.

3.2.2 Aufruf eines Unterprogramms

Die Aktivierung eines Unterprogramms geschieht durch den sogenannten Unterprogramm-Aufruf (unterprogramm-aufruf), das ist eine einfache Anweisung der Form:

CALL unterprogramm-name (aktuelle-parameter-liste)

Der nach CALL folgende Unterprogrammname gibt an, welches Unterprogramm aktiviert werden soll. Hat dieses Unterprogramm keine formale Parameterliste, so entfällt auch beim Aufruf der Teil "(aktuelle-parameter-liste)". Im anderen Fall folgt in der oben angegebenen Form die Liste der aktuellen Parameter (aktuelle-parameter-liste) - d.i. ein oder mehrere, durch Komma voneinander getrennte aktuelle Parameter. Jeder aktuelle Parameter (aktueller-parameter) entspricht - in der durch die jeweilige Liste angegebenen Reihenfolge - genau einem formalen Parameter in Typ und dementsprechender äußerer Form (d.h. unter anderem auch, daß die Längen der beiden Parameterlisten übereinstimmen müssen):

formaler-parameter	aktueller-parameter	
einfache-variable	variable | ausdruck	Typ ("n" bzw. "t") muß übereinstimmen (jedoch z.B. nicht der Name des Parameters)
vektor ( )	vektor ()	
matrix (,)	metrix (,)	
# kanal-konstante	# kanal	

Der Zusammenhang aktueller/formaler Parameter bei Unterprogrammen entspricht dem Zusammenhang Argument/Parameter bei Funktionen (vgl. 2.8.3), mit dem Unterschied, daß bei Unterprogrammen eine größere Vielfalt möglich ist; so ist als formaler Parameter eine "Kanalvariable" (# kanal-konstante) möglich: mit diesem Namen wird im Unterprogramm dann eine bestimmte Datei angesprochen. Beim Aufruf entspricht diesem formalen Parameter ein aktueller Parameter in der Form # kanal; der nach # folgende Kanalausdruck (kanal) ist in seiner allgemeinen Form ein Indexausdruck - die durch ihn gegebene ganze Zahl gibt an, welche Datei des rufenden Programms nun aktuell gemeint ist (vgl. hierzu auch 3.5).

Beispiele	
unterprogramm-aufruf	CALL CALC(3*A^2, 6+X, "NO")
	CALL SORT (Z(), Y(), (L$), #N)
	CALL HORNER (7, K(), A1, P1)

Beispiel

Programm:	Eingabe:	Ausgabe:
10 OPTION BASE 0	? 1 -2 0 1	
20 INPUT C(0), C(1), C(2), C(3)	? 0	1
30 INPUT A	? 1	0
40 CALL HORNER (3, C(), A, P)	? -1	2
50 PRINT P	? 2	5
60 GOTO 30	? -2	-3
70 END	? STOP	

Beim Aufruf eines Unterprogramms werden die formalen Parameter durch die entsprechenden aktuellen Parameter ersetzt; dies ist im Prinzip auf verschiedene Arten möglich, in BASIC wird die Ersetzung wie folgt durchgeführt (es sei dazu F der formale, A der entsprechende aktuelle Parameter):

- ist A ein Ausdruck, aber keine Variable (also ein "echter" Ausdruck), so wird der Wert w des Ausdrucks berechnet, und F wird überall im Unterprogramm durch w ersetzt ("call by value" - Wertaufruf); es kann dann im Unterprogramm z.B. keine Wertzuweisung an F erfolgen;
- ist A eine einfache Variable, so wird F überall durch A ersetzt ("call by reference"); erfolgt dann z.B. im Unterprogramm eine Wertzuweisung an F, so erfolgt dadurch im aktuellen Fall die Wertzuweisung direkt an die Größe A des rufenden Programms; soll eine einfache Variable mit Wert aufgerufen werden, so ist sie durch Einklammern zu einem echten Ausdruck zu machen (vgl. obiges Beispiel: (L$) im Aufruf von SORT);
- ist A ein Feldelement, so werden zunächst die Indizes berechnet, und F wird durch die so erhaltene Variable B ersetzt (call by reference nach Indexberechnung);
- ist A ein Feld, so wird F generell durch A ersetzt (call by reference); dies entspricht "call by reference" für jedes Feld-

element einzeln;

- ist A = # kanal, so erfolgt zunächst die Berechnung des Kanalausdrucks (einmal); ergibt dieser die (nicht-negative) ganze Zahl i, so wird F = # j des Unterprogramms überall durch # i ersetzt (call by reference nach Kanalberechnung); i ≠ j ist durchaus zugelassen; die Eigenschaften der i zugeordneten Datei werden unverändert ins Unterprogramm übernommen; werden sie dort verändert, so wirkt sich dies auch im rufenden Programm aus; Kanal i braucht aber vor Eintritt ins Unterprogramm nicht notwendig bereits aktiv zu sein (vgl. hierzu 3.5).

Der Aufruf eines Unterprogramms von einer anderen Programmeinheit (d.h. Programm oder Unterprogramm) aus bewirkt die Kontrollübergabe an dieses Unterprogramm: es werden nun in diesem Unterprogramm sequentiell alle Anweisungen durchgeführt, und zwar so lange, bis entweder eine STOP-Anweisung (dies ist möglich) das Unterprogramm und damit auch das ganze Programm beendet oder bis durch SUBEXIT oder SUBEND die Kontrolle wieder ans rufende Programm zurückgegeben wird, und zwar zur nächsten, der CALL-Anweisung folgenden Anweisung.
Jedes Unterprogramm kann selbst wieder ein anderes Unterprogramm aufrufen; jedes BASIC-System muß eine mindestens 10-fache Schachtelungstiefe ermöglichen.

3.2.3 Aufbau eines BASIC-Programms

Ein BASIC-Programm besteht aus einem einzelnen Programm, bei Bedarf physisch gefolgt von einem oder mehreren Unterprogrammen - vgl. 2.4.1; wir reden dann auch von einer Programmdatei. Die Unterprogramme in dieser Programmdatei sind die, die im Programm selbst aufgerufen werden, sowie zusätzlich solche, die wiederum von diesen Unterprogrammen aufgerufen werden usw. Ist ein in dieser Weise aufgerufenes Unterprogramm nicht Bestandteil dieser Programmdatei, so muß es in einer speziellen Unterprogrammdatei vorhanden sein, diese Unterprogrammdatei muß mittels der entsprechenden Dateianweisungen dem BASIC-System angezeigt werden (vgl. 3.5.5).

3.3 Formatierte Ausgabe

Zur Ausgabe von Daten dient, wie bereits erwähnt, die PRINT-Anweisung; neben der in 2.7.2 beschriebenen Form der PRINT-Anweisung, der eine feste Einteilung der Druckzeile in Zonen zugrundeliegt, kann mit der PRINT-USING-Form die Ausgabe von Werten in einem beliebigen, von dieser Zoneneinteilung unabhängigen Format erfolgen. Zu diesem Zweck beschreibt der Benutzer in einer Formatanweisung seine Druckzeile Zeichen für Zeichen in der Form, daß er feste Textstellen unmittelbar als Ausgabetext angibt und die zwischen diesem festen Text stehenden Bereiche entsprechend dem (variablen) Wert, den sie aufnehmen sollen, als numerischen Bereich oder als Textbereich kennzeichnet. Die Angabe der Länge eines solchen Bereiches erfolgt implizit dadurch, daß für jede Stelle dieses Bereiches entweder ein spezielles Zeichen (mit einer bestimmten Bedeutung) oder ein # als allgemeiner Platzhalter angegeben wird. Die Formatanweisung (format-anweisung) besteht nun aus einem : anstelle eines Schlüsselwortes, unmittelbar gefolgt von der Formatliste (format-liste), die aus solchen festen Texten und der Beschreibung variabler Bereiche in beliebiger Folge besteht. Die PRINT-Anweisung kann auf diese Formatliste Bezug nehmen in dem Sinn, daß die zum Druck gelangenden Werte gerade nacheinander in die variablen Bereiche eingefügt werden, und zwar auf die im folgenden erläuterte Weise.

Die Beschreibung eines variablen Bereiches erfolgt durch ein Formatelement (format-element), und zwar je nach dem Wert, den der Bereich aufnehmen soll, durch ein numerisches oder ein Textformatelement. Das Textformatelement (t-format-element) besteht aus dem <-Zeichen (links-anschlag), wenn der Text linksbündig, bzw. aus dem >-Zeichen (rechts-anschlag), wenn er rechtsbündig in den Textbereich geschrieben werden soll; um die Länge des

Textbereiches anzugeben, wird der Rest des Bereiches mit #-Zeichen aufgefüllt (d.h. also mit 0,1 oder mehreren #). Der Textwert, den dieser Bereich aufnimmt, wird also je nachdem links- oder rechtsbündig eingetragen, restliche Stellen des Bereichs - sofern noch welche vorhanden - werden mit Blanks aufgefüllt.

Ein numerischer Bereich dient zur Aufnahme eines numerischen Wertes, der hier in einem der in 2.3.1 erläuterten Formate dargestellt werden kann. Dementsprechend dient ein numerisches Formatelement (n-format-element)

- als i-format-element in der Form # ... (d.h. eine Folge von einem oder mehreren #-Zeichen) zur Beschreibung der Darstellung einer ganzen Zahl (Format NR1); die Zahl wird rechtsbündig eingetragen, die Anzahl der # ist die maximal mögliche Stellenzahl; führende Nullen werden weggelassen (die exakte Zahl 0 wird selbstverständlich mit einer Ziffer 0 dargestellt);
- als f-format-element in einer der Formen

  #... . | . #... | #... . #...

  (d.h. eine Folge von einem oder mehreren #-Zeichen, in der an beliebiger Stelle ein Punkt - der Dezimalpunkt - stehen kann) zur Beschreibung der Darstellung einer Zahl mit explizitem Punkt (Format NR2); der Dezimalpunkt erscheint in der Ausgabezeile genau dort, wo er in der Formatliste steht; die Zahl selbst wird, entsprechend gerundet oder mit zusätzlichen Nullen versehen, mit soviel Nachkommastellen und Stellen vor dem Dezimalpunkt geschrieben, wie die Anzahl der # jeweils angibt; führende Nullen vor dem Punkt (außer einer Null unmittelbar vor dem Punkt, wenn die Zahl < 1 ist) werden unterdrückt, auch wenn mehrere # vor dem Punkt vorhanden sind;

  als e-format-element zur Beschreibung der Darstellung einer Zahl in der skalierten Form als Mantisse gefolgt von einem Exponententeil: der Mantissenbereich (mantissen-bereich) wird durch ein i- oder f-format-element beschrieben, der Exponentbereich (<u>exponent-bereich</u>) durch die feste Zeichenfolge ^^^^ - das sind vier Stellen, in denen der Exponententeil als Buchstabe E, zwingend gefolgt von einem Vorzeichen, gefolgt von 2-stelligen Exponenten dargestellt wird (der Exponent ist immer 2-stellig, d.h. eine führende Null wird nicht unterdrückt). Mantisse und Exponent werden so berechnet, daß die erste signifikante Dezimalziffer der Mantisse auf das erste # des Mantissenbereichs entfällt; im übrigen wird dann die Mantisse genau wie beim f-format-element dargestellt.

Ist die auszuschreibende Zahl negativ, so wird eine der durch # bezeichneten Stellen für das Vorzeichen "-" benötigt; das Vorzeichen steht unmittelbar vor der ersten signifikanten Dezimalziffer, sofern diese vor dem Dezimalpunkt steht, im anderen Fall unmittelbar vor der Null oder bei Platzmangel unmittelbar vor dem Punkt (anstelle der Null). Um im Ausgabebereich eine zusätzliche Stelle für das Vorzeichen vorzusehen, kann vor jedes der obigen numerischen Formatelemente noch ein Vorzeichen (+|-) gestellt werden mit folgender Bedeutung:

- der numerische Bereich wird um eine Stelle erweitert, die jedoch nur für das Vorzeichen der auszugebenden Zahl, nicht für Ziffern verwendet werden kann;
- steht vor dem Formatelement ein "-", so erfolgt die Ausgabe ansonsten genau wie oben beschrieben, d.h. es wird ein Vorzeichen nur bei negativen Zahlen ausgegeben;
- steht vor dem Formatelement ein "+", so wird ein Vorzeichen immer ausgegeben, also auch ein "+" für eine positive Zahl.

Beispiele

<table>
<tr><th>format-element</th><th>ausgedruckte Zeichenfolge</th><th>Länge des Bereichs</th></tr>
<tr><td><</td><td>A | B | 1</td><td>1</td></tr>
<tr><td><####</td><td>AUTO␣ | APFEL | A␣␣␣␣</td><td>5</td></tr>
<tr><td>>####</td><td>␣AUTO | APFEL | ␣␣␣␣A</td><td>5</td></tr>
</table>

<table>
<tr><th>format-element</th><th>ausgedruckte Zeichenfolge</th><th>Länge des Bereichs</th></tr>
<tr><td>####</td><td>␣317 | -317 | 1024 |␣␣␣0</td><td>4</td></tr>
<tr><td>#.###</td><td>0.000 | 0.317 | -.317</td><td>5</td></tr>
<tr><td>##.##^^^^</td><td>31.70E+00 | -3.17E+01 |
20.00E-02</td><td>9</td></tr>
<tr><td>-####</td><td>␣␣317 |␣-317 | -1024</td><td>5</td></tr>
<tr><td>+####</td><td>+317.0 |␣␣+3.1 | -100.0</td><td>6</td></tr>
</table>

Zwischen diesen Formatelementen kann, wie bereits erwähnt, jeweils ein konstanter Ausgabetext (ausgabe-text) stehen: d.i. eine beliebig lange Folge von Programmzeichen, unter denen jedoch keines der für die Darstellung obiger Formatelemente benötigten Zeichen

+ | - | . | # | < | > | ^

sowie auch nicht (wegen geplanter Erweiterungen) das "-Zeichen enthalten sein darf (ausgabetext-zeichen). (Dies ist notwendig wegen der eindeutigen Trennbarkeit Formatelement/Ausgabetext.) "Beliebig lang" bedeutet wie üblich, daß auch Länge 0 zugelassen ist: in diesem Fall stehen zwei Formatelemente unmittelbar nebeneinander; dies ist jedoch nur möglich, wenn das rechts anschließende Formatelement mit einem der Zeichen < | > | - | + beginnt, da man sonst die Trennung der beiden Formatelemente nicht eindeutig durchführen kann. Blank ist als Ausgabetext-Zeichen erlaubt; dies bedeutet, daß das Format unmittelbar nach dem : der Formatanweisung beginnt.

Beispiele	
Zeile mit format-anweisung	40 : GEWINN ##.# PROZENT, DAS SIND #####.## DM 45 : ###### ###.#### +###.##^^^^ 50 :Z<####<####Z 60 :ENDE DES BEISPIELS

Die PRINT-USING-Anweisung nimmt auf ein solches Format Bezug durch eine sogenannte Formatangabe (format-angabe), d.i. die Zeilennummer der Zeile, die dieses Format enthält. Sie enthält weiterhin als Ausgabeliste (ausgabe-liste) eine Liste von einem oder mehreren Ausdrücken, die auszugeben sind; diese Ausdrücke sind durch ein Komma voneinander getrennt - das Komma dient hier lediglich als Trennzeichen in der Liste, eine besondere Funktion wie in der einfachen Form der PRINT-Anweisung kommt ihm hier nicht zu. Die PRINT-USING-Form der PRINT-Anweisung hat somit die allgemeine Form

PRINT USING format-angabe, ausdruck, ..., ausdruck

und bewirkt, daß die durch die Formatangabe angesprochene Druckzeile ausgegeben wird: konstante Texte der Formatliste werden unmittelbar so ausgegeben, wie sie in der Formatanweisung aufgeführt sind; die variablen Bereiche werden nacheinander mit dem Wert der Ausdrücke der Ausgabeliste so aufgefüllt, wie oben beschrieben. Typ des Wertes und Typ des Ausgabebereichs müssen natürlich übereinstimmen. Hat der auszugebende Wert - bei numerischen Werten nach entsprechender Rundung - mehr Stellen, als für den Ausgabebereich in der Formatliste vorgesehen sind, so wird anstelle des Wertes der ganze Ausgabebereich mit dem *-Zeichen aufgefüllt. Anschließend an die Ausgabe der Druckzeile erfolgt Übergang zur neuen Zeile - es sei denn, die ganze PRINT-Anweisung wird nach dem letzten Ausdruck mit einem Komma abgeschlossen.

Beispiele	Zeile mit print-anweisung
	10 PRINT USING 40, P, P*X/100
	11 PRINT USING 40,A,B,C,D
	12 PRINT USING 45,1,1,1
	13 PRINT USING 45,123456, -2, 0.03, 1234567, 5, -600, 7
	14 PRINT USING 50, "ONE", "ZWEI"
	15 PRINT USING 60

Haben die Variablen P, X, A, B, C, D in dieser Reihenfolge die Werte 33.4, 250, 25.78, 1317.04, 0, 0, so ergeben sich die folgenden Ausgabezeilen:

```
Zeile 10| GEWINN 33.4 PROZENT, DAS SIND    83.50 DM
Zeile 11| GEWINN 25.8 PROZENT, DAS SIND  1317.04 DM
        | GEWINN  0.0 PROZENT, DAS SIND     0.00 DM
Zeile 12|      1   1.0000 +100.00E-02
Zeile 13| 123456  -2.0000 +300.00E-04
        | ******   5.0000 -600.00E+00
        |      7
Zeile 14|ZONE   ZWEI Z
Zeile 15|ENDE DES BEISPIELS
```

Sollen durch die PRINT-Anweisung mehr Werte ausgegeben werden, als die durch die Formatanweisung spezifizierte Ausgabezeile enthält, so erfolgt - wie aus obigen Beispielen bereits ersichtlich, vgl. Zeilen 11 und 13 - nach Ausschreiben der ersten Zeile ein Übergang zur nächsten Druckzeile, in der die restlichen Werte mit demselben Format ausgegeben werden, usw. Sind weniger Werte vorhanden, so wird die Zeile so weit wie möglich ausgegeben - d.h. bis zu dem konstanten Ausgabetext unmittelbar vor dem Bereich, für den kein Wert mehr vorhanden ist (vgl. Zeile 13 in obigem Beispiel). Die Ausgabeliste kann, wie Zeile 15 zeigt, auch entfallen; in diesem Fall wird nur der vorhandene konstante Text ausgegeben.

3.4 Matrixanweisungen

3.4.1 Sinn der Matrixanweisungen

In 2.6.2 hatten wir Felder - sowohl numerische wie Textfelder - eingeführt, die eine Sammlung von numerischen oder von Textwerten darstellen; die Elemente eines solchen Feldes können mittels Indizierung einzeln angesprochen werden. In vielen Fällen - z.B.

bei Matrixaddition oder -multiplikation oder bei der Ein/Ausgabe von Feldern - ist dieses Ansprechen über Indizes sehr mühsam und aufwendig und hat gerade bei der Ein/Ausgabe von Feldern oft unangenehme Auswirkungen: so ist es z.B. bei elementweiser Ausgabe von Matrizen mit nicht konstanter Spaltenzahl (was in einem Unterprogramm durchaus vorkommen kann) nur mit sehr großem Aufwand möglich, eine Zeile der Matrix auch in einer Druckzeile auszugeben. Allen diesen Fällen ist gemeinsam, daß die Indizes in irgendeiner Weise systematisch alle möglichen Werte durchlaufen, d.h. daß nacheinander alle Feldelemente angesprochen werden.

Um den Umgang mit Feldern zu vereinfachen, gibt es daher in BASIC die Matrixanweisungen: sie beginnen alle mit dem Schlüsselwort MAT, wir nennen sie daher auch kürzer MAT-Anweisungen (<u>mat-anweisung</u>). Sie dienen als MAT-Zuordnungsanweisung der Zuordnung von Werten an ein ganzes Feld, bzw. als MAT-PRINT-, MAT-INPUT-, MAT-LINPUT-, MAT-WRITE- und MAT-READ-Anweisung der Ein/Ausgabe von ganzen Feldern. Allen MAT-Anweisungen ist gemeinsam, daß sie ganze Felder, und nicht nur einzelne Elemente eines Feldes, ansprechen; sie behandeln Vektoren und Matrizen als Einheit. Dabei sei bereits an dieser Stelle eine generelle Anmerkung gemacht, die die Aussage "ganze Felder" etwas einschränkt: alle MAT-Anweisungen sprechen <u>nicht</u> Zeilen und Spalten mit Index 0 an! Dies gilt ganz allgemein, wir werden es später nicht mehr ausdrücklich wiederholen.

3.4.2 Die MAT-Zuordnungsanweisung

Die MAT-Zuordnungsanweisung (<u>mat-zuordnungsanweisung</u>) dient der Zuweisung von Werten an alle Elemente eines Feldes; sie hat die allgemeine Form:

```
MAT A = B | MAT A$ = B$
```

Hierbei seien A bzw. A$ der Name eines beliebigen numerischen bzw. Textfeldes; jedem Element von A wird durch A = B ein numerischer, jedem Element von A$ durch A$ = B$ ein Textwert zugeordnet (n-feld-zuordnung, t-feld-zuordnung). Ist A ein Vektor, so handelt es sich bei B um einen numerischen Vektorausdruck, ist A eine Matrix, so muß B ein numerischer Matrixausdruck sein; wir reden dementsprechend auch von einer numerischen Vektor- bzw. Matrixzuordnung (n-vektor-zuordnung, n-matrix-zuordnung). Kenntnisse der üblichen Matrizenrechnung werden für das Folgende vorausgesetzt.

Betrachten wir uns zunächst den Aufbau eines numerischen Vektorausdrucks (n-vektor-ausdruck), d.i. die rechte Seite einer numerischen Vektorzuordnung: als solche ist möglich

- entweder eine der numerischen Vektorkonstanten (n-vektor-konstante) ZER (=Nullvektor) oder CON (= Vektor, der nur aus Einsen besteht), die von links beliebig mit Skalarfaktoren (skalar) in der Form <X> multipliziert werden kann; dabei ist X ein beliebiger arithmetischer Ausdruck; der erste Skalarfaktor kann mit einem Vorzeichen versehen werden; z.B.

```
ZER | - CON | -<3*Y+SIN(0.048)> * <Z-4> * CON
```

- oder eine numerische Vektorformel (n-vektor-formel); sie ist analog aufgebaut wie ein arithmetischer Ausdruck und besteht entweder aus einem numerischen Vektor, der von links mit einem, evtl. mit Vorzeichen versehenen Skalar multipliziert sein kann, oder sie läßt sich schreiben als aufeinanderfolgende Summe/Differenz von numerischen Vektortermen, wovon der erste wiederum mit Vorzeichen versehen sein kann.

Ein numerischer Vektorterm (n-vektor-term) ist ein einzelner numerischer Vektor oder ein Produkt von numerischen Vektoren und Matrizen, z.B.:

```
A | - A + B | - A*C1 + C*D*E - A*B + F
```

Es gelten die üblichen Regeln bezüglich Summe und Produkt von Matrizen, ein Vektor wird dabei in BASIC als Matrix mit einer Spalte aufgefaßt; das Ergebnis muß wiederum ein Vektor sein.

Ein numerischer Matrixausdruck (n-matrix-ausdruck) ist in entsprechender Verallgemeinerung

- entweder eine der numerischen Matrixkonstanten (n-matrix-konstante) ZER (= Nullmatrix), CON (= Matrix, die nur aus Einsen besteht) oder IDN (= Einheitsmatrix), die von links - wie eine numerische Vektorkonstante - mit Skalarfaktoren multipliziert und einem zusätzlichen Vorzeichen versehen sein kann,
- oder eine numerische Matrixformel (n-matrix-formel): d.i. entweder eine numerische Matrix, die von links mit einem evtl. mit Vorzeichen versehenen Skalar multipliziert sein kann, oder eine aufeinanderfolgende Summe/Differenz von numerischen Matrixtermen; ein numerischer Matrixterm (n-matrix-term) ist eine einzelne numerische Matrix oder ein Produkt mehrerer numerischer Felder; die üblichen Regeln sind zu beachten, das Produkt muß wieder eine Matrix sein;
- oder eine numerische Matrixfunktion (n-matrix-funktion), wobei für die Matrix A die Funktion TRN(A) die transponierte Matrix A^t, die Funktion INV(A) die inverse Matrix A^{-1} liefert. Für INV(A) muß A quadratisch sein; ist A nicht invertierbar, d.h. Det(A)=0, so ist die Wirkung von INV(A) implementierungsabhängig; die Matrixzuordnungen A=TRN(A) oder auch A=INV(A) sind durchaus möglich.

Unterscheiden sich Zeilenzahl und/oder Spaltenzahl der rechten Seite von denen der linken Seite, so werden dem Feld der linken Seite diese neuen Anzahlen zugeordnet - man spricht von dynamischer Änderung von Zeilen/Spaltenzahlen. Ist die rechte Seite eine der oben angegebenen Vektor- oder Matrixkonstanten, so werden Zeilen/Spaltenzahl der linken Seite angenommen; will man Zeilen/Spaltenzahl der linken Seite verändern, so kann man die numerische Vektorkonstante in der Form

ZER(N) | CON(N)

bzw. die numerischen Matrixkonstanten in der Form

ZER(N,M) | CON(N,M) | IDN(N,N)

schreiben, wo N ein beliebiger Indexausdruck für die Angabe einer neuen Zeilenzahl (neue-zeilenzahl), M ein beliebiger Indexausdruck für die Angabe einer neuen Spaltenzahl (neue-spaltenzahl) ist; bei der Einheitsmatrix IDN muß natürlich N=M gelten.
Matrizen werden zeilenweise fortlaufend gespeichert, auch bei Änderung von Zeilen/Spaltenzahl bleibt diese Eigenschaft erhalten; die Änderung braucht sich also nicht auf Verkleinern jeder der beiden Anzahlen zu beschränken, es ist lediglich darauf zu achten, daß der insgesamt vorgesehene Speicherplatz (d.h. Zeilenzahl*Spaltenzahl) nicht überschritten wird.
Die Dimension (1 oder 2) selbst kann jedoch nicht dynamisch verändert werden.

<table>
<tr><th>Beispiele</th><th></th></tr>
<tr><td>mat-zuordnungs-anweisung
(A, B, C Matrizen,
X, Y Vektoren,
U, V, W Variable)</td><td>MAT A=B | MAT A=B*Y |
MAT X = -<U+V*W/3>*<U-V>*B*C |
MAT A=B+C | MAT A=ZER(4,3) |
MAT A=INV(B) | MAT A=A*B |
MAT A=B*A | MAT A=A*A</td></tr>
</table>

Die Bildung des sogenannten Skalar- oder inneren Produktes zweier Vektoren ist nicht in der Form X*Y möglich, dagegen als Aufruf einer numerischen Feldfunktion (n-feld-funktion) in der Form DOT(X,Y), wo X und Y beliebige numerische Vektoren gleicher Zeilenzahl N sind; das Ergebnis ist der Zahlenwert

$$\sum_{I=1}^{N} X(I) * Y(I).$$

(Der Index 0 für X oder Y oder beide wird, wie bereits gesagt, nicht in die Berechnung mit einbezogen.)
Als numerische Feldfunktion ist auch die Determinantenberechnung

in einer der Formen

DET | DET(A)

realisiert. Dabei ist A eine numerische Matrix derselben Zeilen- wie Spaltenzahl. DET(A) ist der Wert der Determinante der quadratischen Matrix A. Ist kein Argument vorhanden, so liefert DET den Wert der Determinante der Matrix, die als letzte durch INV invertiert wurde.

Hat die MAT-Zuordnungsanweisung die Form MAT A$ = B$, so handelt es sich, wie bereits gesagt, um eine t-feld-zuordnung. Dabei steht B$ für ein Textfeld oder auch für eine Textfeldkonstante (t-feld-konstante) in einer der Formen:

NUL$ | NUL$(N) | NUL$(N,M)

Dabei liefert NUL$, je nach der linken Seite, einen konstanten Vektor oder eine konstante Matrix mit Elementen, die aus dem leeren Text bestehen. Die Größen N und M stehen, wie bei der numerischen Feldkonstanten, für entsprechende neue Zeilen/Spaltenzahl.
Die Aussagen über dynamische Veränderungen von Zeilen/Spaltenzahl der linken Seite gelten bei der t-feld-zuordnung genauso wie bei der n-feld-zuordnung.

Beispiele	(Bedeutung der Buchstaben wie oben)
n-let-anweisung	LET U = DOT(X,Y)^3 - 3.7/DET
	LET V = DET(A)*U-W
mat-zuordnungs-anweisung	MAT A$ = NUL$(3,7+V)
	MAT A$ = B$

3.4.3 Ein/Ausgabe von Feldern

Der Eingabe von Feldern dient die MAT-INPUT-Anweisung (mat-input-anweisung) in der allgemeinen Form:

MAT INPUT feld-ziel, feld-ziel, ..., feld-ziel

Wie bei der einfachen INPUT-Anweisung hinter dem Schlüsselwort INPUT eine Liste von Zielen folgt (vgl. 2.4.4), so folgt nun hinter MAT INPUT eine Liste von einem oder mehreren, durch Komma getrennten Feldzielen (feld-ziel-liste). Jedes Feldziel (feld-ziel) ist der Name eines numerischen Feldes (n-feld-ziel) oder eines Textfeldes (t-feld-ziel). Die Bedeutung der MAT-INPUT-Anweisung ist die gleiche wie die einer INPUT-Anweisung mit dem einzigen Unterschied, daß nun die Datenelemente der ein- oder mehrzeiligen Antwort zunächst den Elementen des ersten, dann des zweiten Feldes usw. zugeordnet werden. Die Zuordnung der Datenelemente an die Elemente eines Feldes erfolgt zeilenweise, d.h. zuerst an die Elemente der ersten, dann der zweiten Zeile des Feldes usw. (Zeile und Spalte 0, sofern vorhanden, bleiben unverändert.) Hinter dem Feldnamen kann in der Feldzielliste zusätzlich (in runden Klammern wie bei den Feldkonstanten, vgl. 3.4.2) eine Angabe über eine neue Zeilen/Spaltenzahl erfolgen: dies bedeutet vor der Wertzuordnung an das Feld, aber nach der Zuordnung an die vorhergehenden Felder, die dynamische Änderung der betreffenden Zeilen/Spaltenzahl; man beachte auch die diesbezüglichen Regeln aus 3.4.2. Wie bei der INPUT-, so ist auch bei der MAT-INPUT-Anweisung die Form

MAT INPUT WAIT index: feld-ziel-liste

möglich, mit derselben Bedeutung (vgl. 2.4.4).

Völlig analog zur LINPUT-Anweisung (vgl. 2.7.1) ist auch die MAT-LINPUT-Anweisung (mat-linput-anweisung):

MAT LINPUT t-feld-ziel-liste |
MAT LINPUT WAIT index: t-feld-ziel-liste

Dabei ist t-feld-ziel-liste eine Liste von (durch Komma voneinander getrennten) Textfeldzielen (s.o.); jedem Element eines Textfeldes dieser Liste wird der Textwert einer ganzen Antwortzeile zugeordnet, und zwar nacheinander jedem Element erst der ersten, dann der zweiten Zeile des Feldes, usw.

Der Eingabe von Werten für ganze Felder aus dem Datenfeld DF (vgl. 2.7.1) der aktuellen Programmeinheit (Programm oder Unterprogramm) dient die MAT-READ-Anweisung (mat-read-anweisung):

MAT READ feld-ziel-liste

Ansonsten hat sie dieselbe Wirkung wie die MAT-INPUT-Anweisung.

Beispiele	
mat-input-anweisung	MAT INPUT A(4,2), B
	MAT INPUT A$, B, C, X$(15)
mat-linput-anweisung	MAT LINPUT A$, X$(20)
mat-read-anweisung	MAT READ C, A$(2,3)

Die MAT-PRINT-Anweisung (mat-print-anweisung) ist das Analogon zur PRINT-Anweisung (vgl. 2.7.2): bezeichnen wir als MAT-PRINT-Liste (mat-print-liste) eine Liste von Namen von Feldern, die durch eines der Trennzeichen "," oder ";" voneinander abgetrennt sind, und die auch mit einem dieser Trennzeichen enden kann, so erhalten wir die Form:

MAT PRINT mat-print-liste

Diese Anweisung bewirkt die Ausgabe der in der Liste angegebenen Felder, nacheinander von links nach rechts. Die Elemente eines Feldes werden zeilenweise ausgegeben, und zwar so, wie wenn die Zeile mit einer PRINT-Anweisung ausgegeben würde, wobei die PRINT-Liste aus den Elementen der Zeile besteht und diese Elemente durch dasjenige Trennzeichen getrennt sind, welches in der MAT-PRINT-Liste unmittelbar hinter dem Feldnamen steht; steht hinter dem letzten Feldnamen der Liste kein Trennzeichen, so wird "," angenommen. Jede Zeile eines Feldes beginnt in einer neuen Druckzeile, zwischen zwei Feldern wird eine Leerzeile ausgegeben. Ein Vektor, da als (N,1)-Matrix aufgefaßt, wird in N Zeilen (pro Zeile ein Wert) ausgegeben. Zeilen/Spalten 0 werden nicht ausgegeben.

Für die formatierte Ausgabe hat die Anweisung die Form

MAT PRINT USING format-angabe, feld-liste

und dient zur Ausgabe jedes Feldes der Feldliste (feld-liste), in dieser durch Komma voneinander getrennt, und zwar in der Weise, daß jede Zeile eines Feldes nach dem angegebenen Format ausgegeben wird (vgl. auch 3.3). Jede Zeile des Feldes beginnt in einer neuen Druckzeile.

Beispiele	
mat-print-anweisung	MAT PRINT A; B, C$, MAT PRINT USING A, B, C$

Wir kommen auf alle diese Anweisungen im Zusammenhang mit dem BASIC-File-System (3.5.3, 3.5.4) nochmals zurück. Dort (3.5.4) werden wir auch die MAT-WRITE-Anweisung behandeln.

3.5 Das BASIC-File-System

3.5.1 Der Begriff der Datei

Eine Datei, in BASIC generell - wie auch sonst häufig - "File" genannt, ist eine Ansammlung von Daten unterschiedlichster Art außerhalb eines Programms. Das können andere BASIC-Programme und Unterprogramme oder Dateien auf externen Speichergeräten (wie Magnetplatte usw.) sein. Als ein solches File können wir auch die insgesamt während des Programmlaufs entstehende Ansammlung von on-line-Daten am Terminal auffassen, sowie - obwohl eigentlich BASIC-untypisch - Eingabedaten an anderen Eingabegeräten, wie etwa Lochkarten am Lochkartenleser, und Ausgabedaten an Ausgabegeräten wie etwa Drucker und Lochkartenstanzer. Alle Dateien eines Benutzers, soweit sie nicht zu solchen E/A-Geräten gehören, sind in einer dem Benutzer eindeutig zugeordneten Benutzerbibliothek gesammelt. Der Umgang mit diesen Dateien geschieht über das Betriebssystem der Anlage (vgl. Kap. 4).

Solche Files sind einmal auf der Kommando-Ebene durch entsprechende Kommandos - wie RUN, SAVE, UNSAVE, OLD usw. - ansprechbar (vgl. Kap. 4), dann aber auch in einem BASIC-Programm selbst durch eine verallgemeinerte Form der Ein/Ausgabe-Anweisung (INPUT, READ, WRITE, RESTORE usw.) sowie durch eine der speziellen Dateianweisungen (FILE, SCRATCH, MARGIN, CHAIN, LIBRARY) oder der vorgesehenen Standardfunktionen (LOC, LOF, LOP, MRG, PER).

Eine Datei wird gegenüber dem Betriebssystem durch die speziellen Anweisungen FILE, CHAIN und LIBRARY sowie die Kommandos mit einem Dateinamen (file-name) angesprochen (wie ein Unterprogramm) oder mit einem beliebigen Textausdruck (die genaue Syntax ist implementierungsabhängig). In BASIC-Programmen selbst wird eine Datei identifiziert durch eine nicht-negative ganze Zahl, dem sogenannten Kanal - d.i. ein beliebiger Indexausdruck (vgl. 3.2.2); zur Unterscheidung von anderen Zahlen und Ausdrücken muß vor diesem Kanal immer ein # stehen. Der Kanal #0 bezieht sich immer auf das Terminal selbst.

Jede Datei, von einer Programm- bzw. Unterprogrammdatei zunächst einmal abgesehen, ist entsprechend ihrem Inhalt und der Bearbeitungsform von einem bestimmten Typ: sie ist entweder ein "Terminal Format File" oder ein "Random Access File".

Ein Terminal Format File (TFF) besteht - in Anlehnung an die einem Terminal zugeordnete Ein- bzw. Ausgabedatei - aus einer Folge von Zeilen, die man sich durchnumeriert denken muß, beginnend mit Zeile 1 (falls TFF nicht leer ist). Jede Zeile besteht aus einer beliebigen Folge von Zeichen, zu jedem TFF gibt es eine maximale Zeilenlänge MRG ("margin"); jede Zeile wird abgeschlossen durch ein implementierungsabhängiges Zeichen für "neue Zeile". Der Zugriff auf ein TFF erfolgt sequentiell, d.h. es wird - genau wie beim Terminal - Zeile für Zeile verarbeitet, und innerhalb jeder Zeile Zeichen für Zeichen, von links nach rechts. Ein File-Pointer (FP) zeigt auf das gerade noch nicht bearbeitete Zeichen, d.h. die nächste Ein/Ausgabe beginnt an dieser Stelle (LOP - "location of position"). Das Ende des TFF, d.h. die Stelle, an die z.B. das Anhängen von neuen Zeilen geschieht, wird mit EOF ("end of file") bezeichnet.

Im Gegensatz dazu ist ein Ramdom Access File (RAF) eine Liste von Datenelementen, die alle entweder numerische oder alle Textdatenelemente sind; dementsprechend unterscheiden wir zwischen numerischen (nRAF) und Text-RAF's (tRAF). Die Datenelemente sind von 0 bis LOF-1 (LOF - "length of file", Länge der Liste) durchnumeriert, der Zugriff zu einem Datenelement erfolgt direkt über diese Nummer; wir sprechen daher von "direktem" Zugriff (random access), im Gegensatz zum sequentiellen Zugriff bei einem TFF. Der File-Pointer zeigt auf ein Datenelement oder auf EOF, die zugehörige Stellennummer LOC ("location") nimmt Werte von 0 bis LOF an (LOC = LOF bedeutet, daß der File-Pointer auf EOF zeigt). Solche RAF's können - wegen des direkten Zugriffs - nur auf Externspeichern mit direkter Zugriffsmöglichkeit, wie z.B. Platte oder Trommel, liegen.
Zu jedem tRAF gibt es eine maximale Textwert-Länge, die wir ebenfalls mit MRG bezeichnen; für ein nRAF wird formal MRG als 1 angenommen.

Jeder nicht-leeren Datei ist eindeutig ihr Typ (TFF, nRAF, tRAF) sowie der Wert MRG zugeordnet. Änderung von Typ und MRG ist nur möglich, wenn die Datei leer ist.

Damit sind bereits auch die Standardfunktionen

LOC | LOF | LOP | MRG

erläutert, sie seien hier nochmal zusammengestellt (N stehe dabei für einen beliebigen Indexausdruck, sein Wert gibt einen Kanal an):

n-standard-funktion

Name	Aufruf	File-Typ	Bedeutung/Bemerkungen
LOC	LOC(N)	RAF	Position (location) des File-Pointers der Datei auf Kanal N; $0 \leq LOC(N) \leq LOF(N)$
LOF	LOF(N)	RAF	Anzahl der Datenelemente (length of file) der Datei auf Kanal N
LOP	LOP(N)	TFF	Position (Stellennummer, location of position) des nächsten zu schreibenden oder zu lesenden Zeichens der Datei auf Kanal N
MRG	MRG(N)	TFF	maximale Zeilenlänge der Datei auf Kanal N
		tRAF	maximale Länge eines Datenelementes der Datei auf Kanal N
		nRAF	1
PER	s.u.		dient zur Abfrage, ob bestimmte Aktionen mit bestimmten Dateien erlaubt sind

Mittels der Kanalbedingung (kanal-bedingung)

END #N | MORE #N

(N wie oben) kann abgefragt werden, ob der File-Pointer der Datei auf Kanal N auf EOF zeigt (END #N hat den Wert wahr) oder nicht (MORE #N hat den Wert wahr). Die Kanalbedingung kann als Bedingung in bedingten Anweisungen stehen (vgl. 2.5.1).

3.5.2 Die Dateianweisungen

Zum allgemeinen Umgang mit Dateien dienen, neben den verallgemeinerten Ein/Ausgabe-Anweisungen, die Dateianweisungen (datei-anweisung): das sind einmal die CHAIN- und die LIBRARY-Anweisungen zum Umgang mit Programmdateien (darauf kommen wir in 3.5.5 zurück), sowie die FILE-, die SCRATCH- und die MARGIN-Anweisung.

Die FILE-Anweisung (file-anweisung)

FILE #N: file-name

(N Kanal, d.h. beliebiger Indexausdruck) dient der Zuordnung einer vom Betriebssystem zu identifizierenden Datei zu einem programmierten Kanal. Mit dem Dateinamen (file-name) ist das Betriebssystem in der Lage, die gewünschte Datei aus der Benutzerbibliothek eindeutig zu identifizieren; diese Datei wird dann im Programm mit der durch den Kanal gegebenen positiven ganzen Zahl N angesprochen. Man sagt, die betreffende Datei wird "eröffnet", der betreffende Kanal wird "aktiv". Der zugehörige File-Pointer zeigt auf den Anfang des Files, d.h. auf das erste Zeichen der ersten Zeile (LOP(N) = 1) im Falle eines TFF, auf das erste Datenelement (LOC(N) = 0) im Falle eines RAF, sofern die Datei nicht leer ist; ist sie leer, so zeigt der File-Pointer auf EOF.
Einem Kanal können nacheinander mehrere Files zugeordnet werden, die jeweiligen Dateitypen können voneinander verschieden sein (vgl. 3.5.5, CHAIN).
Ein Kanal ist "inaktiv", solange er noch nicht in einer File-Anweisung vorkam.

Die SCRATCH-Anweisung (scratch-anweisung)

SCRATCH #kanal:

dient dazu, den Inhalt des durch den Kanal (N) angegebenen Files zu löschen: sie setzt die Länge des Files auf 0 (LOF(N) = 0), der File-Pointer zeigt auf EOF. Im Fall #0 hat die Anweisung keine Wirkung.

Die MARGIN-Anweisung (margin-anweisung)

MARGIN #kanal: index | MARGIN index

dient zur Veränderung des Wertes MRG(N), wobei N der Wert von kanal ist (vgl. auch 3.5.1); der neue Wert von MRG(N) ist durch den Wert von index gegeben. Ist N ein RAF, so kann die MARGIN-Anwei-

sung nur dann gegeben werden, wenn die Datei leer ist; ist N ein TFF, so erfolgt die Ausführung der MARGIN-Anweisung, sobald der File-Pointer auf den Anfang einer neuen Zeile zeigt.
Soll durch die MARGIN-Anweisung die Zeilenlänge des Terminals (#0) verändert werden, so kann #0: entfallen.

Mit Hilfe der numerischen Standardfunktion PER kann geprüft werden, ob bei einem gewissen Zustand einer Datei bzw. eines Kanals gewisse Aktionen erlaubt ("permitted") sind oder nicht. Der Aufruf

PER (N, A$)

(N beliebiger Kanal, A$ beliebiger Textausdruck) liefert den Wert -1, wenn der Wert von A$ ein nicht erlaubter Wert für den Aufruf von PER ist, den Wert 0, wenn der Aufruf mit A$ zwar erlaubt, aber die durch A$ angegebene Aktion beim aktuellen Zustand des Kanals N nicht erlaubt ist, und den Wert 1, wenn beides erlaubt ist:

Wert von A$	aktueller Zustand von N für PER(N, A$) = 1	durch A$ angegebene erlaubte Handlung
FILE	inaktiv	aktivieren
SCRATCH	aktiv	Inhalt löschen
MARGIN	TFF oder tRAF, LOF(N)=0	MRG(N) neu festsetzen
PRINT	LOF(N)=0 oder TFF, FP=EOF	Erweiterung um mindestens ein Zeichen
INPUT	TFF, FP≠EOF	Lesen des Inhalts
LINPUT	TFF, FP≠EOF	Lesen des Inhalts
WRITE	LOF(N)=0 oder nRAF	Schreiben eines numerischen Wertes (bei FP≠EOF: Ändern) (vgl. auch 3.5.4)
WRITE$	LOF(N)=0 oder tRAF	Schreiben eines Textwertes (bei FP≠EOF: Ändern) (vgl. auch 3.5.4)

Wert von A$	aktueller Zustand von N für PER(N, A$) = 1	durch A$ angegebene erlaubte Handlung
READ	nRAF	Lesen eines numerischen Wertes
READ$	tRAF	Lesen eines Textwertes

Beispiele	
file-anweisung	FILE #3: "BERTA" | FILE #X+J: ALADIN
scratch-anweisung	SCRATCH #3: | SCRATCH #X+J
margin-anweisung	MARGIN 44 | MARGIN #5:27 | MARGIN #J:X+7
PER-Aufruf	PER(3, "FILE") | PER (X+J, W$)

3.5.3 Ein/Ausgabe bei Terminal Format Files

Das Lesen von Daten (Zeilen) aus einem TFF bzw. das Schreiben in ein TFF geschieht mit denselben Anweisungen wie beim Terminal, nur daß zusätzlich nach dem Schlüsselwort (bzw. bei MAT-Anweisungen nach dem zweiten Schlüsselwort) durch #kanal: angegeben werden muß, welches TFF gemeint ist; #0 bedeutet wiederum das Terminal selbst und kann demgemäß entfallen - wir erhalten dann als Spezialfall die bereits früher erläuterten Anweisungen. Eine WAIT-Klausel muß im Fall Kanal ≠ 0 ebenfalls entfallen, da es nicht sinnvoll ist, die Einlesezeit zum Lesen einer echten externen Datei zu beschränken.
Ebenfalls ist nun keine Eingabeanforderung notwendig; der File-Pointer geht entsprechend weiter, d.h. der Wert von LOP wird entsprechend verändert. Die Ausgabe kann nur an das Ende des TFF erfolgen - vgl. Wert von PER(N, "PRINT").

TFF-Ein/Ausgabe	(N = beliebiger Kanal, TFF)
input-anweisung	INPUT #N: ziel-liste
linput-anweisung	LINPUT #N: t-ziel-liste
print-anweisung	PRINT #N: print-liste
	PRINT #N: USING ...

TFF-Ein-Ausgabe	(N = beliebiger Kanal, TFF)
mat-input-anweisung	MAT INPUT #N: feld-ziel-liste
mat-linput-anweisung	MAT LINPUT #N: t-feld-ziel-liste
mat-print-anweisung	MAT PRINT #N: mat-print-liste
	MAT PRINT #N: USING ...

Ist N eine leere Datei (LOF(N)=0) vom Typ RAF, so kann dennoch eine Eingabe in diese Datei mit PRINT u.ä. erfolgen, sie wird dann automatisch zu einer Datei vom Typ TFF.
Zum Zurücksetzen des File-Pointers auf den Anfang des Files dient die RESTORE-Anweisung in der Form:

RESTORE #N

Durch diese Anweisung erhält LOP(N) den Wert 1.

3.5.4 Umgang mit Random Access Files

Ein RAF ist eine Liste entweder von numerischen Datenelementen oder von Textdatenelementen. Das Lesen solcher Datenelemente aus einem RAF geschieht mittels der durch #kanal: erweiterten READ-Anweisungen, wobei nun keine allgemeine Zielliste erlaubt ist, sondern im Falle eines tRAF eine Textzielliste, im Falle eines nRAF eine Liste mit numerischen Zielen (n-ziel-liste) - die einzelnen numerischen Ziele sind in dieser Liste durch ein Komma voneinander getrennt:

READ #N: n-ziel-liste ¦ READ #N: t-ziel-liste

(N beliebiger RAF-Kanal). Das Lesen geschieht ganz analog zum Lesen mit READ aus dem Datenfeld DF (vgl. 2.7.1); dem Zeiger RP in DF entspricht hier genau der File-Pointer FP. Beim Lesen eines Datenelementes wird LOC(N) um 1 erhöht.
Ist N ein tRAF, so ist die Länge jedes gelesenen Textwertes $\leq$ MRG(N); "<" ist hier möglich, da ein Wert, der vorher mit einer geringeren Stellenzahl als MRG geschrieben wurde, mit dieser selben Anzahl von Stellen wieder zurückgelesen wird.

In ebenfalls genauer Analogie dient die allgemeinere Form der RESTORE-Anweisung

RESTORE #N | RESTORE #N: index

zum Zurücksetzen des File-Pointers an den File-Anfang (LOC(N) = 0) bzw. auf den n-ten Wert (LOC(N) = n-1), wenn n der Wert von index ist, sowie die allgemeinere Form der MAT-READ-Anweisung

MAT READ #N: n-feld-ziel-liste |
MAT READ #N: t-feld-ziel-liste

zum Lesen ganzer (numerischer oder Text-) Felder aus dem RAF.

Das Schreiben von Datenelementen in ein RAF geschieht mittels der WRITE-Anweisung (<u>write-anweisung</u>)

WRITE #N: write-liste

(N beliebiger RAF-Kanal, also u.a. ≠ 0). Sie bewirkt das Schreiben der durch die WRITE-Liste angegebenen Datenelemente in das RAF, und zwar fortlaufend, beginnend mit der durch LOC(N) angegebenen Stelle. (LOC(N) wird dabei entsprechend erhöht.)
Ist LOC(N) < LOF(N), so wird das betreffende Datenelement geändert; ist LOC(N) = LOF(N), so wird ein Datenelement hinzugefügt, LOF(N) um 1 erhöht.
Eine Typübereinstimmung ist natürlich erforderlich; d.h. ist N ein nRAF, so besteht die WRITE-Liste (<u>write-liste</u>) aus (durch Komma voneinander getrennten) arithmetischen Ausdrücken; ist N ein tRAF, so aus Textausdrücken. In diesem letzteren Fall muß außerdem die Länge des zu schreibenden Textwertes ≤ MRG(N) sein.

Ist bei Neuerstellung eines tRAF N die Größe MRG(N) nicht per Programm durch eine MARGIN-Anweisung bestimmt, so wird eine implementierungsabhängige vorgegebene Größe verwendet.

Ist eine Datei beliebigen Typs leer (LOF(N) = 0), so kann eine beliebige WRITE-Anweisung für diese Datei zur Ausführung gelangen: durch die Art dieser Anweisung wird auch eventuell ein neuer Typ für diese Datei definiert.

Zum Schreiben ganzer Felder in ein RAF dient die MAT-WRITE-Anweisung (mat-write-anweisung)

MAT WRITE #N: mat-write-liste

(N beliebiger RAF-Kanal); hierbei besteht die MAT-WRITE-Liste (mat-write-liste) - je nach Typ des RAF - aus Namen numerischer Felder oder aus Namen von Textfeldern. Die Bedeutung ist klar. Zeilen/Spalten 0 werden nicht in die Datei geschrieben.

Beispiele	
read-anweisung	READ #4: X,Y,Y1,Y2 | READ #J: A$, B$, X$
restore-anweisung	RESTORE #4 | RESTORE #J: 13
mat-read-anweisung	MAT READ #J: A,B
write-anweisung	WRITE #2: X, Y, ATN(X/Y)
	WRITE #7: A$, DEL(T$,"UND"), "ABER", C$
mat-write-anweisung	MAT WRITE #6: A, B, C

3.5.5 Programm- und Unterprogrammdateien

Eine Datei kann aber auch Programme und Unterprogramme enthalten, in diesem Fall sprechen wir von Programm- und Unterprogrammdateien (programm-file, unterprogramm-file; vgl. 2.4.1)

Das BASIC-File-System bietet einmal die Möglichkeit, mittels solcher Programmdateien ein großes Programm zu segmentieren (Overlay-Struktur) und mittels der CHAIN-Anweisung diese Programmstücke nacheinander auszuführen; die Kommunikation zwischen den verschiedenen Segmenten erfolgt in diesem Fall nur über das BASIC-File-System.
Die CHAIN-Anweisung (chain-anweisung) hat zunächst einmal die Form

CHAIN file-name | CHAIN #N

(N beliebiger Kanal) mit folgender Bedeutung: das gerade aktuelle Programm wird beendet, es erfolgt die Ausführung eines neuen

Programms; dieses ist entweder in der Datei mit dem durch file-name angegebenen Namen enthalten (eine Zuordnung zu einem Kanal braucht nicht erfolgt zu sein), oder in der Programmdatei, die Kanal N zugeordnet ist (ist dem Kanal N keine Programmdatei zugeordnet, so ist dies ein Fehler; der Kanal muß also aktiv sein).

Alle Kanäle des gegenwärtigen Programms werden inaktiv, die zugehörigen Dateien "geschlossen", es sei denn, der Kanal wird in einer Kanal-Liste aufgeführt, die in der Form

WITH #N1, #N2, ...

(N1, N2,... Kanäle) in der CHAIN-Anweisung hinter file-name bzw. #N folgt. Der Kanal Ni dieser Liste bleibt aktiv, er wird in dem neu zur Ausführung gelangenden Programm als Kanal i (#i) angesprochen. Alle anderen Kanäle werden, wie oben bereits gesagt, inaktiv; das neue Programm verhält sich insofern so, wie wenn es ganz neu gestartet worden wäre.

Beispiele	
chain-anweisung	CHAIN "PROG2" | CHAIN #1 | CHAIN #N*B+3 | CHAIN A$ WITH #1, #5

Neben dieser Overlay-Möglichkeit sieht das BASIC-File-System weiterhin vor, daß man Unterprogrammdateien aufbauen kann, die man dann mittels der LIBRARY-Anweisung (<u>library-anweisung</u>)

LIBRARY file-name, file-name ,...

an das aktuelle BASIC-Programm (einschließlich der unmittelbar dazugehörigen Unterprogramme) anhängen kann.

Beispiel	
library-anweisung	LIBRARY "PLOT" LIBRARY "DOC", "PLOT", "KOMMERZ"

Alle Unterprogramme, die in den durch die Liste der Dateinamen an-

gegebenen Unterprogrammdateien enthalten sind, werden zu dem eigentlichen BASIC-Programm hinzugefügt, sie werden aus der betreffenden Benutzerbibliothek entnommen.
Die Reihenfolge dieses Herausgreifens aus der Benutzerbibliothek ist implementierungsabhängig, so daß hierüber an dieser Stelle nichts genaueres gesagt werden kann.

Der weitere Umgang mit Programm- und Unterprogrammdateien erfolgt auf der Kommando-Ebene (vgl. Kap. 4).
EXT-BASIC-END.

4 Das BASIC-Programmiersystem

4.1 Programme und Dateien

BASIC ist im weiteren Sinne nicht nur eine Programmiersprache, in der Anweisungsfolgen für die spätere Ausführung durch den Computer niedergeschrieben werden können, sondern auch ein Programmiersystem, ein universelles Kommunikationsmittel zwischen Mensch und Computer. Das BASIC-Programmiersystem erlaubt den Dialog mit dem Computer über folgende "Themen":

- Anweisungen, gewisse Arbeitsvorgänge (z.B. die Ausführung eines Programms) zu beginnen oder zu beenden;
- die Bearbeitung von Texten (im allgemeinen: BASIC-Programmen): Erstellung, Modifikation, Formatierungen;
- die Handhabung von Dateien (Files), die symbolische oder übersetzte Programme oder Datenbestände enthalten.

Die Benutzung des Programmiersystems ist grundsätzlich mit dem Dialog, dem interaktiven Betrieb des Computers von einem Terminal aus verbunden. In den meisten BASIC-Systemen reicht eine kleine Anzahl (ca. 10) von Kommandos aus, um den Dialog mit dem Computer zu führen. Wir werden sie im folgenden Abschnitt (4.2) erläutern. Über die Bedienung des Computers und seine Steuersprache (Job Control Language) brauchen Sie als Anwender darüber hinaus nichts zu wissen.

Die Gegenstände, mit denen Sie bei der Programmierung zu tun haben und deren Bearbeitung das Programmiersystem erleichtert, sind Programme und Dateien (vgl. 3.5). Programme werden zeilenweise geschrieben und im Regelfall im interaktiven Betrieb direkt über das Terminal in den Computer eingegeben (nur in seltenen Fällen erfolgt die Eingabe von BASIC-Programmen über Datenträger, wie z.B. Lochkarten). Im Computer nimmt sie eine sogenannte <u>Arbeitsdatei</u> auf, die so ein genaues Abbild der eingegebenen Daten enthält (Terminal Format File, vgl. 3.5). Jedes Programm oder jeden Datenbestand, der sich in der Arbeitsdatei

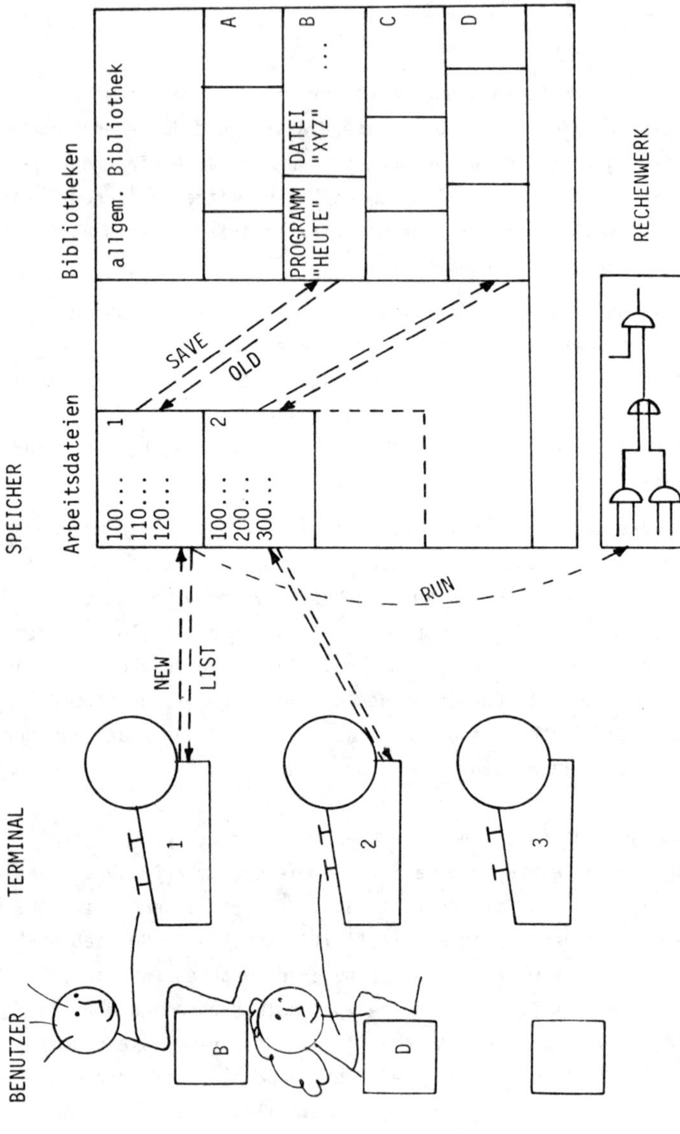

Abb.4 Arbeitsdateien und Benutzerbibliotheken

befindet, können Sie mit den Textbearbeitungs-Kommandos abändern, ergänzen und verbessern. Wenn ein Programm in der Arbeitsdatei "o.k." ist, kann es gestartet und ausgeführt oder in eine Benutzerbibliothek übertragen werden (vgl. Abb. 4).

Bei der Ausführung eines Programms muß es im allgemeinen mit Daten versorgt werden, die entweder im Programm selbst enthalten sind (DATA-Anweisung) oder vom Programm über das Terminal angefordert (INPUT-Anweisung) oder von einer im Computer zuvor angelegten Datei (mit der READ #kanal:...-Anweisung) aus der Benutzerbibliothek eingelesen werden (vgl. 3.5). Das Programm kann beliebig oft mit den gleichen oder mit verschiedenen Daten ausgeführt werden; zwischen den Ausführungen können Sie beliebige Programmänderungen vornehmen.

Während die Arbeitsdatei "kurzlebig" ist, sie existiert nur, solange Sie am Terminal sitzen bzw. beim BASIC-Programmiersystem angemeldet sind, besteht eine Benutzerbibliothek, die Sie (z.B. unter einem nur Ihnen bekannten Namen) auf einem Speicher des Computers einrichten können, auf Dauer. Sie enthält private Programme und Daten des Benutzers. Jede Datei (Programm oder Daten), die in Ihrer Benutzerbibliothek enthalten ist, kann mit geeigneten Kommandos (vgl. 4.2) benannt und bei einer Terminalsitzung in die Arbeitsdatei übertragen und dort bearbeitet werden; Programme können ausgeführt, Daten zur Eingabe verwendet werden. - Zusätzlich enthalten viele Systeme eine allgemeine (public) Bibliothek, die Programme und Daten enthält, die von allen Benutzern verwendet, jedoch meist nicht verändert werden dürfen.

4.2 Kommandos

Kommandos sind Anweisungen an den Computer, die sofort ausgeführt werden. Sie sind nicht standardisiert, trotzdem hat sich eine Reihe von Kommandos in allen BASIC-Programmiersystemen eingebürgert; wir bringen sie hier in der gebräuchlichsten Schreibweise (vgl. /KK/ und /BFG/).

Allgemeine Anweisungen an das Programmiersystem

LIST Erstellen einer Liste des in der Arbeitsdatei befindlichen Programms oder Datenbestandes

RUN Ausführung des in der Arbeitsdatei befindlichen Programms

Beispiel

Auflisten und Ausführen eines Programms	Bemerkungen
LIST	Eingabe eines Kommandos
10 PRINT "E=";1+1/1+1/2+1/6+1/24+1/120	
20 END	
READY	
RUN	Eingabe eines Kommandos
E=2.7166667	
READY	

In vielen Systemen kann bei RUN auch der Name eines Programms aus der Benutzerbibliothek, bei LIST ein Name und/oder ein Zeilennummernbereich (z.B. 20-60) angegeben werden.

Textbearbeitung

Textbearbeitungs-Kommandos, auch als Editier-Kommandos bezeichnet, ermöglichen die Erstellung und Veränderung von Programmen, ggf. auch von anderen Texten. Dazu gibt es eine Reihe von Vereinbarungen über die Bearbeitung von Texten auch ohne spezielle Kommandos. Bei der Bearbeitung von Programmtexten dienen die Zeilennummern zur Identifikation der Textzeilen.

SEQUENCE Automatische Erzeugung von Zeilennummern, d.h. das BASIC-System gibt die nächste Zeilennummer am Terminal vor, der Benutzer setzt mit:

anweisung zeilen-ende

fort.

RESEQUENCE   Neu-Numerierung eines Programms mit einer festliegenden (ggf. auch vom Benutzer vorgegebenen)Schrittweite, z.B. 100, 120, 140, ... Die Reihenfolge der Anweisungen als solche bleibt erhalten.

Weitere Vereinbarungen ohne spezielles Kommando:
- Zeilennummer ohne Text   Löschen der Zeile.
- Zeilennummer mit Text   Einfügen der Zeile an der richtigen Stelle.
- Zeilennummer mit neuem Text Ersetzen der Zeile mit dieser Nummer.

Beispiel

Erstellen eines Programms	Bemerkungen
SEQUENCE	Kommando
0010 PRINT "XXX XX XXX X XXX"	Die hier nur zur Verdeutli-
0020 PRINT "XXX XXXX XX X X"	chung unterstrichenen Zei-
0030 PRINT "XXX XXXX XX X X "	lennummern 0010,0020,...
0040 PRINT "XXX X X XXX X XXX"	werden vom BASIC-System ge-
0050 STOP	neriert, die Eingabe be-
0060 END	ginnt mit PRINT....
Veränderungen des Programms	
0020 PRINT "X X X X X X X "	Ändern einer Zeile
0035 PRINT "X X X X X X X "	Einfügen einer Zeile
0050	Löschen einer Zeile
LIST	Kommando
0010 PRINT "XXX XX XXX X XXX"	Beginn des geänderten Pro-
0020 PRINT "X X X X X X X "	gramms; die Zeilennummern
0030 PRINT "XXX XXXX XX X X "	sind nicht mehr gleichab-
0035 PRINT "X X X X X X X "	ständig
0040 PRINT "XXX X X XXX X XXX"	
0060 END	

Neu-Numerierung des Programms	
RESEQUENCE	Kommando
READY	Quittung
LIST	Kommando
0010 PRINT "XXX XX XXX X XXX"	Neu (fortlaufend)
0020 PRINT "X X X X X X X "	numeriertes Programm
0030 PRINT "XXX XXXX XX X X "	(es druckt "BASIC" in
0040 PRINT "X X X X X X X "	Riesenbuchstaben)
0050 PRINT "XXX X X XXX X XXX"	
0060 END	

Viele BASIC-Programmiersysteme bieten bei der Textbearbeitung verfeinerte Möglichkieten:

SEQUENCE, RESEQUENCE } Vorgabe der Anfangs-Zeilennummer (wenn $\neq$ 10) und der Schrittweite;

weitere Kommandos, um Programmzeilen zu löschen (DELETE oder REJECT), bzw. auszuwählen (RETAIN);
bei RESEQUENCE wird dafür gesorgt, daß die als Marken bei GOTO-, GOSUB-und ON-Anweisungen verwendeten Zeilennummern korrekt mitverändert werden.

Datei-Manipulation

Um ganze Programme oder Datenbestände zu handhaben, z.B. um sie zwischen verschiedenen Bibliotheken zu transportieren, enthält ein BASIC-Programmiersystem (mindestens) die folgenden Kommandos:

NEW	Reservierung der Arbeitsdatei für ein neues Programm
OLD	Übertragung eines alten Programms aus einer Bibliothek in die Arbeitsdatei
SAVE	Übertragung (Retten) des in der Arbeitsdatei befindlichen Programms in eine Bibliothek
UNSAVE	Löschen eines Programms (in der Arbeitsdatei)

Bei OLD muß, bei allen anderen Kommandos kann ein Name angegeben werden, der das entsprechende Programm in der Bibliothek bezeichnet bzw. der neue Name für das Programm in der Arbeitsdatei sein soll.

Beispiel

Erstellen und Retten eines Programms	Bemerkungen
NEW HEUTE SEQUENCE 0010 PRINT "1.4.1977" 0020 END SAVE	Programm-Name ist "HEUTE" Retten des Programms
Programm löschen (ein Tag später)	
OLD HEUTE RUN 1.4.1977 UNSAVE HEUTE SAVE GESTERN	Aus der Bibliothek holen das stimmt wohl nicht in der Bibliothek löschen neu unter dem Namen "GESTERN" eintragen

Wie bereits gesagt, sind die Schlüsselwörter für Kommandos nicht standardisiert. Wir müssen deshalb bei jedem BASIC-System darauf achten, welche Bezeichnungen für Kommandos verwendet werden. Beispielsweise sind vielfach Abkürzungen der genannten Schlüsselwörter üblich (z.B. SEQ anstelle von SEQUENCE), oder es werden ganz andere Bezeichnungen verwendet (z.B. REMOVE oder DELETE anstelle von UNSAVE).

5 BASIC für besondere Aufgaben

5.1 Erweiterungen für spezielle Zwecke

In allen Bereichen, in denen Kleinrechner - programmierbare Tischrechner, intelligente Terminals und ähnliche "billige" EDV-Anlagen - eingesetzt werden, wird häufig BASIC als Programmiersprache verwendet. In einigen Bereichen ist jedoch das allgemeine BASIC (wie es bisher besprochen wurde) nicht ausreichend: wesentliche Problemstellungen lassen sich damit nur sehr umständlich oder gar nicht mehr formulieren. Typisch sind hier gewisse Probleme in der Mittleren Datentechnik (MDT), in der mit speziellen Tastaturen sowie besonderen Speichern, z.B. Magnetkonten gearbeitet wird, und der Einsatzbereich von Prozeßrechnern (Echtzeitaufgaben und Direktanschluß technischer Geräte).

Um eine Programmiersprache für einen weiteren Bereich an Aufgabenstellungen anwendbar zu machen, als bei ihrem Entwurf ursprünglich vorgesehen war, ist grundsätzlich ihre Semantik zu erweitern, d.h. es müssen Operatoren (Anweisungen) und Objekte (Datentypen) mit neuen Bedeutungen definiert werden. Dabei kann die Syntax der Sprache unverändert erhalten bleiben (bisher schon vorhandene Sprachelemente erhalten eine neue Bedeutung), oder es werden neue Sprachelemente eingeführt.

Bei den im folgenden zu besprechenden BASIC-Erweiterungen für die MDT bzw. für kleine Prozeßrechner werden, in den einzelnen Systemen unterschiedlich, beide Wege beschritten. Neu hinzukommende Implementierungen orientieren sich allerdings meist an den Standardvorschlägen, in denen die Sprache auch syntaktisch erweitert wird.

Der erste Weg geht über die Einführung weiterer Standardfunktionen und (wenn im "Grund-BASIC" vorhanden) Standardunterprogramme. Insbesondere durch die Anweisung

```
CALL standard-unterprogramm (parameter-liste)
```

können alle notwendigen Erweiterungen formuliert werden, wenn das System eine entsprechende Standardroutine zur Verfügung stellt. Hierzu gehören Unterprogramme für z.B. Dezimalarithmetik, Dateiverwaltung oder Prozeß-Ein/Ausgabe. Diese Art des Vorgehens ist vielfach mit der Möglichkeit gekoppelt, als Anwender solche Spezialroutinen im Maschinen-(Assembler-)code schreiben und an das BASIC-Programm anfügen zu können. Dadurch wird praktisch jede beliebige Aufgabe lösbar.
Diese Methode, die vor allem auch bei Computer-Systemen, die in mehreren Sprachen (FORTRAN u.a.) programmiert werden können, sehr verbreitet ist, hat allerdings den Nachteil schlechterer Les- und Erlernbarkeit infolge langer "undurchsichtiger" Parameterlisten bzw. Assemblerprogramme, sowie der Einschränkung der Dialogfähigkeit, weil die Erweiterungen nicht mehr in BASIC formuliert sind und andere Programmiersprachen meist nicht die entsprechenden Dialogmöglichkeiten bieten.

Bei der (zweiten) Methode der syntaktischen Erweiterung der Sprache wird nun gerade darauf Wert gelegt, daß Dialogfähigkeit und Durchsichtigkeit der Formulierungen erhalten bleiben. Die Anzahl neuer Elemente soll möglichst klein gehalten werden, diese selbst sollen so aussagestark wie möglich sein. Typisch für diese Art der BASIC-Erweiterungen ist beispielsweise die Einführung von Deklarationen für (nicht mehr aus dem Zusammenhang erkenntliche) Datentypen wie Dateien, spezielle E/A-Geräte bzw. Dezimalzahlen oder Bitketten. Für die Prozeßrechnerprogrammierung werden Strukturierungen für parallele Programme notwendig, bei Computer-Netzwerken Grundoperationen für den Nachrichtenverkehr.

5.2 BASIC in der Mittleren Datentechnik

5.2.1 Allgemeine Probleme beim Einsatz von BASIC in der MDT

Unter der Mittleren Datentechnik versteht man (gerade bei uns in Deutschland) den Einsatz von kleinen Computern im kommerziellen Bereich, und zwar direkt am Arbeitsplatz, d.h. integriert in den

normalen Arbeitsablauf z.B. eines Sachbearbeiters. Die Anlagen der MDT sind zum größten Teil entstanden als (elektronische) Weiterentwicklung von Buchungs- und Fakturierautomaten u.ä.; davon zeugen u.a. einmal die häufig noch vorhandenen "Magnetkonten", das sind normale Kontoblätter, die visuell sichtbare Einträge - mit allen entsprechenden Vorteilen - enthalten, auf denen aber zusätzlich ein Magnetstreifen angebracht ist, auf den bzw. von dem durch den Computer Daten eingetragen und gelesen werden können. Ein anderer Teil dieser kleinen "Business Computer", die man heute zur direkten Datenverarbeitung im kommerziellen Bereich rechnet, kommt aus entsprechenden Entwicklungen von Mini-Computern, vor allem aus den USA.
Diese Art des Einsatzes wirft besondere Probleme auf, die im wesentlichen durch die Punkte

- kommerzielle Datenverarbeitung und
- Datenverarbeitung am Arbeitsplatz,

sowie seit einiger Zeit auch durch

- Umgang mit großen externen Datenmengen (Dateien)

charakterisiert sind. Aus diesem Grund wurde BASIC hier auch erst ziemlich spät eingesetzt, da die frühen BASICs - die im wesentlichen dem heutigen Minimal BASIC entsprechen - für diese Art der Datenverarbeitung, vor allem für den Umgang mit Dateien, nicht konzipiert waren.

Den ersten Einsatz auf diesem Gebiet fand BASIC durch BUSINESS BASIC der Firma MAI (vgl. /B-MAI/), dann zogen später auch andere Firmen nach, so z.B. Dietz /B-Die/, Digital Equipment /B-DEC2/, Hohner /B-Ho/, Kienzle /B-Kie/ und Nixdorf /B-NC/. Vor allem die Anweisungen zur Dateibehandlung sind in diesen einzelnen realisierten bzw. vorgeschlagenen kommerziellen BASICs (vgl. hierzu auch /SSN/) sehr unterschiedlich, sowohl untereinander als auch zu den in Kapitel 3 besprochenen Standardvorschlägen, die einen Kompromiß zwischen den existierenden Systemen darstellen. Aus diesen Gründen möchten wir hier auch nicht die einzelnen Realisierungen ganz konkret vorstellen, wie wir es bei den Prozeßrechner-BASICs tun werden. Wir werden vielmehr im folgenden darauf hinweisen, welche Einschränkungen oder Erweiterungen nützlich bzw. durchzuführen sind, und werden jeweils gewisse Lösungsmöglichkeiten angeben.

5.2.2 Sprachelemente und Sprachumfang von MDT-BASICs

Entsprechend dem oben beschriebenen Einsatz ist zunächst Minimal BASIC die Grundlage; hier könnte man (und tut es zum Teil auch) auf gewisse numerische Standardfunktionen verzichten, da z.B. SIN und ähnliche Funktionen in der kommerziellen Datenverarbeitung kaum benötigt werden. Über Minimal BASIC hinaus benötigt man - grob gesagt - viele Kontrollzeichen, längere Textwerte für Textvariable, Standardsystemfunktionen, Anweisungen zur Textverarbeitung, externe Unterprogramme (z.B. für ausführliche Sortierungen), die formatierte Ausgabe sowie die Dateianweisungen; Matrixanweisungen werden in der Regel nicht sehr dringend benötigt. Zusätzlich wird man über die in Kapitel 2 und Kapitel 3 beschriebenen Erweiterungen hinaus noch einige andere Erweiterungen vornehmen müssen; z.B. erscheint es gerade hier sinnvoll, für alle Namen eine größere als die vorgesehene Länge zuzulassen.

Betrachten wir nun die Erweiterungsnotwendigkeiten in der Reihenfolge der oben (5.2.1) aufgezählten Punkte.

Kommerzielle Datenverarbeitung

Die zu verarbeitenden numerischen Daten sind z.B. Mengen, Preise, Löhne und Gehälter u.ä., also in der Regel numerische Werte, deren Größenordnung von vornherein bekannt ist. Man weiß z.B., daß DM-Beträge mit höchstens zwei Nachkommastellen (Pfennige!) ausgedruckt zu werden brauchen; die Rechnungen sollten andererseits aber auch so exakt durchgeführt werden, wie man es im Umgang mit Dezimalzahlen gewohnt ist. Dies führt dazu, daß man - anstelle oder zusätzlich zu der üblichen Zahlendarstellung in BASIC, die in der Regel auf einer binären Gleitkommadarstellung beruht - Zahlen in der exakten dezimalen Darstellung (DECIMAL) fordert (etwa: 1 Byte für 2 Dezimalziffern, jede Dezimalziffer selbst dual codiert), wobei man die Anzahl der Nachkommastellen anzugeben wünscht, etwa in der Form:

DECIMAL X: g,n | DECIMAL X: n

Hier ist g die Gesamtzahl der Dezimalstellen, n die Anzahl der Nachkommastellen der Variablen X. Ist eine Größe g durch das System vorgegeben, so kann sie in obiger Anweisung entfallen. Weiterhin kann die Möglichkeit bestehen, daß eine Genauigkeit (PRECISION) nur für alle Zahlen gemeinsam vorgegeben werden kann, etwa in der Form:

PRECISION g,n | PRECISION n

(g,n wie oben). Zuästzlich können gewisse Möglichkeiten einer speziellen Rundung vorgesehen sein.

In der kommerziellen Datenverarbeitung sind viele Berichte, Listen, Formulare (z.B. Rechnungen) zu drucken. Daher wird in jedem Fall die formatierte Ausgabe (PRINT USING) benötigt. Für die Formaterstellung sind einige Zusätze angebracht,die sich einmal darauf beziehen, daß kommerzielle Daten in gewissem Sinn fälschungssicher auszugeben sind (z.B. in Schecks) - etwa dadurch, daß führende Nullen nicht ersatzlos wegzulassen sind (# in Formatelement), sondern durch ein spezielles Zeichen (etwa * oder $) ersetzt werden, welches dann auch anstelle von # im Formatelement steht. Weiterhin haben die Ausgabegeräte der MDT zum Teil zwei Papierführungen an demselben Gerät (dies kann allerdings durch unterschiedliche Kanalnummern realisiert werden), sowie häufig verschiedenfarbige Ausgabemöglichkeiten (rot und schwarz), um "positive" und "negative" Beträge sichtbar zu machen; diese letzte Möglichkeit erfordert eine Erweiterung der PRINT-Anweisung um ein Zusatzzeichen, etwa

- R für Ausgabe in roter Farbe,
- P für "rot, wenn positiv" und
- N für "rot, wenn negativ";

ist keines dieser Zeichen angegeben, so erfolgt die übliche Ausgabe in schwarzer Schrift.
Anweisungen der Form NEWPAGE bzw. NEWLINE oder NEWLINE(n) können nützlich sein, um mit wenig Aufwand die nächste Ausgabezeile richtig zu positionieren.

Zu den vorhandenen Systemfunktionen kommen häufig noch weitere hinzu, da man gerade z.B. für Erstellen von Rechnungen u.ä. das Datum in allen möglichen Variationen benötigt.
Die Verwendung von Magnetkonten könnte durch spezielle Dateianweisungen (mit der betreffenden Kanalangabe) gelöst werden, sie ist jedoch in den uns bekannten MDT-BASICs nirgends realisiert.

<u>Datenverarbeitung am Arbeitsplatz</u>

Der Einsatz von MDT-Computern erfolgt in der Regel direkt am Arbeitsplatz, der Computer ist in den Arbeitsablauf eingebaut; man spricht in diesem Zusammenhang auch von "direkter" Datenverarbeitung. Ein solcher Arbeitsplatz kann bestehen aus einem normalen Bildschirmterminal (Display), aus einem Schreibmaschinenterminal mit (evtl.) zusätzlichem kleinen Display (etwa nur einzeilige Anzeige) oder aus einem Magnetkontengerät, jeweils mit entsprechender Tastatureingabe. Der Sachbearbeiter erhält in geeigneter Form Hinweise, was er nun zu tun hat: Eingabe von Daten, bzw. von Daten einer bestimmten Form, Drücken einer speziellen Taste usw.

Sinnvoll ist hier zunächst ein gemischtes INPUT/PRINT, d.h. in dieselbe Zeile des Terminals schreiben - spaltengerecht - sowohl das System wie der Benutzer. Im Prinzip bedeutet dies, daß

Trennzeichen (, ;) in der Zielliste der INPUT-Anweisung bzw. in der Eingabedatenliste (input-liste) dieselbe Bedeutung haben wie in der PRINT-Liste, so daß durch System und Benutzer gemeinsam z.B. eine Tabelle aufgebaut werden kann. Die Zielliste kann u.U. darüber hinaus Konstanten enthalten, die dann - wie durch PRINT - ausgegeben werden und gewissermaßen als Ersatz für eine Eingabeanforderung angesehen werden können, vor allem wenn es konstante Texte sind, die Bedienungshinweise für den Sachbearbeiter enthalten.
Die Eingabeforderung selbst wird u.U. auch auf einem anderen Gerät (etwa Display) ausgegeben als dem, auf dem die Eingabe erfolgt (spezielle Tastatur). Gleichzeitig mit der Eingabeanforderung werden natürlich auch entsprechende, vorher gesperrte Tasten freigegeben. Die über Tastatur eingegebenen Daten selbst sind oft nicht direkt sichtbar, sie können evtl. über das Zusatzdisplay sichtbar gemacht werden. Die Einbeziehung eines Displays in den Arbeitsprozess selbst beinhaltet weiterhin einmal die Notwendigkeit z.B. der Steuerung des Displays durch Kontrollzeichen (etwa zur Einstellung der Bildschirmhelligkeit), aber auch spezielle Anweisungen, um schnell an beliebiger Stelle des Bildschirms Werte auszuschreiben (CURSOR-Anweisungen), den ganzen Bildschirm oder Teile davon zu löschen (CLEAR-Anweisungen) u.ä. Um den Benutzer auf eine gewünschte Aktion aufmerksam zu machen, werden auch akustische Signale eingesetzt (z.B. Kontrollzeichen für eine Klingel).

Um die Einbeziehung in den Arbeitsablauf gut zu ermöglichen, sind bei MDT-Anlagen weiterhin häufig Funktionstasten, Rasttasten und Lampen anzutreffen. Funktionstasten dienen der Steuerung des Programmablaufs: als Eingabeendezeichen kann vom System das Drücken einer bestimmten Funktionstaste oder einer aus einer Menge von möglichen (im Programm vorgegebenen) Tasten verlangt werden. In Abhängigkeit von der speziellen gedrückten Taste kann das Programm dann verzweigen, etwa durch eine Anweisung der

Form:

ON CONTROL #kanal GOTO zeilen-nummer [,zeilen-nummer] ...

Wird die i-te Funktionstaste (die Funktionstasten sind durchnumeriert) gedrückt, so wird zur i-ten Zeilennummer verzweigt. - Anstelle von GOTO ist hier auch GOSUB denkbar.
Neben diesen Funktionstasten, von denen jeweils eine vom Benutzer auf Anforderung verwendet und die vom System abgefragt werden kann, gibt es bei MDT-Systemen einmal Lampen, die etwa mittels Anweisungen der Form

SETL lampen-liste | RESETL lampen-liste

(lampen-liste = Liste von positiven ganzen Zahlen, jede ganze Zahl entspricht einer bestimmten Lampe) gesetzt bzw. gelöscht werden können; der Benutzer kann die Werte der Lampen selbst nicht ändern, er kann jedoch auf diese Weise Hinweise für den Arbeitsablauf erhalten. - Zum anderen gibt es auch sogenannte Rasttasten, die vom Benutzer zu beliebiger Zeit gedrückt (d.h. gesetzt) und zurückgesetzt werden können. Sie können vom System durch eine Anweisung etwa der Form

RESETR raster-liste

wieder zurückgesetzt werden; sie können vom System jedoch nicht gesetzt werden. Sie dienen dazu, von außen während des Programmablaufs dem System gewisse Bedingungskonstellationen einzugeben. Durch eine zusätzliche bedingte Anweisung, etwa in der Form

IFR raster-liste THEN ...

kann dann abgefragt werden, ob eine bestimmte äußere Bedingung erfüllt ist oder nicht; die Rasttasten der Rasterliste werden dabei konjunktiv verknüpft, d.h. die Bedingung ist erfüllt, wenn alle Rasttasten gesetzt sind.

Falls das System Mehrbenutzerbetrieb zuläßt, kann mit den so vorhandenen BASIC-Hilfsmitteln auch eine Kommunikation zwischen den verschiedenen Arbeitsplätzen stattfinden. Es treten dabei natürlich neue Probleme auf, vor allem Probleme der Synchronisation (gleichzeitiger Zugriff zu Geräten und Dateien), darauf soll an dieser Stelle aber nicht weiter eingegangen werden.

Externe Datenmengen (Dateien)

Bei der Lösung kommerzieller Probleme hat man es häufig mit großen Datenmengen, die nicht gleichzeitig im Arbeitsspeicher des Computers Platz finden, zu tun. Solche Datenmengen werden bei Großcomputern als externe Datenmengen in Form von Dateien auf externen Speichermedien wie Magnetband, -platte, -trommel gehalten und bei Bedarf stückweise (satzweise) in den Arbeitsspeicher geholt. Höhere Programmiersprachen für kommerzielle Anwendungen auf Großcomputern, wie etwa COBOL, haben deshalb seit langem solche Dateien berücksichtigt. Der Einsatz von BASIC auf MDT-Anlagen bzw. kleinen Business-Computern führte im Laufe der Zeit ebenfalls dazu, daß man Erweiterungen für die Behandlung von Dateien vorsah - aber, wie bereits gesagt, in sehr unterschiedlicher Weise.

Die bisher existierenden Erweiterungen werden im Prinzip (d.h. inhaltlich) zum großen Teil auch durch die nunmehr geplante Erweiterung von Minimal BASIC durch das BASIC-File-System (vgl. 3.5) abgedeckt. Wir haben dort unterschieden zwischen sequentiellen Dateien vom Typ TFF und direkten Dateien vom Typ RAF. Diese Dateien unterscheiden sich nicht nur durch die Zugriffsart, sondern auch durch den Aufbau bzw. die Gliederung der "Sätze", die in diesen Dateien enthalten sind. Ein "Satz" eines TFF ist so aufgebaut, wie auch eine Zeile des Terminals aufgebaut sein kann; er besteht also aus einer Liste von Datenelementen, die selbst keinem besonderen Format unterliegen, sondern wie normale BASIC-Konstanten geschrieben sind, und die durch Komma voneinander getrennt sind. Die Sätze (Zeilen) können unterschiedlich lang sein, jedoch ist eine maximale Satzlänge (MRG) vorgegeben.

Demgegenüber ist ein Satz eines RAF entweder ein numerischer Wert oder aber - und das ist in diesem Zusammenhang der interessantere Fall - ein Textwert. Der Aufbau eines solchen Satzes ist nicht statisch festlegbar (im Gegensatz beispielsweise zur Beschreibung von Records in COBOL), sondern kann nur dynamisch gedeutet werden, indem mittels Funktionen bzw. Operatoren der Textverarbeitung (vgl. 3.1) gewisse Teile aus dem Satz (Text) genommen und selbst als Text oder (über die Standardfunktionen VAL bzw. STR$) als numerischer Wert gedeutet werden. Nützlich ist hier auch eine Anweisung der Form

LET A$ = X USING n-format-element

zur Umwandlung einer Zahl X in eine Zeichenfolge analog der entsprechenden PRINT-USING-Anweisung (vgl. 3.3).
Gerade auch in diesem Zusammenhang ist von Bedeutung, daß Textvariablen auch Textwerte größerer Länge (LON $\geq$ 72, vgl. 2.3.2) haben, oder sogar daß man die Länge von Textvariablen durch eine Anweisung etwa der Form

STRING X$: n | STRINGS n

(n ganze Zahl oder auch Indexausdruck) beliebig festsetzen kann. (Die für denselben Zweck oft noch vorgesehene Form DIM X$(n) darf nicht mit der Dimensionierung verwechselt werden; falls vorhanden, schließt sie Textmatrizen aus.)

Über die bereits diskutierten Dateianweisungen hinaus trifft man häufig spezielle Dateianweisungen z.B. für Neueröffnen/Erstellen einer Datei, für Schließen einer Datei, für Ändern und Entfernen eines Satzes u.ä. Die FILE-Anweisung selbst enthält meist noch Angaben über die physische Speicherung der Datei - z. B. Blokkungsfaktor, Dateigröße usw., sowie über die Art des Zugriffs (schreibend, lesend oder beides), und ähnliche Angaben, wie sie auch bei Dateisystemen auf Großanalgen vorgesehen sind.
Sinnvoll erscheint außerdem die Einführung auch index-sequentieller Dateien - d.h. eine Zweiteilung des Zugriffs zu einem Satz

der Datei: in einem ersten Zugriff auf eine sogenannte Indexdatei wird zu einem vorgegebenen Satzschlüssel die Adresse (oder Satznummer) des zugehörigen Satzes gefunden, mit dieser Adresse (bzw. Satznummer) erfolgt dann ein direkter Zugriff zu dem Satz. Genaueres hierzu entnehme man einmal allgemeinen Büchern über Dateiverarbeitung, und zum anderen den speziellen BASIC-Handbüchern.

5.3 BASIC für Prozeßrechner

5.3.1 Besondere Probleme der Prozeßrechner-Programmierung

Die Mehrzahl der Programme für Prozeßrechner, also jener Computer, die in der industriellen oder Laborautomatisierungstechnik, oder z.B. in der Verkehrstechnik zur Überwachung, Steuerung und Regelung dienen, wird in maschinennahen Sprachen geschrieben. Ein Grund dafür ist, daß bei diesen Aufgabenstellungen, die auch Echtzeit- (Industrial-Real-Time-)Probleme genannt werden, die im folgenden aufgezählten Schwierigkeiten auftreten,die mit "höheren" Programmiersprachen nicht ohne weiteres gelöst werden können:

- Ereignisse aus der Außenwelt des Computers (sogenannte Interrupts) beeinflussen den Programmablauf, der dann nicht mehr durch rein sequentielle Programme beschrieben werden kann.
- Der zeitliche Ablauf eines Programms unterliegt ggf. starken, vom Prozeß herrührenden Einschränkungen; das bedeutet, daß einerseits Zeitpunkte und Zeitspannen beschrieben werden müssen, und daß andererseits die "Laufzeiteffizienz" (die möglichst schnelle Ausführung von Programmstücken) eine große Rolle spielt.
- Der Datenaustausch mit der Außenwelt erfolgt zum Teil über Peripheriegeräte, die nicht in das Schema von "Terminal" oder "File" passen; ggf. sind diese Geräte (z.B. analoge oder digitale Prozeß-Ein/Ausgabe) sogar von Anwendung zu Anwendung (technisch) unterschiedlich.

Die weite Verbreitung von BASIC, sowie die leichte Erlernbarkeit (gerade für nicht hauptberufliche Programmierer) hat jedoch dazu geführt, daß in zunehmendem Maß BASIC-Erweiterungen auch in der Prozeßrechentechnik zur Programmierung verwendet werden. Aufgabenstellungen von nicht zu großer Komplexität (Laborautomation, Ausbildung), sowie solche, in denen die Mensch-Prozeß-Wechselwirkung groß ist, sind hier häufig vertreten. Da die Normung dieser Erweiterungen noch nicht sehr weit gediehen ist, findet man unter "Prozeß-BASIC", "Real-Time-BASIC", "Industrial BASIC" usw. eine größere Anzahl von syntaktisch unterschiedlichen BASIC-Erweiterungen, die folgendes (zusätzlich) leisten:

- Parallel-Programmierung (Interrupt-Behandlung bzw. "Tasking"), Synchronisation und Ereignis-Behandlung;
- Arbeit mit relativen und absoluten Zeiten, Verzögerungen sowie zyklische und nichtzyklische Einplanung der Ausführung von Programmstücken;
- Ein/Ausgabe-Anweisungen für Prozeßperipheriegeräte (analoge, digitale E/A), Deklaration von Geräteparametern, Definition von E/A-Treiberprogrammen;
- (in vielen Fällen zur Verringerung des Speicher- und Laufzeitbedarfs:) Einführung von weiteren internen Datentypen (z.B. "integer", "bit") und Operatoren (z.B. für boolesche Verknüpfungen).

Die BASICs der verschiedenen Prozeßrechnerhersteller lassen sich, abhängig von den Möglichkeiten der jeweiligen Sprachversion und von der Implementierungsart, qualitativ in ein zweidimensionales Schema einordnen (siehe Abb. 5), dessen eine Achse steigende Universalität (abnehmende Einfachheit) und dessen andere Achse verbesserte Dialogfähigkeit (und im allgemeinen abnehmende Effizienz) anzeigt. Vor allem wegen des im allgemeinen verlangten Echtzeitverhaltens ist gerade bei Prozeßrechneranwendungen eine derartige Klassifikation nützlich bei der Planung von Anwendungen (vgl. /Sch/).

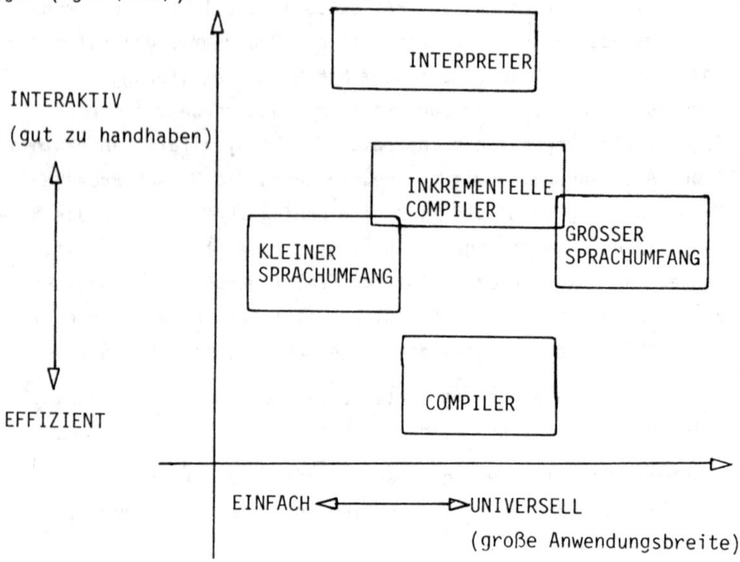

Abb. 5: Qualitätsschema für Prozeßrechner-BASIC-Implementierungen

Bei der Bewertung der Handhabung sind zu berücksichtigen:

- Vollständigkeit der Sprachmittel auf BASIC-Ebene (kein Assembler notwendig);
- einfache Erlernbarkeit (auch für nicht-EDV-Spezialisten);
- Übersichtlichkeit und Lesbarkeit eines Programms;
- Effektivität der Programmerstellung;
- Programmiersicherheit (Fehlermachen wird erschwert, auch bei nicht reproduzierbarem Umweltverhalten).

Zur Anwendungsbreite sind zu rechnen:

- Formulierbarkeit auch komplexer technischer Algorithmen;
- Flexibilität gegenüber dem Anschluß beliebiger Peripheriegeräte;
- garantiertes Echtzeit-Verhalten bei verschiedenen Anforderungen

5.3.2 Übersicht über BASIC-Programmiersysteme für Prozeßrechner

Allgemeines

Fortschritte in der Halbleitertechnik haben die Verwendung von Klein- und Kleinstcomputern für Prozeßlenkungsaufgaben möglich gemacht. Im Gegensatz zu großen Prozeßsteuerungssystemen, die autonom und ohne Benutzereingriffe arbeiten, finden wir hier Computer, die dem einzelnen Techniker oder Wissenschaftler als Werkzeug dienen, wobei Flexibilität und eine intensive Mensch-Maschine-Kommunikation gefordert werden.
Dieses Einsatzgebiet wurde von mehreren Computer- und Softwareherstellern erkannt, die eine Reihe von dialogfähigen, einfach zu erlernenden Programmiersprachen für Prozeßlenkungsaufgaben auf den Markt gebracht haben. Da es heute (1977) noch keine verbindliche Norm für Industrial-Real-Time-BASIC gibt, ist die Verwandtschaft dieser Programmiersysteme allerdings mehr in der Handhabung und im Einsatzgebiet zu sehen, als in der eigentlichen Syntax (vgl. /Haa/ und /WW/).

Klassifikation

Für die verschiedenen Typen (bzw. Familien) von Prozeßrechnern existiert im allgemeinen neben einem oder mehreren BASIC-Programmiersystemen auch jeweils ein "Prozeß-" oder "Real-Time-BASIC" (RT-BASIC). Diese BASIC-Erweiterungen sind also gewissermaßen maschinenabhängig und z.B. als Prozeß-BASIC für die PDP-11, für die S 310 usw. einzustufen. Für weit verbreitete Rechner gibt es hin und wieder mehrere RT-BASICs bzw. verschiedene Implementierungsvarianten. Kompatible Programmiersysteme für verschiedene Computer sind selten und erst in Zukunft mit der anstehenden Standardisierung zu erwarten.

Anwendungen

BASIC ist auch im Prozeß-Bereich in erster Linie eine "Lehr-", "Lern-" und "Spiel-"Sprache; große Produktionsprogramme sind selten. Daher ist Universalität (d.h. Anwendbarkeit für alle denkbaren Probleme) weniger gefragt als z.B. die Anpassung an besondere Aufgabenstellungen. Spezialsysteme, vor allem im Zusammenhang mit besonderen Prozeßschnittstellen und -endgeräten (z.B. CAMAC) findet man häufig; dagegen sind sehr "große" oder "breite" BASIC-Erweiterungen meist Fehlkonstruktionen, weil die wesentlichen Vorteile der Handlichkeit verloren gehen.

Leistungskriterien

Die "Leistung" von Programmiersystemen ist nicht absolut meßbar, allenfalls können einige qualitative Merkmale festgehalten werden. Dazu zählt etwa, für welche Anwendungen bestimmte Anweisungs- und Datentypen besonders geeignet sind, welche Implementierungsart (Interpreter, Compiler) Vorteile bringt, und wie Speicherbedarf, Laufzeiteffizienz und Reaktionsvermögen beschaffen sind.

Auswahl

In die folgende kleine Übersicht (siehe auch Tab. 1) von derzeit (1977) aktuellen "Industrial-Real-Time-BASICs" wurden Programmiersysteme für die verbreitetsten Klein-Prozeßrechner ausgewählt (vgl. /B-AEG/, /B-DEC1/, /B-HP/, /B-Sie/ und /Sch/). Nach Möglichkeit wurde die neueste Fassung berücksichtigt. Die Aufzählung ist bewußt nicht vollständig, da sie eher prinzipielle Typen vorstellen als ein (bald veraltetes) Nachschlagewerk sein soll. Zusätzlich ist der aktuellste (noch nicht definitive) Standardvorschlag (vgl. /PURDUE-W/) aufgenommen worden.

Kurzbeschreibungen

BASIC 11 (Digital Equipment Corporation, 1975)

BASIC 11 ist einer der für die Rechnerfamilie PDP-11 verfügbaren BASIC-Übersetzer (daneben gibt es u.a. BASIC-PLUS-2 - vgl. 5.2 - ein vor allem bezüglich Dateibehandlung erweitertes BASIC, sowie

verschiedene Spezialsysteme, die von Softwarehäusern oder Anwendern realisiert worden sind).
Der Sprachumfang entspricht Minimal BASIC, erweitert durch einige Ein/Ausgabe-Anweisungen (OPEN, CLOSE, LINPUT), Programmverbindungen (CHAIN) und die erweiterte bedingte Anweisung. Graphische Ein/Ausgabe und Prozeß-Ein/Ausgabe für vom Hersteller gelieferte Geräte (LPS-11 Laboratory Peripheral Support) sind möglich; dies geschieht durch CALL von Standardroutinen (digitale und analoge Ein/Ausgabe, Zeitsynchronisation über eine Uhr, die auf verschiedene Taktfrequenzen eingestellt werden kann).
BASIC 11 ist als zeilenweise arbeitender Compiler implementiert; das System ist unter den Betriebssystemen RSX-11 und RT-11 lauffähig.

RTE BASIC (Hewlett Packard Company, 1974)

RTE BASIC (Real-Time Executive BASIC System) wird von Fa. Hewlett Packard für die Prozeßrechnerserie HP 2100 angeboten. Es enthält den Sprachumfang von Minimal BASIC (ohne Textvariable), dazu Ein/Ausgabe-Anweisungen mit Kanalangabe, die erweiterte bedingte Anweisung und eine COMmon-Anweisung zur Übergabe von Daten an nachgeladene Programme. Ferner sind ein Satz von Operatoren und Funktionen vorhanden, um einzelne Bits und logische Werte zu bearbeiten.
Prozeßrechnerspezifische Funktionen werden durch eine Reihe von Systemfunktionen realisiert, die mittels CALL aufgerufen werden. Vorhanden sind Anweisungen zur Behandlung paralleler Prozesse (Tasks): Definition, Aktivierung (zeitabhängig oder ereignisgesteuert), Prioritätsdefinition, sowie zur Datenübertragung von und zu herstellertypischer Prozeßperipherie.
Das System ist als Interpreter in 12K (=12288) Worten Arbeitsspeicher lauffähig.

BASIC 300 (Siemens AG, 1976)

BASIC 300 ist eine für die Prozeßrechnerfamilie Siemens 300 entwickelte Erweiterung von Minimal BASIC für Prozeßsteuerungsaufgaben.
Der Sprachumfang umfaßt über Minimal BASIC hinaus Textfunktionen, formatierte Ausgabe und dynamische Fehlerbehandlungsmöglichkeiten. Bei der Behandlung paralleler Prozesse steht die Reaktion auf Interrupts (Alarme) im Vordergrund (Verknüpfungen von Alarm und Alarmroutine, Warten auf Alarme, Sperren und Freigeben); Prozeß-Ein/Ausgabe-Funktionen sind für digitale und analoge Prozeßendgeräte vorhanden.
BASIC 300 ist auf dem Rechner S 310 als eigenständiger Interpreter (ohne Betriebssystem) implementiert; eine Interpreterversion wird ab 1977 auch unter dem Betriebssystem ORG 300 verfügbar sein.

BASIC AEG 80 (AEG-Telefunken, 1977)

Für die Prozeßrechner AEG 80-20 und AEG 80-60 ist ab Ende 1977 ein BASIC-Programmiersystem verfügbar, das auf Minimal BASIC mit Echtzeiterweiterungen nach dem Purdue-Normvorschlag aufbaut.
Die Sprache enthält ferner Dateianweisungen und bietet dynamische Fehlerbehandlungsmöglichkeiten. Mit der CALL-Anweisung können auch Unterprogramme, die nicht in BASIC codiert worden sind, angesprochen werden.
Das Programmiersystem ist als zeilenweise arbeitender Compiler implementiert, der in einen laufzeiteffizienten Zwischencode übersetzt. Als Betriebssystem wird MARTOS K vorausgesetzt.

BASEX (Dietz Computer Systeme, 1974)

BASEX ist eine BASIC-Erweiterung für Prozeßlenkungsaufgaben, die auf dem Rechner Mincal 621 der Fa. Dietz implementiert ist. Der Sprachumfang geht über Minimal BASIC weit hinaus, u.a. sind längere Variablennamen (4 Zeichen), logische Operationen, formatier-

te Ausgabe, eine CALL-Anweisung und Segmentierung von Programmen vorhanden.
Die Prozeß-Ein/Ausgabe erfolgt über vom Benutzer (z.B. durch Assemblerprogramme) frei definierbare Gerätespezifikationen, die dann wie Variable im Programm angesprochen werden können (sog. Prozeßvariable; z.B. LET X=ANIN anstelle von READ #kanal:X). Zur Parallelverarbeitung dienen Anweisungen wie:

ON interrupt ... | AFTER zeitspanne ... | AT zeitpunkt ...

Neben BASEX gibt es für den Mincal 621 auch eine kommerziell orientierte BASIC-Erweiterung (vgl. 5.2).

Industrial-Real-Time-BASIC

Vom International Purdue Workshop on Industrial Computer Systems, einer internationalen Vereinigung von Prozeßrechnerfachleuten, wird derzeit an einem Standardvorschlag für eine BASIC-Erweiterung für Prozeßrechner gearbeitet, der 1978 fertiggestellt sein soll. Die derzeitigen Überlegungen zielen auf folgende standardmäßige Erweiterungen der BASIC-Sprache ab:

- Deklarationen von Prozeßendgeräten und Umweltereignissen (Interrupts);
- Einführung einer Programmstruktur, die auf parallelen Prozessen aufbaut;
- Einplanung von parallelen Prozessen (zeitabhängig und ereignisabhängig); Synchronisation von Prozessen (auf sehr einfache Weise);
- Ein/Ausgabe von bzw. zu Prozeßendstellen und Datentransport in Rechnernetzen;
- verschiedene Funktionen zur Zeitabfrage, Statusabfrage und Fehlerbehandlung.

(Vgl. Beispiel A.10; die Syntax ist allerdings noch nicht verbindlich).

	DEC	HP	Siemens	AEG	Dietz	Purdue
Parallele Programmierung						
Reaktion auf Signale						
Zuordnung von Programmen	Sys	Erw	Erw	Erw	Erw	Erw
Sperren und Freigeben	-	Sys	Erw	Erw	Erw	Erw
Prioritäten	Imp	Sys	Imp	Imp	Imp	Imp
Zeitaufträge						
absolute Zeit	Sys	Sys	Erw	Erw	Erw	Erw
relative Zeit	Sys	Sys	Erw	Erw	Erw	Erw
zyklisch	-	Sys	-	Erw	Erw	Erw
Organisation						
Fehlerreaktionen	-	Sys	Erw	Erw	-	St
Synchronisation						
aktives Warten	St	St	St	St	St	St
Semaphore oder "Events"	-	-	-	Erw	-	Erw
Ein/Ausgabe						
Analoge E/A						
ein Wert	Sys	Sys	Erw	Erw	Erw	Erw
mehrere Werte	Sys	Sys	Erw	Erw	Erw	Erw
Adressfortschaltung	-	Sys	-	Erw	Erw	Erw
Digitale E/A						
einzelne Bits	Sys	Sys	Erw	Erw	Erw	Erw
Worte	Sys	Sys	Erw	Erw	Erw	Erw
Impuls-E/A						
Zählen	Ass	-	-	Erw	Sys	Erw
Ausgabe von Impulsen	Ass	-	-	Erw	Sys	Erw
Allgemeine Hilfsmittel						
Definition von Gerätetypen	-	Imp	-	Erw	Ass	Erw
Deklaration von Parametern	-	Imp	-	Erw	Erw	Erw
Besonderheiten	Graphik	-	-	-	Proz. Var.	Norm

Tab. 1 Eigenschaften von BASIC-Systemen für Prozeßrechner (St=Standard, Erw=neue Anweisungen, Sys=System-Funktion, Ass=Assemblerprogramm, Imp=implementierungsabhängig)

6 BASIC für Fortgeschrittene

6.1 Die Realisierung von BASIC-Programmiersystemen

Wenn Sie - im Rahmen der Übungen dieses Buches oder außerhalb - Erfahrungen in der BASIC-Programmierung gesammelt haben, werden Sie besondere Eigenschaften der verwendeten Systeme festgestellt haben, die nichts mit der Programmier<u>sprache</u> BASIC zu tun haben. Dazu gehört etwa die Erfahrung, daß die Geschwindigkeit der Ausführung von Programmen (von Programm zu Programm, und von Computer zu Computer) sehr unterschiedlich sein kann, oder daß das Testen und Ändern von Programmen auf einer Maschine wesentlich mehr Aufwand macht als auf einer anderen. Solche unterschiedlichen Effekte in der Handhabbarkeit und der Leistungsfähigkeit sind in der <u>Implementierung</u> begründet, d.h. sie sind abhängig

- von der Art und Größe des Computers, und
- von der Methode, in der das BASIC-System darauf realisiert ist.

Computer akzeptieren Arbeitsanweisungen nur, wenn diese in einer Programmiersprache abgefaßt sind, die von den elektronischen Schaltkreisen des Computers <u>interpretiert</u> (verstanden und ausgeführt) werden kann. Im allgemeinen sind dies nur Befehle, die in der <u>Maschinensprache</u> (Maschinencode) des jeweiligen Computers abgefaßt sind. (Diese bestehen aus Folgen von Ziffern 0 und 1, z.B. 01101001..., wobei diese Ziffern eine lesbare Darstellung von Zuständen elektronischer Bauelemente sind.) Die Aufgabe, ein BASIC-Programm (wie auch ein Programm in einer anderen höheren Programmiersprache) dem Computer verständlich zu machen, kann grundsätzlich auf zwei Arten gelöst werden (vgl. Abb. 6).

Interpreter

Ein Interpreter ist ein (in Maschinencode realisiertes) Programm, das im Computer abläuft und imstande ist, einen in BASIC geschriebenen Programmtext zu analysieren, seine Bedeutung festzustellen und die geforderten Aktionen auszuführen. In neueren

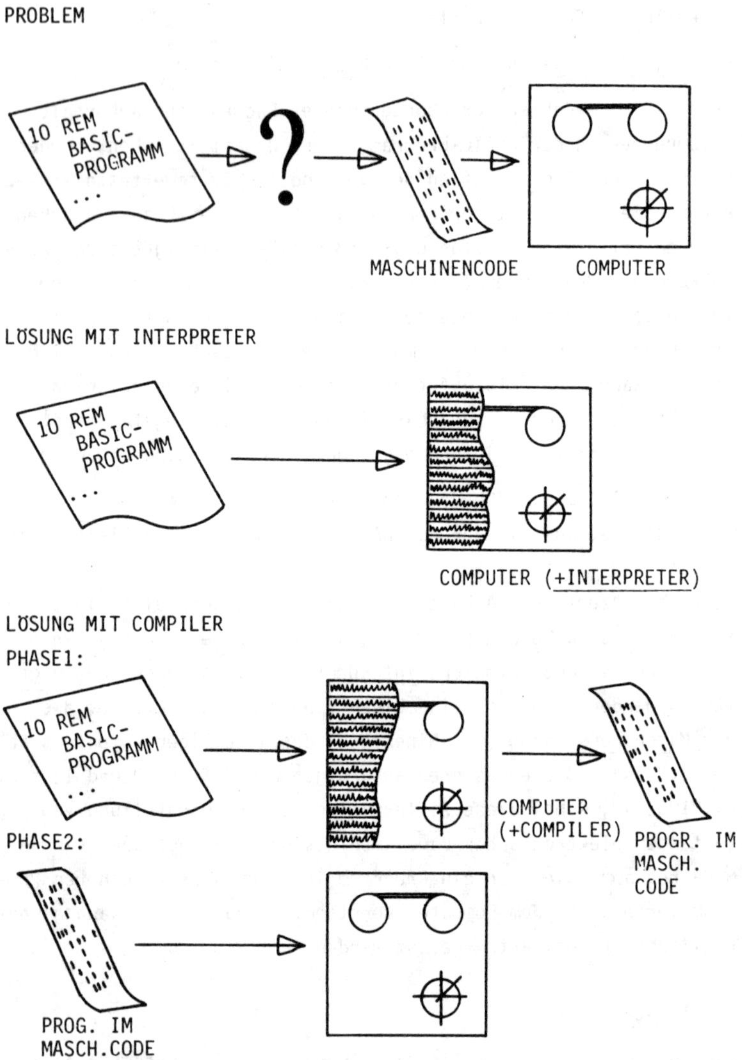

Abb. 6 Problem der Formulierung von Aufgaben für den Computer; Interpreter und Compiler

Computern (z.B. programmierbaren Tisch- oder Taschenrechnern) kann der Interpreter auch als "festverdrahtete" Elektronik oder als Mikroprogramm realisiert sein; im ersten Fall liegt ein Computer mit BASIC als Maschinensprache vor, im zweiten kann man ggf. einen Computer als z.B. BASIC-, FORTRAN-, ALGOL-Rechner abwechselnd betreiben. In allen Fällen wird aus dem Computer eine Maschine, die BASIC unmittelbar versteht. Die BASIC-Anweisungen selbst bleiben unverändert im Arbeitsspeicher des Computers erhalten.

Beispiel

Anweisung	Interpretation
LET X = Y + 10	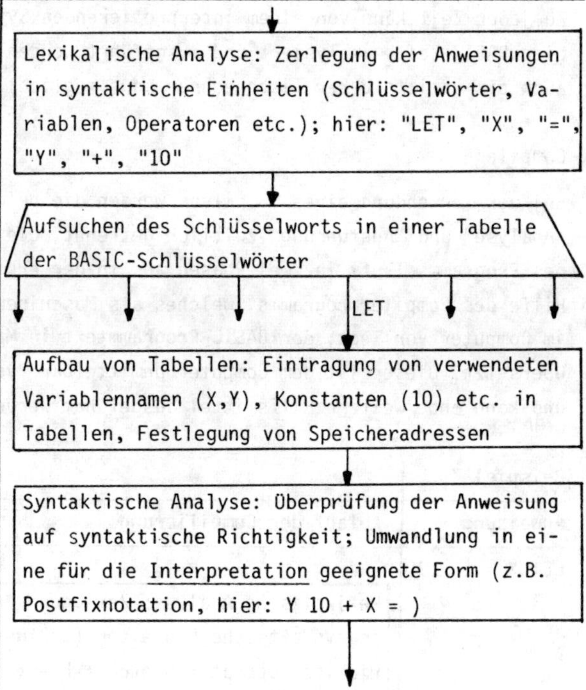

Anweisung	Interpretation
Ausführung der Anweisung:	↓
	Interpretation: Berechnung des arithmetischen Ausdrucks; die Speicheradressen werden aus den zuvor aufgebauten Tabellen entnommen. Die aktuellen Werte der Variablen (Y) werden eingesetzt. Der Wert des Ausdrucks wird in die X entsprechende Speicherzelle abgelegt.
	↓
	Lesen der nächsten Anweisung

Zu jeder Zeit kann von einem interpretierenden System jede beliebige BASIC-Zeile analysiert und ausgeführt werden (z.B. ist hier auch ein unmittelbarer Tischrechnermodus möglich).

Compiler

Bei der Verwendung eines Compilers werden die beiden Arbeitsgänge "Analyse" und "Ausführung" zeitlich getrennt, die Bearbeitung eines Programms läuft in zwei Phasen ab. In der ersten wird mit Hilfe des Compilerprogramms, welches als Maschinencode-Programm im Computer vorliegt, der BASIC-Programmtext in Maschinencode übersetzt. Dieser ist dem Computer unmittelbar "verständlich" und kann ohne weitere Hilfsmittel ausgeführt werden.

Beispiel

Anweisung	Ablauf der Compilierung
LET X = Y + 10	↓
	Lexikalische Analyse: Zerlegung der Anweisungen in syntaktische Einheiten (Schlüsselwörter, Variablen, Operatoren etc.); hier: "LET", "X", "=", "Y", "+", "10"
	↓

Anweisung	Ablauf der Compilierung
	Aufsuchen des Schlüsselworts in einer Tabelle der BASIC-Schlüsselwörter
	LET
	Aufbau von Tabellen: Eintragung von verwendeten Variablennamen (X,Y), Konstanten (10) etc. in Tabellen, Festlegung von Speicheradressen.
	Syntaktische Analyse: Überprüfung der Anweisung auf syntaktische Richtigkeit; Umwandlung in eine für die Codeerzeugung geeignete Form (z.B. Postfixnotation, hier: Y 10 + X =)
Umwandlung der Anweisung in Maschinencode (keine Ausführung):	Übersetzung: Erzeugung einer Folge von Maschinenbefehlen, die die gleiche Bedeutung hat wie die BASIC-Anweisung, hier z.B. (dargestellt im IBM/370-Assemblercode): LD R1,Y LD R2,$10 ADR R1,R2 LA R0,X STD R1,(R0)
	Lesen der nächsten Anweisung

Am Ende des Übersetzungsvorganges, in dem selbst noch nichts "berechnet" wurde, liegt ein Programm in Maschinencode vor, das das spezielle Problem lösen kann.

Vergleich der beiden Methoden aus der Sicht des Anwenders: Interpretierende BASIC-Systeme sind leichter zu handhaben, da zu jeder Zeit das Programm im ursprünglichen Text verfügbar ist. Die Testarbeit wird dadurch erleichtert, Änderungen können unmittelbar vorgenommen werden, und es ist immer nur eine Form des Programms (die BASIC-Darstellung) zu beachten. Diese Vorteile werden durch eine wesentlich langsamere Ausführung des Programms erkauft, da ja die Analyse bei der Ausführung "miterledigt" werden muß.

Beispiel	
10 FOR I = 1 TO 10	
20 LET X(I)=I * X(I-1)	Syntax wird vom Interpreter 10-mal analysiert
30 NEXT I	

BASIC-Systeme sind in der Mehrzahl interpretativ - viele Eigenheiten der BASIC-Sprache, wie Zeilennummern als Marken und die "kurzen" Variablennamen sind wegen der leichteren Interpretierbarkeit gewählt worden. Diese Implementierungsart begünstigt den Programmierer, der kleine Aufgaben löst, oft ändert und keine komplizierte Handhabung erlernen will; sie ist für große und lang laufende Programme aus Effizienzgründen weniger geeignet.

Auf vielen Computern wird auch eine <u>Compiler</u>-Implementierung von BASIC angeboten (meist zusätzlich). Compiler erzeugen schnell laufende Programme; Handhabung (2 Läufe!), Änderungen und Test sind umständlicher, und es muß auf zwei Darstellungsformen des Programms (BASIC-Text und Maschinencode) geachtet werden. In vielen Fällen wird es angebracht sein, ein mit Hilfe des Interpreters ausgetestetes Programm, das oft verwendet werden soll, zu compilieren.

Es gibt eine Reihe von <u>Mischtypen</u> aus Interpretern und Compilern; zwei Formen sind sehr häufig:

<u>a. Übersetzung in einen Zwischencode</u>,

der sehr kompakt ist (Schlüsselwörter, Variablennamen und Konstante sind bereits in interne Codefolgen übersetzt), aber die gleiche Syntax wie BASIC aufweist. Dieser Zwischencode wird interpretiert.

Beispiel	Übersetzung in Zwischencode
10 LET X = Y + 10	Zwischencode (hexadezimal)
Zeilennummer: 10	0 00A
Schlüsselwort: LET	1 007
Variable: X	2 018
Operator: =	3 001
Variable: Y	2 019
Operator: +	3 002
Konstante: $0.625*2^4$	A000 0004

Vorteile: die des Interpreters, aber schnellere Laufzeiten. Der Zwischencode wird (als einzige Darstellungsform) in der Programmbibliothek gespeichert; zum Auflisten oder Ändern wird er rückübersetzt (was im allgemeinen wenig Aufwand macht).

b. Compilierung, aber keine Code-Erzeugung für E/A-Anweisungen

(ggf. auch für bestimmte arithmetische Anweisungen bei Computern ohne verdrahtetes Gleitkommawerk). Diese Anweisungen werden bei der Ausführung von einem Laufzeitsystem interpretiert. Diese Methode wird fast bei allen compilierenden BASIC-Systemen (ausgenommen sind sogen. "stand-alone"-BASICs, also Einzelbenutzersysteme ohne Betriebssystem) angewendet.

Beispiel	Interpretation von E/A-Anweisungen
10 PRINT Y + 10	Übersetzter Code (vgl. IBM/370-Assembler)

Berechnung des Ausdrucks	LD R1,Y
	LD R2,$10
	ADR R1,R2

Druckliste	LA R0,$EALISTE STD R1,(R0) LA R15,$PRINT
Aufruf des Laufzeit-Druckprogramms	EXCP

Vorteil: einheitliche Ein/Ausgabebehandlung sowohl bei Interpreter und Compiler, wie auch bei anderen Programmiersprachen, ggf. Verlust an Effizienz.

Ein zweiter Bereich, in dem die Art der Implementierung eine große Rolle spielt, sind die BASIC-Kommandos (siehe auch Kap. 4). Die hierfür notwendigen Softwarebausteine sind:

Kommando-Interpreter;

dieser ist meist im BASIC-Interpreter mitenthalten, kann aber auch - vor allem bei Compiler-Implementierung - ein Teil des allgemeinen Betriebssystems sein. Im zweiten Fall weichen die Kommandos oftmals von der üblichen BASIC-Schreibweise ab. Der Kommando-Interpreter erkennt Schlüsselwörter wie z.B. OLD, LIST u.dgl. und gibt die Kontrolle an die entsprechenden Routinen des Editors oder der Dateiverwaltung weiter. Die Ausführung von Programmen (über RUN) wird vielfach vom Kommando-Interpreter direkt veranlaßt.

Editor;

mit seiner Hilfe werden Änderungen am BASIC-Text durchgeführt. Er ist u.U. identisch mit dem allgemein zugänglichen Text-Editor im System. Wichtig ist hier bequeme Handhabung, möglichst wenig Sondersyntax und Sicherheit gegen Fehlbedienung (damit nicht versehentlich Programme zerstört werden können). In der Praxis bestehen bezüglich dieser Punkte große Unterschiede!

Dateiverwaltung;

sie dient der Verwaltung allgemeiner und privater Bibliotheken (sowohl von Programmen wie von Daten). Auch hier benutzt BASIC meist die (oder einen Teil der) Dateiverwaltung des Betriebssystems mit. Die beim Editor genannten Kriterien gelten hier ebenfalls, vor allem sollte der BASIC-Benutzer nicht mit der gesamten Komplexität des "data-management" belastet werden.

Insgesamt sollte nochmals festgehalten werden, daß bei einer guten Realisierung des Programmiersystems ein BASIC-Handbuch allein zur Erklärung aller benötigten Eigenschaften ausreichen müßte (keine Verweise auf "Job-Control-Language", "IO-Subsystem-Operations" u.dgl.!).

6.2 Allgemeine Probleme bei der BASIC-Programmierung

Bisher haben wir informell von "kleinen" Aufgaben gesprochen, für die sich BASIC als Programmiersprache besonders eignet. In diesem Abschnitt sollen nun einige Hinweise gegeben werden, wie Aufgabenstellungen bezüglich der BASIC-Programmierung zu analysieren und aufzubereiten sind. Die Fragestellung lautet: soll eine bestimmte Aufgabe (ganz oder teilweise) in BASIC programmiert werden; und, wenn ja, in welcher Art und Weise.

Zu diesem Zweck stellen wir Eigenschaften und Kenngrößen von Aufgabenstellungen den kritischen Problemen ihrer Formulierbarkeit in BASIC gegenüber und versuchen, Lösungsansätze aufzuzeigen, die natürlich von der vorhandenen BASIC-Version, sowie von den allgemeinen Eigenschaften des Programmiersystems abhängen.

Frage	kritische Punkte	Hinweis für Lösung
Problem muß vollkommen neu gelöst werden	Programmgröße (Anzahl Zeilen, Anzahl Variablen)	Strukturmöglichkeiten nutzen, Variablennamen planen, Kommentare
Lösung baut auf bestehenden Teillösungen auf	Programmverbindungen	SUB besser als CHAIN besser als Spezialkontruktionen
Lösung ist logisch in Moduln zerlegbar	Unterprogrammtechnik, Bereich der Gültigkeit von Variablen	SUB; wenn nicht möglich, "lokale" Variablen durch Wahl der Namen
Lösung nicht in Moduln zerlegbar	Schaffung von Übersichtlichkeit	Struktur durch Kommentare (ggf. mit BASIC schlecht lösbar)

Frage	kritische Punkte	Hinweis für Lösung
Problem verlangt große numerische Genauigkeit	numerische Datentypen (z.B. long real, long decimal)	oft nur über Unterprogramme in anderen Sprachen
Problem verlangt viele Iterationen (Langläufer)	Laufzeit	Testkomfort entfernen, wenn möglich compilieren
Problem ändert sich laufend	Programmänderungen, Test	in BASIC meist ohne Probleme; Achtung auf verschiedene Programmversionen
mehrdimensionale Problemstellung (Matrizen)	Matrizen mit wievielen Dimensionen?	nur 2-dimensionale Matrizen verwenden
rekursiver Lösungsweg erforderlich	(Pseudo?)-Rekursivität, Keller	iterativ programmieren (ggf. mit BASIC schlecht lösbar)
Problem mit vielen (>100) Variablen	begrenzte Anzahl von Variablen, keine mnemotechnischen Namen	Lokalität von Variablen in Funktionen und externen Unterprogrammen nutzen
Textverarbeitung	Länge von Texten, Textfunktionen	in BASIC meist sehr einfach, nutzen Sie Textfelder
logische Probleme (Beweise, Spiele)	boolesche Variable und Operationen	Simulation durch numerische Variable mit 0-1-Werten
komplexe Kontrollstrukturen(z.B. Entscheidungstabellen)	strukturierte Programmierung	kompakte ON/GOTO-Anweisungen, Vermeidung überflüssiger GOTOs bei IF/THEN-Konstruktionen
komplexe Datenstrukturen (Listen, Bäume, Graphen)	Zeiger und Verkettungen	Felder und Indexfelder (Werte sind Indizes für andere Felder) verwenden
kommerzielle Probleme mit großen Dateien	Dateistruktur, Zugriffseffizienz	unterschiedliche Zugriffsart für TFFs und RAFs ausnützen, ggf. indexsequentielle Dateien aufbauen
Prozeßrechneraufgaben	Parallelprogrammierung, Hardware-Abhängigkeit, "bit"	wenn keine entsprechenden Anweisungen: vorsichtige Assembleranschlüsse

6.3 Besondere Programmierhinweise

Programmieren ist umso effizienter und befriedigender, je besser die Mensch-Maschine-Wechselwirkung ist. Das heißt insbesondere, daß keiner der beiden Partner dem anderen "seinen Willen aufzwingt", etwa derart, daß ein Rechnerbenutzer undurchsichtige Bedienungsprozeduren lernen muß. Andererseits werden sich Rechner gegen schlechte Programme "wehren", indem z.B. Laufzeitverhalten und Speicherbedarf ungünstiger oder Fehler anders als erwartet angezeigt werden. Mensch-Maschine-Kommunikation hat eine statische und eine dynamische Seite. Die dynamische betrifft die Dialogfähigkeit, das interaktive Programmieren, und steht bei BASIC im Vordergrund. Eine optimale Struktur von Programmen (um z.B. gewisse Fehler grundsätzlich unmöglich zu machen) ist als statische Voraussetzung mit BASIC etwas schwerer zu erreichen. - Trotzdem ist es möglich, in BASIC einigermaßen "strukturiert" zu programmieren, sofern man sich freiwillig an gewisse Richtlinien hält (die Sprache schreibt hier sehr wenig zwingend vor).
Bei der statischen Struktur von Programmen sind zu beachten:

- Datentypen und Datenstrukturen
- Gruppierung (Zusammenfassung) von Anweisungen, Kontrollstrukturen

Datentypen und Datenstrukturen

In BASIC ist die Anzahl verschiedener Datentypen auf ein Minimum reduziert; d.h. unter anderem, daß Sie im allgemeinen mit numerischen Größen und Texten auskommen müssen. Benötigen Sie logische Werte, Bitketten, Zeiger (in Listen) oder Integers (ganzzahlige Werte), so empfiehlt es sich, sowohl für die Namen als auch für die Wertebereiche von Variablen mit "simuliertem" Spezialtyp Untermengen der entsprechenden Bereiche für numerische oder Textvariable zu verwenden.

Beispiel

```
10 REM WEITERGABE VON LOGISCHEN WERTEN
:
50 IF (A-B)/C = (D-E)/F THEN LO=1
60 IF C = F THEN L1=0
:
90 IF LO*L1 = 1 THEN ...
```

In diesem Beispiel werden die Variablen L0 bis L9 als "logische" Größen mit dem Wertebereich {0,1} eingeführt. Eine weitere Möglichkeit wäre L0$ bis L9$ (Textvariable) mit dem Wertebereich {"T", "F"} für "true" bzw. "false".

Bitketten, wie sie vor allem häufig bei Prozeßrechner-Anwendungen gebraucht werden, sollte man, je nach Art der Weiterverarbeitung der Information, entweder als Integers (ganzzahlige Werte) oder als Texte verarbeiten. Integers bieten sich dann an, wenn die Bitketten Abbildungen analoger Werte sind, mit denen (numerisch) gerechnet werden soll. Texte, die dann nur aus den Werten z.B.

"00101101010..." bzw. "FFTFTTFTFTF..."

bestehen sollten, werden verwendet, wenn logische Transformationen notwendig sind, wie das Ausblenden von einzelnen "Bits" u.ä.

Zeiger (in Listen und anderen verketteten Datenstrukturen) lassen sich in BASIC nur durch Indizes von Feldelementen wiedergeben. Eine Liste, deren Elemente aus einem "Wert" und einem Zeiger auf das nächste Element bestehen, kann durch 2 eindimensionale Felder dargestellt werden; das erste Feld enthält die eigentlichen Werte in irgendeiner Reihenfolge, das zweite gibt die Stellung in der Liste an.

Beispiel

Verkettete Liste	Realisierung in BASIC
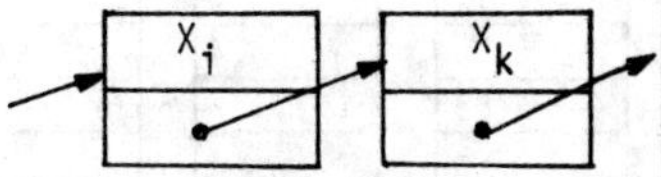	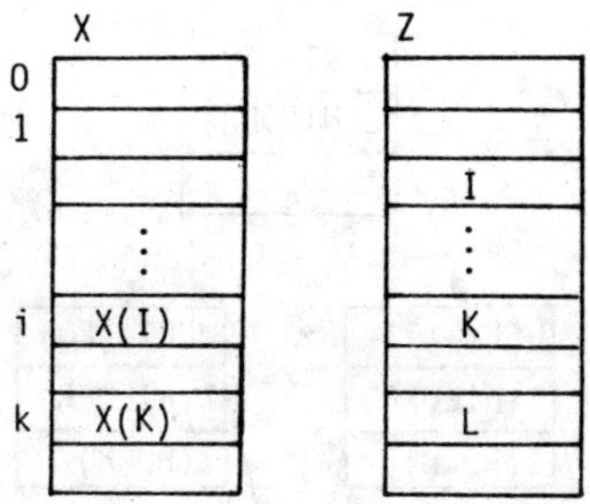

Zur Bearbeitung von Integers sind ggf. Rundungsoperationen erforderlich. Beispielsweise ließe sich die Modulo-Funktion (für positive Werte) darstellen als

```
10 REM X MOD Y
20 LET I = INT(X)
30 LET K = INT(Y)
40 LET M = I - INT(I/K)*K
```

Sie können z.B. freiwillig die FORTRAN-Konvention einführen, daß alle Namen, die mit I,J,K,L.M oder N anfangen, Integers benennen.

Als Datenstrukturen stehen (nur) 1- oder 2-dimensionale Felder zur Verfügung. Diese lassen sich allerdings mit den MAT-Anweisungen einfacher handhaben als in jeder anderen Programmiersprache. Führen Sie daher - wie auch im Beispiel der verketteten Liste - Datenstrukturen möglichst auf Felder zurück.

Beispiel

Binärer Suchbaum	Realisierung in BASIC

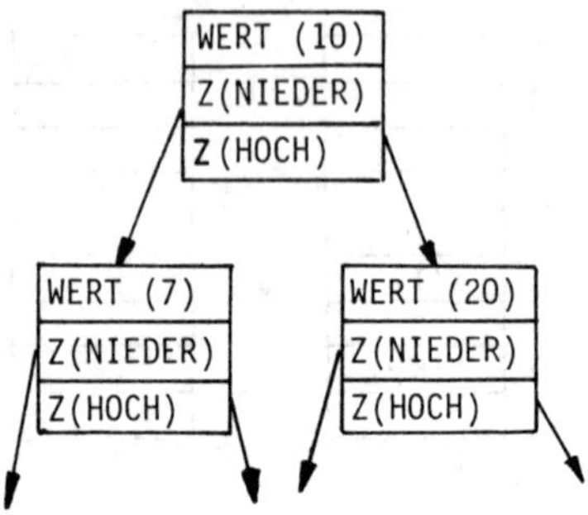

	W	N	H
0	10	1	2
1	7	-	-
2	20	3	-
3	15	4	-
4	13	-	-
	-	-	-
	-	-	-

Eine weitere Möglichkeit der Manipulation von Datenstrukturen bieten die Funktionen, die auf Textvariable wirken. Die Bearbeitung aller eindimensional speicherbaren Strukturen kann damit durchgeführt werden.

Beispiel

Baum als Klammerausdruck

10 LET Z$ = "AB(C)D(E(F)G)" 20 FOR I = 1 TO LEN(Z$) 30 IF EXT$(Z$,I,I)= "F" THEN...	Das Programmstück beschreibt den Baum und sucht das Element mit dem Wert F

<u>Gruppierung von Anweisungen und Kontrollstrukturen</u>

In Minimal BASIC sind Gruppierungen von Anweisungen kaum möglich, d.h. nur optisch durch REMarks zu erreichen. Sollten Sie es mit einer erweiterten BASIC-Version zu tun haben, so ist es ratsam, die Möglichkeiten mehrzeiliger Funktionen, externer Unterprogramme sowie der Überlagerungstechnik (CHAIN) auszunutzen. Sie erreichen dadurch eine hierarchische (= funktionsmäßig gegliederte) Programmstruktur anstelle eines Zeilenbandwurms. Achten Sie jedoch genau darauf, welche Konvention bezüglich globaler und lokaler Variabler in Ihrem System vorliegt (die Aussagen über Lokalität von Variablen - vgl. Kapitel 2 und 3 - sind nicht in allen derzeit bestehenden BASIC-Systemen gültig).

Sind jedoch GOSUB und FN die einzigen Gruppierungsmöglichkeiten, so führen Sie "Unterprogrammnamen" über REMarks ein und setzen Sie Unterprogramme zeilennummernmäßig ab (vgl. A.2 und A.10); achten Sie dabei auf Auswirkungen von RESEQUENCE-Operationen.

Beispiel

```
10  REM MITTELWERTE
20  DIMENSION A(50)
30  MAT INPUT A
40  GOSUB 100
50  PRINT "ARITH.MITTEL = ";M
60  GOSUB 200
70  PRINT "GEOM.MITTEL = ";G
80  STOP
100 REM ARITH.MITTEL
110 LET S1=Ø
120 FOR I1= 1 TO 50
130 LET S1=S1+A(I1)
140 NEXT I1
150 LET M=S1/50
160 RETURN
200 REM GEOM.MITTEL
210 LET P2= 1
220 FOR I2= 1 TO 50
230 LET P2=P2*A(I2)^(1/50)
240 NEXT I2
250 LET G=P2
260 RETURN
300 END
```

Die Kontrollstrukturen (Hauptaugenmerk der "strukturierten Programmierung") sind in Minimal BASIC beschränkt auf:

Kontrollstruktur	
IF ... THEN ... zeilen-nummer	bedingter Sprung
GOTO zeilen-nummer	unbedingter Sprung
GOSUB zeilen-nummer / RETURN	Unterprogrammsprung ohne Parameterübergabe
ON ... GOTO zeilen-nummer	statischer Sprungverteiler
FOR ... / NEXT ...	Schleife

Dabei ist nur die Schleifenkonstruktion FOR/NEXT "zeilennummern-unabhängig", d.h. daß ihre Struktur bei Programmänderungen (Ändern und Einschieben von Zeilen) kaum unabsichtlich verändert werden kann. Schachtelungen der Schleifen sind gut erkennbar, Sprünge in das Innere der Schleife sind verboten (von vielen Übersetzern wird dies überprüft). Eine Empfehlung für den BASIC-Programmierer ist es, als Kontrollstruktur, so weit möglich, Schleifen zu verwenden. - Vorsicht ist bei allen anderen Kontrollanweisungen geboten, da sie weder mnemotechnisch gut erkennbar sind (Marken sind Zeilennummern), noch beim Editieren unverletzlich sind. (Eine Ausnahme ist nur die Anweisung:

IF ... THEN anweisung des erweiterten BASIC.)

Es ist z.B. darauf zu achten, daß bei

```
10  ON A-B GOTO 100,200,300
:
:
100 ...
200 ...
300 ...
```

die Zeilennummern nicht verändert werden. Ähnlich wie bei internen Unterprogrammen helfen zusätzliche Kommentare und abgesetzte Zeilennummern-Bereiche. Ein weiterer (erlaubter) Trick sind eingerückte Zeilenanfänge "innerer Blöcke" (vgl. A.4).

Beispiel

```
10 REM ENTSCHEIDUNGSTABELLE
20 MAT READ E           ! ENTSCHEIDUNGSTABELLE
30 READ S               ! ANFANGSZUSTAND
40 INPUT A              ! EINGABEWERT
50 ON E(S,A) GOTO 1000,1100,1200,1000,1400,1500,1500,1300,1000,99
60 ...
:
99 STOP
:
1000 REM 1.AKTION
:
1080 LET S=...
1090 GO TO 40
1100 REM 2.Aktion
:
1180 LET S=
1190 GO TO 40
:
2000 REM TABELLE (10×10 MATRIX)
2100 DATA     1,6,7,4,3,6,9,10,2,2
2200 DATA     1,6,7,7,4,3,6,9,5,8
2300 DATA     10,6,7,7,7,4,3,6,9,5
:
3000 DATA     9,9,9,9,9,9,9,9,9,9
:
9000 END
```

Das erweiterte BASIC (vgl. Kapitel 2 und 3) enthält weitere strukturierte Anweisungen. Trotzdem ist für die BASIC-Programmierung die statische Struktur weniger von grundlegender Bedeutung, als dies bei nicht-interaktiven Programmiersprachen der Fall ist.

Wichtig ist, daß Sie beim Programmieren alle Möglichkeiten ausnutzen, die das Programmiersystem an dynamischer Unterstützung bietet. Schreiben Sie übersichtliche, kurze Programmstücke und experimentieren Sie! Es ist leicht, z.B. über eingeschobene PRINTs den gesamten Programmablauf zu dokumentieren; diese "Testanweisungen" können nach Fertigstellung ohne weiteres entfernt werden. BASIC-Algorithmen kann man nicht immer am Schreibtisch verifizieren, man sollte sie mit dem Computer im Dialog erarbeiten.

A Sammlung größerer Aufgaben

Die folgenden Beispiele aus verschiedenen Bereichen der Datenverarbeitung sollen die Kurzaufgaben im Lehrtext ergänzen und gleichzeitig zeigen, wie auch anspruchsvollere Probleme mit BASIC programmiert werden können. Sie finden Aufgaben aus 10 Anwendungsgebieten, wobei jeweils ein Beispiel mit Programmliste und Ergebnisausdruck voll ausgearbeitet ist und zusätzlich eine Reihe ähnlicher Aufgaben zur Übung gestellt wird. Die Auswahl ist eher exemplarisch als vollständig, sie zeigt Stärken, aber auch Schwächen der BASIC-Programmierung und scheut auch nicht einige "Programmiertricks". Die Programme wurden getestet (nicht formal verifiziert), eine Suche nach Fehlern ist möglich, ja sogar wünschenswert.

Wir haben folgende Gebiete ausgewählt:

A.1	Numerische Mathematik	Nullstellen von Funktionen
A.2	Textverarbeitung	Keyword-in-Context-Verzeichnis
A.3	Statistik	Elementare statistische Funktionen
A.4	Simulation	Pflanzenwachstum (L-Systeme)
A.5	Anwendungen in der Technik	Chemischer Prozeß
A.6	Computerunterstützter Unterricht	Test im Schreibmaschine-Schreiben
A.7	Verarbeitung großer Datenmengen	Sortieren/Mischen
A.8	Künstliche Intelligenz	Superhirn-Spiel
A.9	Kommerzielle Datenverarbeitung	Verkaufsbericht
A.10	Prozeßdatenverarbeitung	Echtzeit-Aufträge

Bemerkungen

Die Beispiele sind aus der Praxis entstanden; deshalb sind z.B. Anfangswerte und Schrittweiten der Zeilennumerierung, "Einrücken" innerer Schleifen und dgl. nicht einheitlich (Sie können ggf. die

Ihnen sympathischste Methode auswählen).

Das verwendete BASIC-System (Burroughs 6700 BASIC) hat als Eingabeanforderung ? (ohne Blank); die Ziffer Null wird als Ø gedruckt; eine explizite Quittung (READY) erscheint in den Beispielen nicht. - Die Länge von Textvariablen kann bis 72 Zeichen betragen.

Quellenangaben

J. G. Kemeny - T.E. Kurtz: BASIC Programming (vgl. Literaturverzeichnis).

H.A. Maurer - M.R. Williams: A Collection of Programming Problems and Techniques. Prentice Hall Inc., Englewood Cliffs 1972.

G.T. Herman - G. Rozenberg: Developmental Systems and Languages. North Holland Publishing Comp., Amsterdam 1975.

W.S. Dorn - D. McCracken: Numerical Methods with Fortran IV Case Studies. John Wiley & Sons, New York 1972.

IBM Corporation: B is for BASIC. SC28-8310-0, 1974.

Hewlett-Packard Company: Real-Time Executive Software System (vgl. Literaturverzeichnis).

A.1 Numerische Mathematik

Beispiel: Suchen einer Nullstelle einer Funktion in einem vorgegebenen Intervall

BASIC-Variante: Minimal BASIC

Verfahren: Funktion und Intervall werden mit DEF bzw. DATA vorgegeben (Zeilen 120, 125); diese Zeilen können gegen beliebige andere Funktionen bzw. Wertepaare ausgetauscht werden.
Das Programm stellt zunächst (Zeilen 140-170) fest, ob das Vorzeichen im Intervall wechselt. Sollte dies nur in einem sehr kleinen Bereich der Fall sein, ist die Suchschrittweite (Zeilen 155, 160) von 1/100 entsprechend zu verkleinern. Dieser Abschnitt wird beim Auffinden eines Nulldurchganges verlassen; wird keiner gefunden, so erfolgt der Ausdruck "KEINE LÖSUNG".
Die Nullstelle (es wird nur die erste Nullstelle im Intervall bestimmt) wird durch fortlaufendes Halbieren des Intervalls, an dessen Grenzen die Funktion verschiedene Vorzeichen besitzt mit einer relativen Genauigkeit von $5*10^{-7}$ bestimmt (Zeilen 220-255); wenn der Lösungswert sehr nahe bei Null liegt, wird auf eine absolute Genauigkeit $5*10^{-7}$ geprüft (Zeile 250).
Der Trick, "1+Vorzeichenfunktion" als Index zu verwenden, führt dazu, daß zu G(0) immer der negative, zu G(2) immer der positive Funktionswert an der Intervallgrenze gehört (Zeile 210, 215, 235).

Programm

```
100 REM
105 REM BESTIMMUNG EINER NULLSTELLE EINER FUNKTION
110 REM
115 REM EINGABE VON FUNKTION:FNF(X) UND INTERVALL:A,B
120     DEF FNF(X)=X^3-2*X+1
125     DATA 0,2
130 READ A,B
135 REM WECHSELT DAS VORZEICHEN IM INTERVALL ?
140 LET S=SGN(FNF(A))
145 LET T=SGN(FNF(B))
150 IF S*T<=0 THEN 195
155 FOR I=1 TO 100
160 LET X=A+(B-A)*(I-1)/100
165 IF S*SGN(FNF(X)) <=0 THEN 190
170 NEXT I
175 PRINT "KEINE LOESUNG"
180 STOP
185 REM NULLSTELLE DURCH HALBIEREN DES INTERVALLS ERREICHEN
190 LET B=X
195 IF S=0 THEN 265
200 IF T=0 THEN 275
205 REM DURCH G RICHTUNG DES VORZEICHENWECHSELS KOMPENSIERT
210 LET G(1+S)=A
215 LET G(1-S)=B
220 LET X=(G(0)+G(2))/2
225 LET F=SGN(FNF(X))
230 IF F=0 THEN 280
235 LET G(1+F)=X
240 REM RELATIVE GENAUIGKEIT 5*10E-7, BEI ABS(X)<<1 ABSOLUTE GEN.
245 LET H=ABS(G(0))+ABS(G(2))
250 IF H < 5E-7 THEN 280
255 IF ABS(G(0)-G(2))/H < 5E-7 THEN 280
260 GO TO 220
265 LET X=A
270 GO TO 280
275 LET X=B
280 PRINT "NULLSTELLE BEI X = ";X
285 STOP
290 END
```

Dialog

```
RUN

NULLSTELLE BEI X =  0.618034

120     DEF FNF(X)=X^3-2*X+1
RUN

KEINE LOESUNG

125     DATA -2,0
RUN

NULLSTELLE BEI X = -1.769292
```

Weitere Aufgaben

a. Kann die Suche nach dem Vorzeichenwechsel beschleunigt werden? Benutzen Sie die RND-Funktion !

b. Modifizieren Sie das Programm derart, daß alle Nullstellen im Intervall gefunden werden.

c. Schreiben Sie ein Programm, das den nächsten Näherungswert für die Nullstelle nicht durch Halbieren, sondern dadurch findet, daß die Funktionswerte an den beiden Endpunkten des Intervalls durch eine gerade Linie verbunden werden, deren Schnittpunkt mit der x-Achse (Funktionswert=0) bestimmt wird.

A.2 Textverarbeitung

Beispiel: Aufbau eines "Keyword in Context(KWIC)"-Verzeichnisses

BASIC-Variante: Minimal BASIC; zusätzlich Textfelder, die Funktion EXT$, sowie Textvergleich auf < und > .

Verfahren: Das Programm liest Textzeilen (Zeile 130), die als erstes Wort eine Kennung enthalten. Die letzte Zeile enthält die Kennung *. Der Text wird in die einzelnen Worte zerlegt (Zeilen 1100-1170), und es wird ein Verzeichnis angelegt, welche Wörter unter welchen Kennungen auftreten (Felder W$ bzw. K$); dabei werden vorgegebene "Nicht-Schlüsselwörter" (der, die, das, und, oder u. dgl.) ausgesondert (Zeile 2000-2080).
Nach der Analyse der gesamten Eingabe werden die Wörter alphabetisch sortiert (Zeilen 180-290) und in der Reihenfolge: "Wort, alle zugehörigen Kennungen" ausgegeben.

Bemerkungen

a. Im Beispielprogramm sind Unterprogramme zeilennummernmäßig abgesetzt, um bessere Übersicht zu gewinnen.

b. Dieses Programm wurde verwendet, um den Index dieses Buches zu erstellen. Eine leicht geänderte Fassung diente zum Ausdrucken der BASIC-Syntax.

Programm

```
0010 REM
0020 REM AUFBAU EINES "KEYWORD IN CONTEXT" VERZEICHNISSES
0030 REM EINGABE SIND KENNUNGEN,GEFOLGT VON TEXTEN
0040 REM
0050 DIM N$(200),W$(200),K$(200)
0060 DATA 21,DER,DIE,DAS,EIN,EINE,IN,AN,AUF,MIT,VON,FUER
0070 DATA VOM,VOR,BEI,DEM,DEN,EINEM,AM,DURCH,UND,ODER
0080 READ N1
0090 FOR N9=1 TO N1
0100 READ N$(N9)
0110 NEXT N9
0120 LET W1=0
0130 INPUT X$
0140 GOSUB 1000
0150 GOSUB 2000
0160 GOTO 150
0170 REM BEGRIFFE ALPHABETISCH SORTIEREN
0180 FOR W9=1 TO W1
0190 FOR W8=W1-1 TO W9 STEP -1
0200 LET Y$=W$(W8)
0210 LET Z$=W$(W8+1)
0220 IF Y$<=Z$ THEN 280
0230 LET W$(W8)=Z$
0240 LET W$(W8+1)=Y$
0250 LET K0$=K$(W8)
0260 LET K$(W8)=K$(W8+1)
0270 LET K$(W8+1)=K0$
0280 NEXT W8
0290 NEXT W9
0300 REM DRUCKEN
0310 LET P0$="ZZZZ"
0320 FOR W9=1 TO W1
0330 IF P0$=W$(W9) THEN 370
0340 PRINT
0350 LET P0$=W$(W9)
0360 PRINT P0$,
0370 PRINT K$(W9),
0380 NEXT W9
0390 STOP
1000 REM KENNUNG BESTIMMEN
1010 LET I0=1
1020 GO SUB 1100
1030 LET K0$=W0$
1040 IF K0$="*" THEN 170
1050 RETURN
1100 REM ENDE DES ELEMENTS BESTIMMEN
1110 FOR I9= I0 TO 72
1120 IF EXT$(X$,I9,I9)=" " THEN 1150
1130 NEXT I9
1140 GO TO 130
1150 LET W0$=EXT$(X$,I0,I9-1)
1160 LET I0=I9+1
1170 RETURN
2000 REM WORT BESTIMMEN
2010 GOSUB 1100
2020 FOR N9=1 TO N1
2030 IF W0$=N$(N9) THEN 2080
2040 NEXT N9
2050 LET W1=W1+1
2060 LET W$(W1)=W0$
2070 LET K$(W1)=K0$
2080 RETURN
2090 END
```

Dialog

```
RUN

?049 PROGRAMMIERUNG ELEKTRONISCHER RECHENANLAGEN
?506 ALGOL FIBEL
?552 PL/1 FIBEL
?740 PROGRAMMIERUNG MIT PL/1
?744 BASIC PROGRAMMIEREN FUER ANFAENGER
?745 EINFUEHRUNG IN DIE PROGRAMMIERSPRACHE COBOL
?777 EINFUEHRUNG IN DAS PROGRAMMIEREN MIT ALGOL
?784 EINFUEHRUNG IN DIE PROGRAMMIERSPRACHE PL/1
?*

ALGOL             506            777
ANFAENGER         744
BASIC             744
COBOL             745
EINFUEHRUNG       745            777            784
ELEKTRONISCHER 049
FIBEL             506            552
PL/1              552            740            784
PROGRAMMIEREN     744            777
PROGRAMMIERSPRACHE               745            784
PROGRAMMIERUNG 049               740
RECHENANLAGEN  049
```

Weitere Aufgaben

a. Modifizieren Sie das Programm derart, daß das Verzeichnis nur für eine vorgegebene Menge von Wörtern angelegt wird (z.B. für einen Buchindex).

b. Modifizieren Sie das Programm derart, daß Schreibfehler möglichst erkannt werden. Zu diesem Zweck soll eine Liste "ähnlicher", d.h. fast übereinstimmender Wörter aufgestellt und zusätzlich ausgegeben werden.

c. Schreiben Sie ein Programm, das in einem Text die Häufigkeit bestimmter Wörter feststellt (z.B. zur Stiluntersuchung; siehe auch Aufgabe A.3a).

A.3 Statistik

Beispiel: Berechnung verschiedener statistischer Kennzahlen, Zeichnen einer Häufigkeitsverteilung

BASIC-Variante: Minimal BASIC, Matrixanweisungen, erweiterte bedingte Anweisung

Verfahren: Das Programm liest bis zu 100 Werte einer Stichprobe ein (die Werte müssen im Bereich 0 bis 20 liegen); ihre Anzahl wird zuvor eingelesen (Dimensionierung in Zeile 120, Einlesen in Zeile 170 und 175). Das eigentliche Statistik-Programm ist als (internes) Unterprogramm aufgebaut, das als Eingabeparameter die Anzahl N und den Wertevektor X verarbeitet und die folgenden Ergebnisse ermittelt und ausdruckt:

Σx_i	Summe	S	Zeile 195-225
Σx_i^2	Quadratsumme	S2	
$\max(x_i)$	Maximum	M9	
$\min(x_i)$	Minimum	M0	
$\overline{x} = \Sigma x_i \;/\; n$	Mittelwert	M	Zeile 235
$v = \Sigma(x_i-\overline{x})^2/(n-1)$	Varianz	V	Zeile 240-270
$s = \sqrt{v}$	Standardabweichung	A	
$\sqrt{v/n}$	Standardfehler	F0	
$s/\overline{x}$	Variationskoeffizient	C	
x_{med}	Medianwert	M1	Zeile 290-340
$3\cdot(\overline{x}-x_{med})/s$	Schiefe	S9	Zeile 345
	Häufigkeitsverteilung	F(K)	Zeile 210,295

Das Zeichnen der Häufigkeitsverteilung (wie allgemein die graphische Darstellung von Funktionen y = f(x) mit einem Drucker) erfolgt in der Art, daß die x-Achse in Richtung der Zeilenfortschaltung (von oben nach unten) angenommen wird; jede Zeile entspricht dem nächsten (z.B. um 1 erhöhten) x-Wert. Der Wert von y wird durch Tabulation auf die Position f(x) dargestellt, wo ein "graphisches" Zeichen (z.B. *) gedruckt wird.

Programm

```
100 REM
105 REM PROGRAMM ZUR BERECHNUNG STATISTISCHER KENNZAHLEN
110 REM MAXIMAL 100 WERTE, WERTEBEREICH 0-20
115 REM
120 DIM X(100),F(20)
125 LET S=0
130 LET S2=0
135 LET M0=999
140 LET M9=-999
145 LET H1=0
150 LET H2=1
155 MAT F=ZER
160 MAT X=ZER
165 REM EINLESEROUTINE
170 INPUT N
175 MAT INPUT X(N)
180 GOSUB.190
185 STOP
190 REM STATISTIKROUTINE
195 FOR I=1 TO N
200 LET S=S+X(I)
205 LET S2=S2+X(I)*X(I)
210 LET F(X(I))=F(X(I))+1
215 IF X(I)>M9 THEN M9=X(I)
220 IF X(I)<M0 THEN M0=X(I)
225 NEXT I
230 REM
235 LET M=S/N
240 FOR I=1 TO N
245 LET H1=H1+(X(I)-M)*(X(I)-M)
250 NEXT I
255 LET V=H1/(N-1)
260 LET A=SQR(V)
265 LET F0=SQR(V/N)
270 LET C=A/M
275 PRINT
280 PRINT "HAEUFIGKEITSVERTEILUNG"
285 PRINT
290 FOR K=M0 TO M9
295 PRINT K,F(K),"I";TAB(F(K)+31);"*"
300 REM MEDIANWERT  - H2 IST ZAEHLER FUER SORTIERTE WERTE;
305 REM WENN H2=(N+1)/2 (N UNGERADE) IST K (=X-WERT)=MEDIAN;
310 REM DER ANDERE ZWEIG IST FUER GERADES N
315 FOR H2=H2 TO H2+F(K)-1
320 IF H2=(N+1)/2 THEN M1=K
325 IF H2=N/2 THEN M1=K/2
330 IF H2=(N+2)/2 THEN M1=M1+K/2
335 NEXT H2
340 NEXT K
345 LET S9=3/A*(M-M1)
350 REM AUSDRUCK DER ERGEBNISSE
355 PRINT
360 PRINT"ANZAHL","SUMME","QUADR.SUMME","MITTEL"
365 PRINT N,S,S2,M
370 PRINT
375 PRINT"MEDIAN","MAX.","MIN.","VARIANZ"
380 PRINT M1,M9,M0,V
385 PRINT
390 PRINT "STANDARD-ABW.","STANDARDFEHLER","VAR.KOEFF.","SCHIEFE"
395 PRINT A,F0,C,S9
400 PRINT
405 RETURN
410 END
```

Dialog

```
RUN

?20
?2,3,3,4,4,4,5,5,6,9,4,4,5,4,3,5,1,4,7,2

HAEUFIGKEITSVERTEILUNG

 1                1                I *
 2                2                I  *
 3                3                I   *
 4                7                I       *
 5                4                I    *
 6                1                I *
 7                1                I *
 8                0                I*
 9                1                I *

ANZAHL           SUMME            QUADR.SUMME     MITTEL
 20              84                414              4.2

MEDIAN           MAX.             MIN.            VARIANZ
 4               9                 1               3.221052

STANDARD-ABW.    STANDARDFEHLER   VAR.KOEFF.      SCHIEFE
 1.794729        .4013136          .427316        .3343122
```

Weitere Aufgaben

a. Verwenden Sie Modifikationen der Programme A.2 und A.3 zur Lösung folgender Aufgabe: Dieses Buch hat zwei Autoren; statistische Werte über die Verwendung bestimmter Worte, von langen oder kurzen Sätzen u.dgl. lassen Rückschlüsse auf die Autorschaft zu. Machen Sie von jeweils einer Textseite aus den Kapiteln 1,2,3 und 6 Statistiken über die Anzahl Buchstaben/Wort und die Anzahl Worte/Satz und versuchen Sie festzustellen, welche vom selben Autor stammen.

b. Erweitern Sie das einfache Zeichenprogramm auf das Zeichnen von Funktionen, die mittels DEF vorgegeben werden, auf das Zeichnen von Funktionen mit beliebigem Wertebereich ($-\infty < y < +\infty$), und derart, daß mehrere Funktionen in einem Bild gezeichnet werden können (z.B. mit den Symbolen *,+,x etc.).

A.4 Simulation

Beispiel: Simulation des Wachstums einer Pflanze durch formale Beschreibung des Zellteilungsvorgangs

BASIC-Variante: Minimal BASIC; Textfelder, Textfunktionen, CALL-Anweisung; externe graphische Unterprogramme, die vom System zur Verfügung gestellt werden, zur Darstellung von Punkten (POINT) und Linien (VECTOR) auf einem Sichtgerät.

Verfahren: Die Beschreibung erfolgt durch sog. L-Systeme, die aus Regeln der Form $x \Rightarrow y_1 y_2 \ldots y_n$ bestehen und angeben, in welche Zeichen (bzw. Zellen) das Zeichen (die Zelle) x umgewandelt wird. Für eine vorgegebene Folge werden alle anwendbaren Umwandlungen gleichzeitig ausgeführt.
Das Programm entnimmt die notwendigen Angaben aus den DATA-Anweisungen: N = Anzahl der Regeln, S$ = Startzeichen, Z = Anzahl der gewünschten Generationen; L$ = Liste der vorkommenden Symbole (Zelltypen), R$ = Liste der jeweiligen umgewandelten Folgen.

In den Zeilen 185-200 wird für jedes Zeichen der linken Seite die passende Regel gesucht und in Zeile 210 die neue Folge aufgebaut.

Das (interne) Unterprogramm (Zeilen 290-480) zeichnet auf einem Sichtgerät ein Bild des Objekts, wobei hier alle Zelltypen, die durch eine Ziffer bezeichnet sind, gleich (als Vektor der Länge S) dargestellt werden, die Zeichen "(" und ")" jedoch als Beginn und Ende einer Abzweigung (eines Astes) gedeutet werden. Bei jeder Abzweigung "(" werden die aktuellen Koordinaten in einem Stapel (S0 bis S3) abgelegt, damit nach ")" dorthin zurückgefunden werden kann (Zeilen 445-470). Die Variable L (+1 oder -1) wechselt bei jeder Abzweigung; sie sorgt dafür, daß Äste abwechselnd links und rechts abzweigen.

Programm

```
100 REM
105 REM SIMULATION DES WACHSTUMS EINER PFLANZE
110 REM DURCH EIN L-SYSTEM
115 REM
120 DIM L$(20),R$(20)
125 REM EINGABE VON PRODUKTIONSREGELN,
130 REM STARTSYMBOL UND ANZAHL DER GENERATIONEN
135 READ N,S$,Z
140    FOR I=1 TO N
145    READ L$(I),R$(I)
150    NEXT I
155 PRINT S$
160    REM SCHLEIFE UEBER DIE GENERATIONEN
165    FOR I=1 TO Z
170    LET T$=""
175       REM SCHLEIFE UEBER ANZAHL DER ZELLEN
180       FOR K=1 TO LEN(S$)
185          REM SCHLEIFE ZUM SUCHEN DER PRODUKTIONSREGEL
190          FOR M=1 TO N
195          IF L$(M)=EXT$(S$,K,K) THEN 210
200          NEXT M
205       REM AUFBAU DER NEUEN ZELLFOLGE
210       LET T$ = T$ & R$(M)
215       NEXT K
220    REM AUSGABE ALS ZEICHENKETTE
225    PRINT T$
230    REM GRAPHISCHE AUSGABE
235    GOSUB 290
240    LET S$=T$
245    NEXT I
250 DATA 12,"4",8
255 DATA "0","10", "1","32", "2","3(4)", "3","3"
260 DATA "4","56", "5","37", "6","58",   "7","3(9)"
265 DATA "8","50", "9","39", "(","(",    ")",")"
270 REM
275 REM GRAPHISCHE AUSGABE
280 REM ( UND ) BEDEUTEN ANFANG UND ENDE EINES ASTES
285 REM
290 LET X=0
295 LET Y=0
300 REM ZEICHNE ANFANGSPUNKT
305 CALL POINT(X,Y)
310 REM S=LAENGE EINES ELEMENTS,P=ANFANGSRICHTUNG,
315 REM L=SEITE DES ERSTEN ASTES (LINKS ODER RECHTS)
320 LET S=20
325 LET P=1.5708
330 LET L=-1
335 LET I9=0
340    REM
345    REM SCHLEIFE, DIE ZEICHENKETTE ANALYSIERT
350    FOR I8=1 TO LEN(T$)
355    IF EXT$(T$,I8,I8)="(" THEN 405
360    IF EXT$(T$,I8,I8)=")" THEN 445
```

```
365     REM NORMALES ZEICHEN: ELEMENTVEKTOR
370     LET D=S*COS(P)
375     LET E=S*SIN(P)
380     LET X=X+D
385     LET Y=Y+E
390     CALL VECTOR (D,E)
395     GO TO 475
400     REM "("BEGINN EINES ASTES:POSITION IN KELLER SPEICHERN
405     LET I9=I9+1
410     LET S0(I9)=X
415     LET S1(I9)=Y
420     LET S2(I9)=L
425     LET S3(I9)=P
430     LET P=P+ L*0.7854
435     GOTO 475
440     REM ")"ENDE EINES ASTES:POSITION AUS KELLER FUER FORTS.
445     LET X=S0(I9)
450     LET Y=S1(I9)
455     LET L=-S2(I9)
460     LET P=S3(I9)
465     LET I9=I9-1
470     CALL POINT (X,Y)
475     NEXT I8
480 RETURN
485 END
```

<u>Ausgabe auf dem Sichtgerät</u>

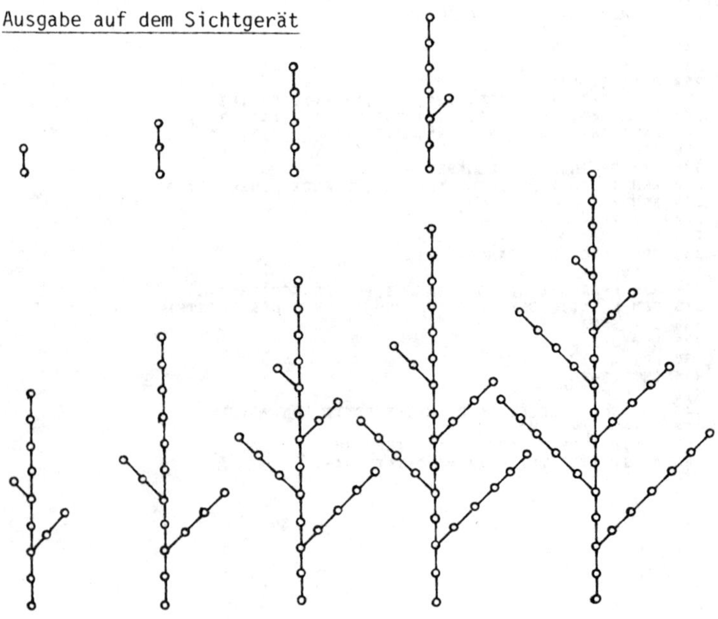

Dialog

```
RUN

4
56
3758
33(9)3750
33(39)33(9)3710
33(339)33(39)33(9)3210
33(3339)33(339)33(39)33(4)3210
33(33339)33(3339)33(339)33(56)33(4)3210
33(333339)33(33339)33(3339)33(3758)33(56)33(4)3210
```

Weitere Aufgaben

a. Ändern Sie das Programm derart ab, daß die Regeln im Dialog eingegeben werden und wahlweise Textausgabe oder graphische Ausgabe verlangt werden kann. Beachten Sie, daß die graphischen Unterprogramme in Ihrem System ggf. andere Namen haben.

b. Stellen Sie einen Satz von Regeln auf, in denen "linke Seiten mehrfach vorkommen", also z.B.

```
1 => 1 2 3
1 => 2 ( 3 )
2 => 2 1
2 => 3 1      usw.
```

Beim "Wachstum" wird eine der anwendbaren Regeln zufällig ausgewählt. Erstellen Sie ein Programm, das Textausgabe und graphische Ausgabe macht sowie eine Statistik über das Wachstumsverhalten (wieviele Zellen in der n-ten Generation) aufstellt.

A.5 Anwendungen in der Technik

Beispiel: Chemischer Prozeß

BASIC-Variante: Minimal BASIC, Matrixanweisungen

Verfahren: Das Verhalten eines chemischen Prozesses, in dem aus 2 Substanzen (z.B. verunreinigte oder abgebrannte Kernbrennstoffe) eine dritte (z.B. reines Uranoxyd) hergestellt bzw. extrahiert werden soll, wird durch ein lineares Gleichungssystem nachgebildet. In der ersten Stufe (Reaktor) wird aus den Rohsubstanzen (Bezeichnungen: A, B) ein gewisser Anteil der Endsubstanz (C) extrahiert. Die Ausbeuten (P bzw. Q) werden eingelesen. In der zweiten Stufe (Trenner) werden die Bruchteile R, S und T von A, B und C als Endprodukt ausgesondert, der Rückstand des Trenners wird in den Reaktor zurückgeführt.

Mit den Bezeichnungen: F1: Rohstoffmengen; F2: Fluß vom Reaktor zum Trenner; F3: Produktmengen; F4: Rückfluß (Trenner zum Reaktor) und z.B. A(F2): Anteil von A im Fluß F2 usw. können folgende Gleichungen aufgestellt werden:

```
Reaktor: C(F2) = P * (A(F1)+A(F4))+Q*(B(F1)+B(F4))+C(F4)
         A(F2) = (1-P)*(A(F1)+A(F4))
         B(F2) = (1-Q)*(B(F1)+B(F4))
Trenner: A(F3) = R*A(F2)
         A(F4) = (1-R)*A(F2)
         B(F3) = S*B(F2) usw.
```

Die Flüsse von A, B und C in den Verbindungen F2 - F4 sind im Programm durch den Vektor X dargestellt (die Rohstoffmengen A(F1) = A0 und B(F1) = B0 werden eingelesen):

```
X(1)  X(2)  X(3)  X(4)  X(5)  X(6)  X(7)  X(8)  X(9)
A(F2) B(F2) C(F2) A(F3) B(F3) C(F3) A(F4) B(F4) C(F4)
```

A ist die Koeffizientenmatrix für das oben angegebene Gleichungssystem (9 Gleichungen). - Das Programm besteht zum größten Teil aus dem Eingabedialog (Zeilen 170-245) und der Berechnung der Koeffizienten (Zeilen 250-315). Die Lösung des linearen Gleichungssystems nimmt 2 Zeilen in Anspruch.

Programm

```
100 REM
105 REM MODELL EINES CHEMISCHEN PROZESSES
110 REM
115 PRINT "   ----------    ----------   "
120 PRINT "   I        I    I        I   "
125 PRINT "-->I REAKT. I--->I TRENN. I--> "
130 PRINT "   I        I    I        I   "
135 PRINT "   ----------    ----------   "
140 PRINT "       I              I       "
145 PRINT "       '------<-------'       "
150 PRINT
155 DIM A(9,9),C(9),X(9),B(9,9)
160 MAT A=IDN
165 MAT C=ZER
170 PRINT "REAKTOR"
175 PRINT "AUSBEUTE A->C : ";
180 INPUT P
185 PRINT "AUSBEUTE B->C : ";
190 INPUT Q
195 PRINT "TRENNER"
200 PRINT "AUSBEUTE A : ";
205 INPUT R
210 PRINT "AUSBEUTE B : ";
215 INPUT S
220 PRINT "AUSBEUTE C : ";
225 INPUT T
230 PRINT "ANFANGSKONZENTRATION VON A : ";
235 INPUT A0
240 PRINT "ANFANGSKONZENTRATION VON B : ";
245 INPUT B0
250 LET C(1)=(1-P)*A0
255 LET C(2)=(1-Q)*B0
260 LET C(3)=P*A0+Q*B0
265 LET A(1,7)=P-1
270 LET A(2,8)=Q-1
275 LET A(3,7)=-P
280 LET A(3,8)=-Q
285 LET A(3,9)=-1
290 LET A(4,1)=-R
295 LET A(5,2)=-S
300 LET A(6,3)=-T
305 LET A(7,1)=R-1
310 LET A(8,2)=S-1
315 LET A(9,3)=T-1
320  MAT B=INV(A)
325  MAT X=B*C
330  PRINT "ENDKONZENTRATIONEN"
335  PRINT "A","B","C"
340  PRINT .01*INT(100*X(4)),.01*INT(100*X(5)),.01*INT(100*X(6))
345  PRINT
350  LET C7=(X(4)+X(5))/(A0+B0)
355  IF C7<0.1 THEN 370
360  IF C7>0.5 THEN 380
365  GO TO 385
370  PRINT"GUTE REINIGUNG, DER UMWELTSCHUTZ DANKT!!"
375  GO TO 385
380  PRINT"KRIMINELLER RADIOAKTIVER MUELL !!"
385  PRINT
390  GO TO 160
395 END
```

Dialog

```
RUN

   ----------   ----------
   I        I   I        I
-->I REAKT. I--->I TRENN. I-->
   I        I   I        I
   ----------   ----------
       I              I
       '-------<-------'

REAKTOR
AUSBEUTE A->C : ?0.2
AUSBEUTE B->C : ?0.4
TRENNER
AUSBEUTE A : ?0.1
AUSBEUTE B : ?0.2
AUSBEUTE C : ?0.7
ANFANGSKONZENTRATION VON A : ?0.5
ANFANGSKONZENTRATION VON B : ?0.5
ENDKONZENTRATIONEN
A                   B                   C
 0.14                0.11                0.74
```

Weitere Aufgaben

a. Erweitern Sie das obige Modell durch weitere Blöcke wie z.B. "Mischer", die mehrere Eingabeflüsse addieren.

b. Ebenfalls durch lineare Gleichungssysteme können elektrische Netzwerke, die nur aus Widerständen bestehen, dargestellt werden. Bestimmen Sie Ströme und Spannungen in dem unten abgebildeten Netzwerk; R1 bis R5 sowie U0 sind vorgegeben. Für jede Kante (Widerstand) gilt I x R = U; in jedem Knoten müssen zu- und abfließende Ströme (Vorzeichen beachten) gleich groß sein.

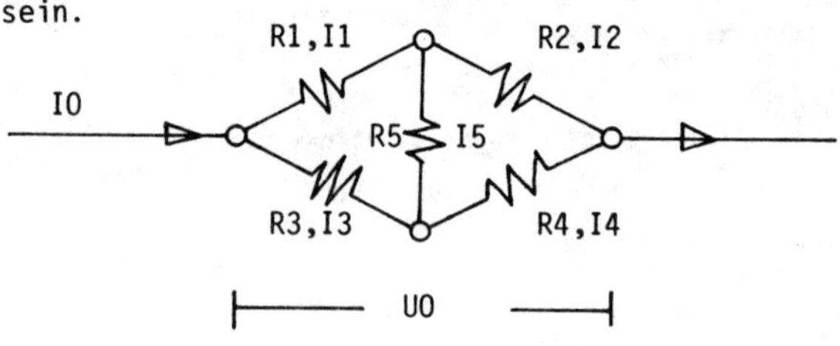

A.6 Computerunterstützter Unterricht

Beispiel: Testprogramm für Schreibmaschine-Schreiben

BASIC-Variante: Minimal BASIC; TIME-Funktion

Verfahren: Das Programm prüft, ob ausgewählte Sätze richtig abgeschrieben werden und stellt die Schreibgeschwindigkeit fest. Aus vorgegebenen Sätzen (DATA, Zeilen 125-170) wird je einer zufällig ausgewählt und gedruckt (Zeilen 225-250). Der Schüler (die Schülerin) schreibt den Satz ab, wobei die dafür benötigte Zeit durch Ablesen der Systemuhr (TIME, Sekundentakt!) vor und nach dem Schreiben (INPUT) festgehalten wird (Zeilen 260-275). Je nachdem, ob der Satz richtig abgeschrieben wurde oder nicht (Prüfung in Zeile 280), wird der nächste Satz ausgewählt (Zeilen 310-330) oder der gleiche wiederholt (Zeilen 285-300).

Nachdem die geforderte Anzahl richtig geschriebener Sätze erreicht ist, werden Anzahl der Fehlversuche, mittlere Zeit je Versuch und eine Note (Berechnung in Zeilen 365-390) ausgedruckt.

Programm

```
100 REM
105 REM INSTRUKTIONSPROGRAMM FUER SCHNELL- UND RICHTIGSCHREIBEN
110 REM
115 DATA 10,5,10
120 REM MUSTERSAETZE
125 DATA THE QUICK BROWN FOX JUMPED OVER THE LAZY DOG
130 DATA DONAUDAMPFSCHIFFAHRTSGESELLSCHAFTSKAPITAEN
135 DATA ALLE MEINE ENTCHEN SCHWIMMEN AUF DEM SEE
140 DATA  LET X = A**3+3*A**2*B+3*A*B**2+B**3
145 DATA BASIC IS A CONVERSATIONAL PROGRAMMING LANGUAGE
150 DATA INSTITUT FUER ANGEWANDTE INFORMATIK
155 DATA BEGINNERS ALL PURPOSE SYMBOLIC INSTRUCTION CODE
160 DATA BIBLIOGRAPHISCHES INSTITUT MANNHEIM
165 DATA TO BE OR NOT TO BE THAT IS THE QUESTION
170 DATA WOLLEN TU ICH SCHON ABER DUERFEN HABE ICH MICH NICHT GETRAUT
175 RANDOMIZE
180 REM EINGABE N(ANZAHL MUSTERSAETZE), M(ANZAHL TESTZEILEN)
185 REM    UND T0(NORMZEIT PRO ZEILE)
190 READ N,M,T0
195 REM
200 REM BEGINN DES TESTS
205 PRINT "SCHREIBEN SIE:"
210 LET F=0
215 LET E=0
220 LET C=0
225    REM RANDOM AUSWAHL EINES MUSTERSATZES
230    FOR I=1 TO (N-1)*RND +1
235    READ T$
240    NEXT I
245 RESTORE
250 PRINT T$
255 REM STARTEN DER UHR
260 LET T1=TIME
265 INPUT S$
270 REM STOPPEN DER UHR, PRUEFUNG OB KORREKT
275 LET T1=TIME-T1
280 IF T$=S$ THEN 310
285 PRINT "FEHLER,   ZEIT=";T1;" SEC"
290 LET F=F+1
295 REM SATZ WIEDERHOLEN
300 GOTO 250
305 REM
310 PRINT "OK,       ZEIT=";T1;" SEC"
315 LET E=E+T1
320 LET C=C+1
325 REM NAECHSTER SATZ
330 IF C<M THEN 230
335 REM
340 REM ERGEBNISSE BERECHNEN UND AUSDRUCKEN
345 PRINT "ERGEBNISSE"
350 PRINT F;" FEHLVERSUCHE"
355 PRINT M;" KORR.VERSUCHE"
360 PRINT "MITTL.ZEIT = ";E/M;" SEC"
365 LET N=F+INT(E/M/T0)
370 IF N>0 THEN 380
375 LET N=1
380 IF N<5 THEN 390
385 LET N=5
390 PRINT "NOTE= ";N
395 END
```

Dialog

```
RUN

SCHREIBEN SIE:
BASIC IS A CONVERSATIONAL PROGRAMMING LANGUAGE
?BASIC IS A CONVERSATIONAL PROGRAMMING LANGUAGE
OK,          ZEIT= 12.9  SEC
DONAUDAMPFSCHIFFAHRTSGESELLSCHAFTSKAPITAEN
?DONAUDAMPFSCHIFFAHRTSGESELLSCHAFTSKAPITAEN
OK,          ZEIT= 10.2  SEC
BEGINNERS ALL PURPOSE SYMBOLIC INSTRUCTION CODE
?BEGINNERS ALL PURPOSE SYMBOLIC INSTRUCTION CODE
OK,          ZEIT= 11.7  SEC
THE QUICK BROWN FOX JUMPED OVER THE LAZY DOG
?THE QUICK BROWN FOX JUMPED OVER THE LAZY DOG
OK,          ZEIT= 12.4  SEC
LET X = A**3+3*A**2*B+3*A*B**2+B**3
?LET X = A**3+3*A**2+B+B*A*B**2+B**3
FEHLER,      ZEIT= 9  SEC
LET X = A**3+3*A**2*B+3*A*B**2+B**3
?LET X = A**3+3*A**2*B+3*A*B**2+B**3
OK,          ZEIT= 12  SEC
ERGEBNISSE
 1  FEHLVERSUCHE
 5  KORR.VERSUCHE
MITTL.ZEIT =  11.84  SEC
NOTE=  2
```

Weitere Aufgaben

a. Stellen Sie ein Programm auf, das die Beantwortung beliebiger Fragen prüft. Fragen und zugehörige (möglichst eindeutige) richtige Antworten sind als DATA vorzugeben. Lassen Sie maximal 2 Antwortversuche je Frage zu und berechnen Sie am Ende eine Note nach einem passenden Schlüssel.

b. Schreiben Sie ein Programm für einen Reaktionszeit-Test. Dies kann z.B. derart gemacht werden, daß nach einer "Random"-Zeitspanne (1-20 Sekunden) ein Random-Buchstabe ausgedruckt wird, der sofort kopiert werden muß. Die für die Eingabe benötigte Zeit wird gemessen.

A.7 Verarbeitung großer Datenmengen

Beispiel: Sortieren von 10000 Datensätzen durch Sortieren/Mischen

BASIC-Variante: Minimal BASIC; Textfelder, EXT$, MIN, Dateianweisungen, Matrixanweisungen, erweiterte bedingte Anweisung.

Verfahren: Sollen sehr große Datenmengen bei beschränktem Arbeitsspeicherplatz sortiert werden, kann das SORT/MERGE-Verfahren angewendet werden, wenn mindestens 3 sequentielle Dateien (z.B. auf Magnetbändern) zur Verfügung stehen. Dabei werden die Datensätze in Gruppen aufgeteilt, die gerade noch im Arbeitsspeicher sortiert werden können; diese in sich sortierten Gruppen werden hintereinander auf 2 Dateien geschrieben (wobei ca. 61% der Daten auf die eine, 38% auf die andere Datei kommen). Beim Mischvorgang werden zwei Gruppen Satz für Satz eingelesen, verglichen und sortiert auf die 3. Datei geschrieben (wo nun längere sortierte Gruppen entstehen). Wenn eine Zwischendatei leer geworden ist, wird das Verfahren zyklisch solange wiederholt, bis alle Datensätze sortiert in einer Datei stehen.

Das Programm besteht zunächst aus einem Einleseteil (Zeilen 140-150) für die Parameter (Anzahl der Daten, Dateinummern und Schlüsselposition; sie können durch DATA variiert werden). Die Datensätze selbst werden auf Datei D(3) als gegeben vorausgesetzt. Die Organisationsroutinen (Dateiumschaltung, Gruppenlänge berechnen) für das Sortieren stehen in Zeile 180-240, die für das Mischen in Zeile 260-380. Das Unterprogramm für das eigentliche Sortieren beginnt in Zeile 400, für das eigentliche Mischen in Zeile 500.

Bemerkung

Das Programm arbeitet nicht unbedingt bei allen Verteilungsverhältnissen L1/L richtig; ggf. bleiben n ($n > 1!$) Gruppen auf der letzten Datei stehen (siehe auch Aufgabe A.7a).

Programm

```
100 REM
110 REM SORTIERPROGRAMM FUER GROSSE DATENMENGEN(SORT/MERGE)
120 REM
130 DIM P$(100),D(3),R(3),C(2)
140 DATA 100,7,8,9,100,100,200,61,10,15
150 READ L,D(1),D(2),D(3),R(1),R(2),R(3),L1,S1,S9
160 REM L=ANZAHL/100,P$=SORTIERPUFFER,D=DATEINUMMERN,R=GRUPPENLAENGEN
170 REM L1=VERTEIL-VERHAELTNIS,S1=ANFANGS-,S9=ENDPOS.D.SCHLUESSELS
174 FILE #D(1):WORK1
175 FILE #D(2):WORK2
176 FILE #D(3):ROHDATEN
180 LET O1=1
190 FOR K1=1 TO L
200 MAT READ #D(3):P$
210 GOSUB 400
220 IF K1>L1 THEN LET O1=2
230 MAT WRITE #D(O1):P$
240 NEXT K1
250 REM MISCHEN
260 LET L=L-L1
270 FOR I0=1 TO MIN(L,L1)
280 GOSUB 500
290 NEXT I0
300 IF L=L1 THEN STOP
310 LET D0=D(1)
320 LET D(1)=D(3)
330 LET D(3)=D(2)
340 LET D(2)=D0
350 LET R0=R(1)
360 LET R(1)=R(3)
370 LET R(2)=R0
380 LET R(3)=R(1)+R(2)
390 GO TO 260
400 REM SORTIERROUTINE (FUER JE 100 SAETZE)
410 FOR I1=1 TO 99
420 FOR I2=I1+1 TO 100
430 IF EXT$(P$(I1),S1,S9)<EXT$(P$(I2),S1,S9) THEN 470
440 LET P0$=P$(I1)
450 LET P$(I1)=P$(I2)
460 LET P$(I2)=P0$
470 NEXT I2
480 NEXT I1
490 RETURN
500 REM MISCHROUTINE (VON DATEI 1 UND 2 AUF DATEI 3)
510 READ #D(1):P$(1)
520 READ #D(2):P$(2)
530 LET C(1)=1
540 LET C(2)=1
550 FOR I3=1 TO R(3)
560 LET K=1
570 IF EXT$(P$(1),S1,S9)>EXT$(P$(2),S1,S9) THEN LET K=2
580 WRITE #D(3):P$(K)
590 IF C(K)=R(K) THEN 630
600 READ #D(K):P$(K)
610 LET C(K)=C(K)+1
620 NEXT I3
630 LET K=3-K
640 WRITE #D(3):P$(K)
650 FOR I4=I3+1 TO R(3)
660 READ #D(K):P$(K)
670 WRITE #D(3):P$(K)
680 NEXT I4
690 RETURN
700 END
```

Dialog: Das Programm ist nicht interaktiv, hat also keinen Dialog mit dem Benutzer.

Wir geben an Stelle des Dialogs hier ein Beispiel für die Datenbewegungen an (für 800 Sätze):

	Datei 1	Datei 2	Datei 3
Ausgangszustand	800 Sätze	--leer--	--leer--
nach dem Sortieren	--leer--	5 Gruppen (je 100)	3 Gruppen (je 100)
nach dem 1. Mischen	3 Gruppen (je 200)	2 Gruppen (je 100)	--leer--
nach dem 2. Mischen	1 Gruppe (200)	--leer--	2 Gruppen (je 300)
nach dem 3. Mischen	--leer--	1 Gruppe (500)	1 Gruppe (300)
nach dem 4. Mischen = Ergebnis	1 Gruppe (800)	--leer--	--leer--

Weitere Aufgaben

a. Verbessern Sie SORT/MERGE derart, daß garantiert ist, daß zuletzt eine sortierte Gruppe entsteht (z.B. dadurch, daß bei der Situation: D(1): n Gruppen, D(2): leer, D(3): leer; im Falle n > 1 ein Teil von D(1) auf D(2) kopiert wird).

b. Wenn Ihre Dateiverwaltung es gestattet, eine große Anzahl von Zwischendateien aufzubauen (soviele, als anfangs sortierte Gruppen vorhanden sind), ist es möglich, mit einem Mischvorgang auszukommen. Schreiben Sie ein entsprechendes Programm.

c. Große Mengen von Datensätzen können auch in anderer Weise als durch Sortieren strukturiert werden. Schreiben Sie ein Programm, das eine "index-sequentielle" Datei aufbaut (nur die Schlüssel befinden sich in einer sortierten Liste, in der auf die entsprechenden Dateibereiche (Adressen) verwiesen wird).

A.8 Künstliche Intelligenz

Beispiel: SUPERHIRN-Spiel (Mensch gegen Computer)

BASIC-Variante: Minimal BASIC; Matrix-Anweisungen, erweiterte bedingte Anweisung

Verfahren: Dialogprogramme können verwendet werden, um Spiele zwischen Mensch und Computer durchzuführen. In unserem Beispiel ist das Programm der Spielpartner im "SUPERHIRN"-Spiel, in dem jeweils abwechselnd ein Spieler eine Folge von 5 Ziffern (zwischen 1 und 8) in möglichst wenig Versuchen erraten soll. Auf jeden Versuch erhält der Rater die Antworten V (=Anzahl der Volltreffer, d.h. Ziffer und Position richtig erraten) und T (=Anzahl der Treffer, d.h. Ziffer richtig, aber Position falsch).

Das Programm stellt den Rater dar, als Antwort auf die Rateversuche sind V und T einzugeben. Das Rateverfahren beruht auf einer Reihe von 8 vorgegebenen Suchmustern (S) mit folgenden Eigenschaften:

- in jedem Muster kommt eine Ziffer nur einfach vor;
- jede Ziffer kommt genau einmal an jeder Position vor (in irgendeinem der 8 Muster);
- 2 aufeinanderfolgende Muster unterscheiden sich, von der Reihenfolge abgesehen, nur in einer Ziffer.

Nach der Definition konstanter Daten (Zeilen 145-275) durchläuft das Programm die Schleife Zeilen 300-485 mindestens 6 mal: Bei jedem Durchlauf wird die Gesamttrefferanzahl G = V+T festgestellt (sie gibt an, wieviele Ziffern des Suchmusters richtig sind), und es werden Muster S, die mindestens einen Volltreffer enthalten, V-mal in das Feld M übertragen (Zeilen 385-405). Aus den Differenzen D aufeinanderfolgender G-Werte (Zeilen 415-430) kann aus der Tabelle E entnommen werden, welche Ziffern vorkommen (Vektor F, Zeilen 440-495). - Nun wird aus jeder Spalte von M ein Element entnommen, und zwar aus verschiedenen Zeilen (5! = 120 Möglichkeiten), und jeweils untersucht, ob die geprüfte Folge mit F nicht im Widerspruch ist (Zeilen 515-620). Passende

Ergebnisse werden ausgegeben (Zeile 590). - Der 7. und 8. Testdurchlauf der Hauptschleife werden durch "Sonderbehandlungen" (Zeilen 315-360, 630-675) eingespart.

Programm

```
100 REM
105 REM PROGRAMM SPIELT "SUPERHIRN" GEGEN DEN BENUTZER
110 REM ES ERRAET EINE 5STELLIGE ZAHL (ZIFFERN 1-8)
115 REM
120 REM S=SUCHMUSTER,E=VORHANDENE ZIFFERN JE SUCHMUSTER
125 REM M=MUSTER MIT VOLLTREFFERN,G=GESAMTTREFFER JE VERSUCH
130 REM F(I)=ZIFFER I IN X VORH.,X=LOESUNGSVEKTOR(VERSUCHSAUFBAU)
135 DIM M(5,5),G(9),F(8),H(8),X(5),D(8),Y(5)
140 DIM S(8,5),E(15,3),P(120,5)
145     DATA 1,2,3,4,5, 6,1,2,3,4, 4,7,1,2,3, 5,6,7,8,1
150     DATA 2,5,6,7,8, 8,3,5,6,7, 3,4,8,1,2, 7,8,4,5,6
155 REM
160     DATA 1,0,0, 1,0,0, 1,0,1, 1,0,1
165     DATA 1,1,0, 1,1,0, 1,1,1, 1,1,1, 0,0,0, 0,0,1, 0,0,1
170     DATA 0,1,0, 0,1,0, 0,1,1, 0,1,1
175 MAT READ S
180 MAT READ E
185 REM ALLE PERMUTATIONEN DER ZIFFERN 1 - 5 NACH P
190  FOR K=1 TO 5
195  LET P(1,K)=K
200  NEXT K
205  FOR I0=2 TO 120
210   FOR I=4 TO 1 STEP -1
215   IF P(I0-1,I)<P(I0-1,I+1) THEN 225
220   NEXT I
225   FOR J=5 TO I+1 STEP -1
230   IF P(I0-1,J)>P(I0-1,I) THEN 240
235   NEXT J
240  LET P(I0,I)=P(I0-1,J)
245  LET P(I0-1,J)=P(I0-1,I)
250   FOR K=1 TO 5
255   IF K<I THEN LET P(I0,K)=P(I0-1,K)
260   IF K>I THEN LET P(I0,K)=P(I0-1,6+I-K)
265   NEXT K
270  LET P(I0-1,J)=P(I0,I)
275  NEXT I0
280 REM BEGINN DES SPIELS
285 LET M1=1
290 PRINT
295 PRINT "SUPERHIRN"
300  REM SCHLEIFE UEBER 8 RATEVERSUCHE
305  FOR I=1 TO 8
310  IF I<8 THEN 330
315  LET V=6-M1
320  LET G(9)=G(7)
325  GO TO 385
330  IF I<7 THEN 365
335  IF M1<4 THEN 360
340  LET D1=-1
345  LET G(8)=G(4)
350  LET V=6-M1
355  GOTO 385
360  LET D1=0
365  REM AUSGABE DES TESTMUSTERS,BENUTZERANTWORT EINLESEN
370  PRINT "VERSUCH NR. ";I,S(I,1);S(I,2);S(I,3);S(I,4);S(I,5)
375  GOSUB 705
380  LET G(I+1)=V+T
385   FOR I1=M1 TO M1+V-1
390    FOR I2=1 TO 5
395    LET M(I1,I2)=S(I,I2)
```

```
400    NEXT I2
405   NEXT I1
410  LET M1=M1+V
415  LET D(I)=G(I+1)-G(I)+1
420  NEXT I
425 LET D(4)=G(8)-G(4)+1
430 LET D(7)=G(9)-G(7)+1
435 REM BESTIMMUNG DER VORKOMMENDEN ZIFFERN (NACH F)
440 LET I1=7*D(2)+3*D(3)+D(4)-3
445 IF I1<>8 THEN 455
450 IF G(6)<=2 THEN LET I1=9
455 LET I2=7*D(5)+3*D(6)+D(7)-3
460 IF I2<>8  THEN 470
465 IF G(2)<=2 THEN LET I2=9
470  FOR I=1 TO 3
475  LET F(I+4)=E(I1,I)
480  LET F(I)=E(I2,I)
485  NEXT I
490 LET F(4)=G(2)-F(1)-F(2)-F(3)-F(5)
495 LET F(8)=G(5)-F(5)-F(6)-F(7)-F(1)
500 LET N=8+D1
505 LET V1=-1
510  REM DURCHSUCHEN DER PERMUTATIONEN OB PASSEND
515  FOR I=1 TO 120
520   FOR K=1 TO 5
525   LET X(K)=M(P(I,K),K)
530   LET H(X(K))=1
535   NEXT K
540   FOR K1=1 TO 8
545   IF F(K1)<>H(K1) THEN 615
550   NEXT K1
555  IF V1=-1 THEN 590
560  LET V=0
565   FOR  K1=1 TO 5
570   IF X(K1)=Y(K1) THEN LET V=V+1
575   NEXT K1
580  IF V <> V1 THEN 615
585  REM AUSGABE DES ERGEBNISSES
590  PRINT "VERSUCH NR. ";N,X(1);X(2);X(3);X(4);X(5)
595  GOSUB 705
600  LET V1=V
605  MAT Y=X
610  LET N=N+1
615  MAT H=ZER
620  NEXT I
625 REM KORREKTUREN
630 IF D1=0 THEN 690
635 IF M(5,1)<>S(7,1) THEN 660
640  FOR K2=1 TO 5
645  LET M(5,K2)=S(8,K2)
650  NEXT K2
655 GO TO 515
660 IF M(4,1)<>S(7,1) THEN 690
665  FOR K2=1 TO 5
670  LET M(4,K2)=S(8,K2)
675  NEXT K2
680 GO TO 505
685 REM KEIN ERGEBNIS WEGEN FALSCHER EINGABEN
690 PRINT "?"
695 GO TO 280
700 REM SUBROUTINE ZUM ABFRAGEN DER TREFFER
705  PRINT "VOLLTREFFER= ";
710  INPUT V
715  IF V=5 THEN 280
720  PRINT "TREFFER= ";
725  INPUT T
730 RETURN
735 END
```

Dialog

```
RUN

SUPERHIRN
VERSUCH NR.  1                        1   2   3   4   5
VOLLTREFFER= ?1
TREFFER= ?0
VERSUCH NR.  2                        6   1   2   3   4
VOLLTREFFER= ?1
TREFFER= ?1
VERSUCH NR.  3                        4   7   1   2   3
VOLLTREFFER= ?1
TREFFER= ?1
VERSUCH NR.  4                        5   6   7   8   1
VOLLTREFFER= ?0
TREFFER= ?3
VERSUCH NR.  5                        2   5   6   7   8
VOLLTREFFER= ?1
TREFFER= ?2
VERSUCH NR.  6                        8   3   5   6   7
VOLLTREFFER= ?1
TREFFER= ?2
VERSUCH NR.  7                        8   7   6   4   4
VOLLTREFFER= ?5
```

Weitere Aufgaben

a. Erweitern Sie das SUPERHIRN-Programm, so daß abwechselnd auch in umgekehrter Richtung gespielt wird: Computer "denkt" sich eine Folge, der Mensch rät, und das Programm ermittelt die Anzahl von Treffern und Volltreffern. Benutzen Sie die RND-Funktion zur Auswahl der zu erratenden Folge.

b. Es ist möglich, eine ganz andere Ratestrategie zu verwenden: man stellt eine Tabelle aller möglichen Folgen auf und streicht nach jedem Rateversuch diejenigen, die mit der Antwort in Widerspruch stehen. Der nächste Rateversuch wird aus der verbleibenden Menge entnommen.

c. Programmieren Sie ein beliebiges anderes Spiel, das Ihnen gefällt; ein einfaches ist z.B. TIC-TAC-TOE, bei dem in einem 3x3-Quadrat 3 Steine in eine Reihe gesetzt werden sollen (die Spieler setzen abwechselnd).

A.9 Kommerzielle Datenverarbeitung

Beispiel: Erstellung eines Verkaufsberichts

BASIC-Variante: Minimal BASIC; Textfelder, Matrixanweisungen, Dateianweisungen, READ mit Kanalangabe, WRITE-Anweisung, formatierte Ausgabe

Verfahren: Der zu erstellende Verkaufsbericht geht von folgenden Daten aus: Namen der Vertreter (Datei VERTRETER auf Kanal #1), vorgegebene Umsatz-Sollwerte (Datei VORGABE auf Kanal #2) und erreichte Umsätze je Kalenderwoche (Eingabe vom Terminal). Der Umsatzbericht wird am Terminal ausgedruckt und enthält die Monatsumsätze je Vertreter sowie die erreichten Quoten (Ist-Umsatz / Soll-Umsatz in Prozent); diese Werte werden zusätzlich auch auf der Datei UMSATZ (Kanal #3) archiviert.

Das Programm liest in den Zeilen 180-230 die Daten von den beiden Random-Access-Files ein und setzt den File-Pointer im RAF UMSATZ ans Ende (zum Ergänzen der Datei). In der Datei UMSATZ ist der letzte Eintrag das Zeichen *, die Anzahl der Vertreter ist daher K-1. In den Zeilen 240-310 werden der Monatsname, die Wochennummern und die Wochenumsätze vom Terminal angefordert. - Die Ausgabe des Verkaufsberichts erfolgt mittels formatierter Ausgabeanweisungen; sie beginnt mit dem Drucken von 3 Titelzeilen (Zeile 330, 360 und 380), die zugehörigen Formate enthalten feste Texte und Formatangaben für Texte (Zeile 340) bzw. Festpunktzahlen (Zeile 390). Die PRINT-Anweisungen in Zeile 320, 350, 400 und 520 erzeugen Leerzeilen. Vertreternamen (A$), Wochenumsätze (U), Monatsumsätze (S) und die Verkaufsquote (P) werden mit dem Format in Zeile 440 ausgedruckt. Zuletzt werden die Gesamtumsätze (T) errechnet (Zeile 450-510) und ausgegeben (Zeile 530), sowie Monatsumsätze und Quoten auf die Datei UMSATZ ausgegeben.

Programm

```
100 REM
110 REM ERSTELLUNG EINES VERKAUFSBERICHTS
120 REM
130 DIM A$(100),V(100),U(100,4),S(100),P(100)
140 FILE #1:VERTRETER
150 FILE #2:VORGABE
160 FILE #3:UMSATZ
170 RESTORE #3:LOF(3)    !UMSATZDATEI WIRD AB ENDE WEITERBESCHRIEBEN
180 FOR K=1 TO 100
190 READ #1:A$(K)
200 READ #2:V(K)
210 IF A$(K)="*" THEN 240 !ENDE ZEICHEN
220 NEXT K
230 STOP                  !VERTRETERDATEI NOCH NICHT ZU ENDE
240 PRINT "MONATSNAME, WOCHENNUMMERN ?"
250 INPUT M$,W(1),W(2),W(3),W(4)
260 LET K1=1
270 PRINT "UMSATZ VON ";A$(K1)
280 INPUT U(K1,1),U(K1,2),U(K1,3),U(K1,4)
290 LET S(K1)=U(K1,1)+U(K1,2)+U(K1,3)+U(K1,4)
300 LET K1=K1+1
310 IF K1<K THEN 270
320 PRINT
330 PRINT USING 340, M$
340 :VERKAUFSBERICHT FUER MONAT <########
350 PRINT
360 PRINT USING 370
370 :VERTRETER                    WOCHE                        SUMME    QUOTE
380 MAT PRINT USING 390,W
390 :               ##.      ##.       ##.       ##.                      (%)
400 PRINT
410 FOR K1 = 1 TO K-1   !K-1 IST DIE ANZAHL DER VERTRETER
420 LET P(K1)=100*S(K1)/V(K1)
430 PRINT USING 440,A$(K1),U(K1,1),U(K1,2),U(K1,3),U(K1,4),S(K1),P(K1)
440 :<########   ####.##   ####.##   ####.##   ####.##  #####.## ###.#
450 MAT T=ZER
460 FOR K2 = 1 TO 4
470 LET T(K2)=T(K2)+U(K1,K2)
480 NEXT K2
490 LET T(5)=T(5)+S(K1) !GESAMTER MONATSUMSATZ
500 WRITE #3:S(K1),P(K1)
510 NEXT K1
520 PRINT
530 MAT PRINT USING 540,T
540 :SUMMEN     #####.##  #####.##  #####.##  #####.##  #####.##
550 END
```

Dialog

```
RUN

MONATSNAME    WOCHENNUMMERN ?
?JULI,28,29,30,31
UMSATZ VON MAYER
?2300,3254.30,1900,2430.75
UMSATZ VON MUELLER
?2536.45,2856.56,2905.30,2910
UMSATZ VON SCHMIDT
?3100,3430,0,2120

VERKAUFSBERICHT FUER MONAT JULI

VERTRETER               WOCHE                      SUMME    QUOTE
           28.      29.      30.      31.                    (%)

MAYER      2300.00  3254.30  1900.00  2430.75   9885.05    98.6
MUELLER    2536.45  2856.56  2905.30  2910.00  11208.31    93.4
SCHMIDT    3100.00  3430.00     0.00  2120.00   8650.00    86.5

SUMMEN     7936.45  9540.86  4805.30  7460.75  29735.36
```

Weitere Aufgaben

a. Modifizieren Sie das Programm derart, daß die Wochenumsätze maximal siebenstellig werden können. Dabei wird es notwendig werden, je Vertreter zwei Zeilen im Verkaufsbericht vorzusehen.

b. Schreiben Sie dieses oder ein ähnliches Programm unter der Annahme, daß keine Datei-, Matrix- und formatierten Ausgabeanweisungen zur Verfügung stehen (das ist möglich, aber recht umständlich - vgl. die Aufbereitung der Ausgabe in A.5).

c. Erstellen Sie ein Programm, das eine Lohnabrechnung durchführt. Auf entsprechenden Dateien sind als Stammdaten Namen, Stundenlöhne und Steuersätze der Mitarbeiter enthalten, als Bewegungsdaten werden die wöchentlichen Arbeitszeiten vom Terminal eingegeben.

A.10 Prozeßdatenverarbeitung

Beispiel: Abwicklung von Echtzeitaufträgen (Demonstrationsprogramm)

BASIC-Variante: Industrial-Real-Time-BASIC (Purdue Normvorschlag 76, vorläufige Syntax der Real-Time-Anweisungen)

Verfahren: Das Demonstrationsprogramm zeigt die Einplanung von 8 parallelen Prozessen (= gleichzeitig ablauffähigen Programmteilen), die Definition von Prozeßendgeräten und von "Interrupts", sowie die Handhabung von Zeitpunkten und Zeitabschnitten.

In Zeile 25 und 30 werden eine Prozeßendstelle G1 (Analog-Gerät, Adresse = 4, BINäre Codierung), und der Interrupt I3 ("Kanal" 11) deklariert; das Hauptprogramm (Zeilen 35-999) enthält Festlegungen über Ein/Ausgabekanäle (Zeilen 35-55) und die Einplanungen der Prozesse:

WHEN TIME+D1	Prozeß wird nach D1 Sekunden gestartet
WHEN 80000	Prozeß wird um 8 Uhr 0 Min 0 Sec gestartet
WHEN ITR=I3	Prozeß wird bei Eintreten von I3 gestartet

In den Zeilen 1000, 2000, 3000 usw. beginnen die Codierungen für die parallelen Prozesse. RETURN in parallelen Prozessen bewirkt keine Rückkehr zum Hauptprogramm, sondern ein Beenden des logischen Ablaufs des Prozesses (der nur mittels WHEN wieder aktiviert werden kann). In Zeile 1030 und Zeile 2040 werden zyklische Starts (immer in Abständen von D1 bzw. D2 Sekunden) ausgelöst, da sich der Prozeß bei jedem Durchlauf selbst wieder einplant. - Die WAIT-Anweisungen (Zeilen 4040, 5050 und 6050) bewirken jeweils eine Verzögerung von D Sekunden. In Zeile 1040 ist eine Eingabe von der Prozeßendstelle G1 programmiert.

Das Beispiel zeigt den Versuch einer Strukturierung von Daten und Programmteilen durch leicht merkbare Zeilennummern und durch die Schaffung "lokaler" Namen - z.B. kommt die Variable I1 nur im Prozeß 1000, I2 nur im Prozeß 2000 vor, usw.

Programm

```
0010 REM
0015 REM DEMONSTRATIONSPROGRAMM FUER REALTIME-BASIC
0020 REM
0025 DEC I3 ITR 11
0030 DEC G1 DEV ANA(4,"BIN")
0035 LET L0=11
0040 LET L1=1
0045 LET L3=11
0050 LET L4=4
0070 LET L6=6
0080 LET D=10
0100 REM PROZESS 1000 EINRICHTEN
0110 LET D1=1
0120 LET A1=0
0140 LET N1=0
0160 WHEN TIME+D1 GOSUB 1000
0200 REM PROZESS 2000 EINRICHTEN
0210 LET S2=0
0220 LET N2=0
0230 LET D2=60
0250 WHEN TIME+D2 GOSUB 2000
0300 REM PROZESS 3000 EINRICHTEN
0320 WHEN ITR=I3 GOSUB 3000
0400 REM PROZESS 4000 EINRICHTEN
0420 WHEN 80000 GOSUB 4000
0500 REM PROZESS 5000 EINRICHTEN
0520 WHEN 120000 GOSUB 5000
0600 REM PROZESS 6000 EINRICHTEN
0620 WHEN 170000 GOSUB 6000
0700 REM PROZESS 7000 EINRICHTEN
0710 WHEN 000105 GOSUB 7000
0900 REM WARTESCHLEIFE
0999 GO TO 999
1000 REM
1010 REM ***PROZESS 1000*** DATEN VON GERAET G1 EINLESEN UND PLOTTEN
1020 REM
1030 WHEN TIME+D1 GOSUB 1000
1040 READ #G1:X1
1050 IF X1>72 THEN 8000
1060 IF X1<0  THEN 8000
1070 LET A1=A1+X1
1080 LET N1=N1+1
1090 PRINT #L6:"I";TAB(X1);"X"
1110 RETURN
2000 REM
2010 REM ***PROZESS 2000*** DATEN KOMPRIMIEREN
2020 REM
2030 WHEN TIME+D2 GOSUB 2000
2040 GOSUB 9000
2050 LET A2=A1/N1
2060 LET S2=S2+A1
2070 LET N2=N2+N1
2080 LET B2=A2/N2
2090 PRINT #L4:A2,N1,B2,N2,T
2100 LET A1=0
2110 LET N1=0
2120 PRINT #L1
2130 PRINT #L1:"ZEIT=";T;
2140 PRINT #L1:"DURCHSCHNITTSWERT=";B2;
2150 PRINT #L1:N2;" DATENPUNKTE"
2160 PRINT #L1:"MITTELWERT DER LETZTEN PERIODE=";A2
2170 PRINT #L1
2180 RETURN
```

```
3000 REM
3010 REM ***PROZESS 3000*** AUSGELOEST VON I3 (=INTERRUPT 11)
3020 REM
3030 GOSUB 9000
3040 PRINT #L3
3050 PRINT #L3:"UHRZEIT=";T
3060 LET N3=N2+N1
3070 LET A3=(S2+A1)/N3
3080 PRINT #L3:"BISHER ";N3;"DATENPUNKTE MIT MITTELWERT=";A3
3090 PRINT #L3
3100 RETURN
4000 REM
4010 REM ***PROZESS 4000*** WECKAUFTRAG FUER 8 UHR MORGENS
4015 REM
4020 FOR I4=1 TO 8
4030 PRINT #L0:""
4040 WAIT(D)
4050 NEXT I4
4060 PRINT #L0:"GUTEN MORGEN"
4070 RETURN
5000 REM
5010 REM ***PROZESS 5000*** WECKAUFTRAG FUER 12 UHR MITTAGS
5020 REM
5030 FOR I5=1 TO 12
5040 PRINT #L0:""
5050 WAIT(D)
5060 NEXT I5
5070 PRINT #L0:"MAHLZEIT"
5080 RETURN
6000 REM
6010 REM ***PROZESS 6000*** WECKAUFTRAG FUER 5 UHR NACHMITTAGS
6020 REM
6030 FOR I6=1 TO 5
6040 PRINT #L0:""
6050 WAIT(D)
6060 NEXT I6
6070 PRINT #L0:"FEIERABEND"
6080 RETURN
7000 REM
7010 REM ***PROZESS 7000*** WECKAUFTRAG 1 MIN 5 SEC NACH MITTERN.
7020 REM
7030 REM
7040 PRINT #L0:"NACHTARBEITER? ODER GEHT DIE UHR FALSCH?"
7050 RETURN
8000 REM
8010 REM ***STOP-PROGRAMM BEI DATENENDE***
8020 REM
8030 PRINT  #L1:"DATENENDE ODER FEHLERHAFTER DATENPUNKT"
8040 STOP
9000 REM ***UNTERPROGRAMM ZUR ZEITUMWANDLUNG***
9010 LET T9=TIME
9020 LET S9=INT(T9/60)
9030 LET S=T9-S9*60
9040 LET H=INT(S9/60)
9050 LET M=S9-H*60
9060 LET T=INT((H*100+M)*100+S)
9070 RETURN
9999 END
```

Dialog

Kanal 1

```
ZEIT=80300
DURCHSCHNITTSWERT=5.13
54 DATENPUNKTE
MITTELWERT DER LETZTEN PERIODE=6.56

ZEIT=80400
DURCHSCHNITTSWERT=5.17
48 DATENPUNKTE
MITTELWERT DER LETZTEN PERIODE=6.69

...
```

Kanal 6

```
I    X
I     X
I   X
I        X
I               X
I           X
I       X
I     X
I      X
I  X

...
```

Kanal 11

```
GUTEN MORGEN

...

UHRZEIT=80234
BISHER 452 DATENPUNKTE MIT MITTELWERT=5.72
...
```

Weitere Aufgaben

a. Schreiben Sie das Beispielprogramm in das BASIC Ihres Prozeßrechners um.

b. Schreiben Sie ein Programm, in dem ein Prozeß Daten in einen Pufferbereich einliest (z.B. einen Wechselpuffer, wobei zu jeder Zeit ein Teilbereich gefüllt wird, während der andere bearbeitet wird), während ein anderer die Daten auswertet (z.B. die Häufigkeitsverteilung feststellt - siehe auch A.3). Beachten Sie, daß eine Synchronisierung der Prozesse notwendig ist; z.B. dürfen keine Daten aus einem noch leeren Pufferbereich entnommen werden. Welche Sprachmittel bietet Ihr BASIC dafür?

B Syntax

B.1 Erläuterung der Syntax-Beschreibung

Wir beschreiben im folgenden die syntaktischen Regeln zur Erstellung eines BASIC-Programms formal exakt mit Hilfe einer Kombination aus Backus-Naur-Form (vgl. /ALG-60/) und der COBOL-Metanotation (vgl. /COBOL/). Die vorkommenden Begriffe, die zur Beschreibung der Sprache dienen (sog. Metavariable), schreiben wir mit kleinen Buchstaben, um sie von den Konstruktionen der Sprache selbst, die aus Großbuchstaben, Ziffern und einigen Sonderzeichen bestehen, unterscheiden zu können; zusätzlich verwenden wir hierbei den Bindestrich (-), um lange Worte entsprechend aufzugliedern.

Die Vorgehensweise ist die, daß eine Metavariable durch andere Metavariablen bzw. eine Kombination anderer Metavariablen und BASIC-Zeichen definiert wird: die zu definierende Metavariable steht links von dem Zeichen ::= ("Definitionssymbol" der Metasprache); auf der rechten Seite steht, wie der Begriff definiert ist. Die endgültigen Werte einer Metavariablen sind Zeichenfolgen, in denen nur noch BASIC-Zeichen vorkommen - die Erläuterung ist in der Regel eine Aufzählung, als Trennzeichen in dieser Aufzählung dient das Zeichen |.

Zur Vereinfachung der Schreibweise gibt es zwei Arten der Klammerung: einmal die "Choice"-Klammern {...}, die selbst eine Aufzählung beinhalten und besagen, daß anstelle der Klammer jeder Wert der Aufzählung in der Klammer stehen kann, und dann die "Optional"-Klammern [...], die besagen, daß der in dieser Klammer enthaltene Teil auch weggelassen werden kann (wobei sich allerdings in der Regel die Bedeutung ändert!). Die Klammern [...] können selbst wiederum (als Abkürzung für [{...}]) eine Aufzählung enthalten.

Wir benötigen weiterhin die Wiederholungspunkte ... , die besagen, daß die unmittelbar vorhergehende "syntaktische Einheit" (d.h. entweder Metavariable oder [...] oder { ...}) an dieser Stelle beliebig oft wiederholt werden kann. Man beachte, daß allein ein BASIC-Zeichen ist, aber ... ein Zeichen der Metasprache; eine Verwechslung ist ausgeschlossen, da in BASIC selbst eine Folge von drei Punkten in der Regel - d.h. außer in Texten - nicht vorkommt. Kommt bei irgendwelchen Definitionen der Syntax eine Folge dieser beiden Symbole vor, so ist durch ein Blank genau die Bedeutung ersichtlich (z.B.␣ ...␣.␣ bedeutet "Wiederholung, dann Punkt").

In den Zeichen /*...*/ (rechts von ::=) ist ein erläuternder Text enthalten: in der Regel "implementierungsabhängig", da die Werte der betreffenden Matavariablen von dem jeweiligen BASIC-System abhängen.

Die nun folgende Syntax in B.3 enthält in alphabetischer Reihenfolge (Achtung! das Zeichen - kommt vor a!) die Begriffe zur Bildung von Extended-BASIC-Programmen. Wir legen dabei für Minimal BASIC /ANSI/ und /ECMA/, für die Erweiterungen /ANSI-W/, /ECMA-W/ und zum Teil /BFG/ zugrunde (vgl. auch 2.1). Um in den Regeln sofort die Unterscheidung zwischen Minimal und Extended BASIC zu erkennen, haben wir als Trennzeichen in der Liste (rechts von ::=) dafür speziell die Zeichenfolge ||| (anstelle |) vorgesehen. Um diese Vorgehensweise durchgehend zu ermöglichen, war an einigen Stellen eine etwas redundante Form der Regeln notwendig (z.B. x::=a ||| ab anstelle von x::= a[b]). Im übrigen sind die verwendeten Begriffe zum Teil für die Zwecke des Buches eigens neu gebildet.

Die Regeln von Minimal BASIC sind im Teil B.2 für sich alleine zusammengefaßt, um ein schnelleres Auffinden zu ermöglichen.

Hinter jeder Regel sind nach einem kleinen → die Nummern der Abschnitte aufgeführt, in denen die betreffende Metavariable definiert wird.

B.2 Syntax von Minimal BASIC

alphabet-zeichen ::= programm-zeichen → 2.2

anfangswert ::= arithmetischer-ausdruck → 2.6.1

anweisung ::= einfache-anweisung | end-anweisung |
block-anweisung → 2.4.1

argument ::= arithmetischer-ausdruck → 2.8.1

argument-liste ::= argument → 2.8.1

arithmetischer-ausdruck ::= [vorzeichen] term
[{ + | - } term] ... → 2.3.3

ausdruck ::= arithmetischer-ausdruck | text-ausdruck → 2.3.3

ausgabe-anweisung ::= print-anweisung → 2.7.2

basic-input-anforderung ::= /* implementierungsabhaengig */ → 2.4.4

basic-input-antwort ::= einzeilige-antwort → 2.4.4

basic-konstante ::= numerische-konstante | text-konstante → 2.3.1

basic-programm ::= programm → 2.4.1

basic-schluesselwort ::= BASE | DATA | DEF | DIM | END | FOR |
GO | GOSUB | GOTO | IF | INPUT | LET | NEXT | ON | OPTION |
PRINT | RANDOMIZE | READ | REM | RESTORE | RETURN | STEP |
STOP | SUB | THEN | TO → 2.2

basic-textwert ::= [alphabet-zeichen] ... → 2.3.2

basic-zeile ::= zeilen-nummer anweisung neue-zeile → 2.4.1

bedingte-anweisung ::= IF bedingung THEN zeilen-nummer → 2.5.1

bedingung ::= n-vergleich | t-vergleich → 2.5.1

block ::= einfache-zeile | for-block → 2.4.1

block-anweisung ::= for-anweisung | next-anweisung → 2.4.1

buchstabe ::= A | B | C | D | E | F | G | H | I | J | K | L |
M | N | O | P | Q | R | S | T | U | V | W | X | Y | Z → 2.2

data-anweisung ::= DATA daten-liste → 2.7.1

daten-liste ::= datum [, datum] ... → 2.7.1

datum ::= dezimalzahl | "text" | volltext → 2.4.4

definierte-funktion ::= n-definierte-funktion → 2.8.3

dezimal-bruch ::= . ganze-zahl-ohne-vorzeichen → 2.3.1

dezimalzahl ::= [vorzeichen] zahl-ohne-vorzeichen → 2.3.1

ein-ausgabe-anweisung ::= eingabe-anweisung |
ausgabe-anweisung | restore-anweisung → 2.4.2

einfache-anweisung ::= zuordnungsanweisung | feld-anweisung |
kontroll-anweisung | data-anweisung | ein-ausgabe-anweisung |
option-anweisung | funktions-anweisung |
kommentar-anweisung | randomize-anweisung → 2.4.2

einfache-n-variable ::= buchstabe [ziffer] → 2.3.2

einfache-t-variable ::= buchstabe $ → 2.3.2

einfache-variable ::= einfache-n-variable |
einfache-t-variable → 2.3.2

einfache-zeile ::= zeilen-nummer einfache-anweisung
zeilen-ende → 2.4.1

eingabe-anweisung ::= input-anweisung | read-anweisung → 2.7.1

einzeilige-antwort ::= input-liste input-ende → 2.4.4

end-anweisung ::= END → 2.4.1

end-zeile ::= zeilen-nummer end-anweisung zeilen-ende → 2.4.1

endwert ::= arithmetischer-ausdruck → 2.6.1

exponenten-teil ::= E [vorzeichen]
ganze-zahl-ohne-vorzeichen → 2.3.1

faktor ::= n-elementar-ausdruck [^ n-elementar-ausdruck] ...
→ 2.3.3

feld ::= n-feld → 2.6.2

feld-angabe ::= feld (zeilenzahl [, spaltenzahl]) → 2.6.2

feld-anweisung ::= feld-vereinbarung → 2.4.2

feld-vereinbarung ::= DIM feld-angabe [, feld-angabe] ...
→ 2.6.2

for-anweisung ::= FOR kontroll-variable = anfangswert TO
endwert [STEP schrittweite] → 2.6.1

for-block ::= for-zeile [block] ... next-zeile → 2.6.1

for-zeile ::= zeilen-nummer for-anweisung zeilen-ende → 2.6.1

funktions-anweisung ::= DEF n-definierte-funktion
[(parameter-liste)] = arithmetischer-ausdruck → 2.8.3

funktions-definition ::= { einfache-zeile | for-block } ...
→ 2.8.3

ganze-zahl-ohne-vorzeichen ::= ziffer ... → 2.3.1

gosub ::= GOSUB | GO ␣ ... SUB → 2.5.2

goto ::= GOTO | GO ␣ ... TO → 2.5.1

index ::= arithmetischer-ausdruck → 2.6.2

input-anweisung ::= INPUT ziel-liste → 2.4.4

input-datum ::= [␣ ...] datum [␣ ...] → 2.4.4

input-ende ::= /* implementierungsabhaengig */ → 2.4.4

input-liste ::= input-datum [, input-datum] ... → 2.4.4

kommentar ::= [programm-zeichen] ... → 2.2

kommentar-anweisung ::= REM kommentar → 2.4.2

kontroll-anweisung ::= sprung-anweisung |
bedingte-anweisung | verzweigung | unterprogramm-sprung |
ruecksprung | stop-anweisung → 2.5.1

kontroll-variable ::= einfache-n-variable → 2.6.1

let-anweisung ::= n-let-anweisung | t-let-anweisung → 2.4.3

mantisse ::= ganze-zahl-ohne-vorzeichen [.] | dezimal-bruch| ganze-zahl-ohne-vorzeichen dezimal-bruch → 2.3.1

n-definierte-funktion ::= FN buchstabe → 2.8.3

n-elementar-ausdruck ::= zahl-ohne-vorzeichen | n-variable| n-funktions-aufruf |(arithmetischer ausdruck) → 2.3.3

n-feld ::= buchstabe → 2.6.2

n-feld-element ::= n-feld (index [, index]) → 2.6.2

n-funktion ::= n-vorhandene-funktion | n-definierte-funktion → 2.8.1

n-funktions-aufruf ::= n-funktion [(argument-liste)] → 2.8.1

n-let-anweisung ::= LET n-ziel = arithmetischer-ausdruck → 2.4.3

n-matrix ::= n-feld → 2.6.2

n-standard-funktion ::=ABS | ATN | COS | EXP | INT | LOG | RND | SGN | SIN | SQR | TAN → 2.8.2

n-variable ::= einfache-n-variable | n-feld-element → 2.3.2

n-vektor ::= n-feld → 2.6.2

n-vergleich ::= arithmetischer-ausdruck n-vergleichs-operator arithmetischer-ausdruck → 2.5.1

n-vergleichs-operator ::= = | <> | < | > | >= | <= → 2.5.1

n-vorhandene-funktion ::= n-standard-funktion → 2.8.2

n-ziel ::= n-variable → 2.4.3

neue-zeile ::= /* implementierungsabhaengig */ → 2.4.1

next-anweisung ::= NEXT kontroll-variable → 2.6.1

next-zeile ::= zeilen-nummer next-anweisung zeilen-ende → 2.6.1

numerische-konstante ::= dezimal-zahl → 2.3.1

option-anweisung ::= OPTION BASE { 0 | 1 } → 2.4.2

parameter ::= einfache-n-variable → 2.8.3

parameter-liste ::= parameter → 2.8.3

print-anweisung ::= PRINT print-liste → 2.7.2

print-item ::= { ausdruck | tabulator } → 2.7.2

print-liste ::= [[print-item] { , | ; }] ... [print-item] → 2.7.2

programm ::= [block] ... end-zeile → 2.4.1

programm-zeichen ::= " | text-zeichen → 2.2

randomize-anweisung ::= RANDOMIZE → 2.8.1

read-anweisung ::= READ ziel-liste → 2.7.1

restore-anweisung ::= RESTORE → 2.7.1

ruecksprung ::= RETURN → 2.5.2

schrittweite ::= arithmetischer-ausdruck → 2.6.1

spaltenzahl ::= ganze-zahl-ohne-vorzeichen → 2.6.2

sprung-anweisung ::= goto zeilen-nummer → 2.5.1

stop-anweisung ::= STOP → 2.4.2

t-elementar-ausdruck ::= text-konstante | t-variable → 2.3.3

t-feld-element ::= t-feld (index [, index]) → 2.6.2

t-let-anweisung ::= LET t-ziel = text-ausdruck → 2.4.3

t-variable ::= einfache-t-variable → 2.3.2

t-vergleich ::= text-ausdruck t-vergleichs-operator
text-ausdruck → 2.5.1

t-vergleichs-operator ::= = | <> → 2.5.1

t-ziel ::= t-variable → 2.4.3

tabulator ::= TAB (index) → 2.7.2

term ::= faktor [{ * | / } faktor] ... → 2.3.3

text ::= [text-zeichen] ... → 2.2

text-ausdruck ::= t-elementar-ausdruck → 2.3.3

text-konstante ::= "text" → 2.3.1

text-zeichen ::= ! | # | $ | % | & | ^ | (|) | ' | ␣ | *|
, | / | : | ; | < | = | > | ? | _ | volltext-zeichen
→ 2.2

unterprogramm-sprung ::= gosub zeilen-nummer → 2.5.2

variable ::= n-variable | t-variable → 2.3.2

verzweigung ::= ON index goto zeilen-nummer
[, zeilen-nummer] ... → 2.5.1

volltext ::= volltext-zeichen | volltext-zeichen
[␣ | volltext-zeichen] ... volltext-zeichen → 2.2

volltext-zeichen ::= + | - | . | buchstabe | ziffer → 2.2

vorzeichen ::= + | - → 2.3.1

zahl-ohne-vorzeichen ::= mantisse [exponenten-teil] → 2.3.1

zeilen-ende ::= neue-zeile → 2.4.1

zeilen-nummer ::= ziffer [ziffer] [ziffer] [ziffer] → 2.4.1

zeilenzahl ::= ganze-zahl-ohne-vorzeichen → 2.6.2

ziel ::= n-ziel | t-ziel → 2.4.3

ziel-liste ::= ziel [, ziel] ... → 2.4.4

ziffer ::= 0 | 1 | 2 | 3 | 4 | 5 | 6 | 7 | 8 | 9 → 2.2

zuordnungsanweisung ::= let-anweisung → 2.4.3

B.3 Syntax von BASIC

```
aktuelle-parameter-liste ::= ||| aktueller-parameter
     [ , aktueller-parameter ] ...     → 3.2.2

aktueller-parameter ::= ||| ausdruck | variable |
     vektor ( ) | matrix ( , ) | # kanal     → 3.2.2

alphabet-zeichen ::= programm-zeichen ||| kontroll-zeichen → 2.2

andere-option ::= ||| /* reserviert fuer Erweiterungen */ → 2.4.2

anfangswert ::= arithmetischer-ausdruck     → 2.6.1

anweisung ::= einfache-anweisung | end-anweisung |     → 2.4.1
     block-anweisung |||format-anweisung |unterprogramm-anweisung

argument ::= arithmetischer-ausdruck ||| text-ausdruck  → 2.8.1

argument-liste ::= argument ||| argument { , argument } ...
                                                         → 2.8.1
arithmetischer-ausdruck ::= [ vorzeichen ] term
     [ { + | - } term ] ...     → 2.3.3

ausdruck ::= arithmetischer-ausdruck | text-ausdruck    → 2.3.3

ausgabe-anweisung ::= print-anweisung ||| write-anweisung → 2.7.2

ausgabe-liste ::= ||| ausdruck [ , ausdruck ] ...    → 3.3

ausgabetext ::= ||| ausgabetext-zeichen ...     → 3.3

ausgabetext-zeichen ::= ||| ! | $ | % | & | ␣ | ( | ) | * |
     , | / | : | ; | = | ? | _ | buchstabe | ziffer   → 3.3

basic-input-anforderung ::= /* implementierungsabhaengig */
                                                         → 2.4.4
basic-input-antwort ::= einzeilige-antwort |||
     mehrzeilige-antwort     → 2.4.4

basic-konstante ::= numerische-konstante | text-konstante → 2.3.1

basic-programm ::= programm ||| programm-file
     [ unterprogramm-file ] ...     → 2.4.1

basic-schluesselwort ::= BASE | DATA | DEF | DIM | END | FOR |
     GO | GOSUB | GOTO | IF | INPUT | LET | NEXT | ON | OPTION |
     PRINT | RANDOMIZE | READ | REM | RESTORE | RETURN | STEP |
     STOP | SUB | THEN | TO ||| CALL | CHAIN | FILE | FNEND |
     LIBRARY | LINPUT | MARGIN | MAT | MORE | SCRATCH |
     SUBEND | SUBEXIT | USING | WAIT | WITH | WRITE     → 2.2

basic-textwert ::= [ alphabet-zeichen ] ...     → 2.3.2

basic-zeile ::= zeilen-nummer anweisung neue-zeile |||
     zeilen-nummer anweisung ! kommentar neue-zeile     → 2.4.1

bedingte-anweisung ::= IF bedingung THEN zeilen-nummer |||
     IF bedingung THEN { zuordnungsanweisung |
     kontroll-anweisung | ein-ausgabe-anweisung |
     randomize-anweisung }     → 2.5.1

bedingung ::= n-vergleich | t-vergleich ||| kanal-bedingung
                                                         → 2.5.1
block ::= einfache-zeile | for-block ||| funktions-block → 2.4.1
```

```
block-anweisung ::= for-anweisung | next-anweisung |||
     funktions-block-anfang | funktions-block-ende    → 2.4.1

buchstabe ::= A | B | C | D | E | F | G | H | I | J | K | L |
     M | N | O | P | Q | R | S | T | U | V | W | X | Y | Z → 2.2

chain-anweisung ::= ||| CHAIN { file-name | # kanal }
     [ WITH # kanal [ , # kanal ] ... ]    → 3.5.5

code ::= ||| /* implementierungsabhaengig */    → 2.3.1

code-mnemo ::= ||| /* implementierungsabhaengig */    → 2.2

code-zahl ::= ||| code ( code-zeichen )    → 2.3.1

code-zeichen ::= ||| programm-zeichen | code-mnemo    → 2.2

data-anweisung ::= DATA daten-liste    → 2.7.1

datei-anweisung ::= ||| file-anweisung | scratch-anweisung |
     margin-anweisung | chain-anweisung | library-anweisung
                                                        → 3.5.2
daten-liste ::= datum [ , datum ] ...    → 2.7.1

datum ::= dezimalzahl | "text" | volltext    → 2.4.4

definierte-funktion ::= n-definierte-funktion |||
     t-definierte-funktion    → 2.8.3

dezimal-bruch ::= . ganze-zahl-ohne-vorzeichen    → 2.3.1

dezimalzahl ::= [ vorzeichen ] zahl-ohne-vorzeichen    → 2.3.1

e-format-element ::= ||| mantissen-bereich exponent-bereich
                                                        → 3.3
ein-ausgabe-anweisung ::= eingabe-anweisung |
     ausgabe-anweisung | restore-anweisung    → 2.4.2

einfache-anweisung ::= zuordnungsanweisung | feld-anweisung |
     kontroll-anweisung | data-anweisung | ein-ausgabe-anweisung|
     option-anweisung | funktions-anweisung |
     kommentar-anweisung | randomize-anweisung |||
     schein-anweisung | unterprogramm-aufruf | datei-anweisung
                                                        → 2.4.2
einfache-n-variable ::= buchstabe [ ziffer ]    → 2.3.2

einfache-t-variable ::= buchstabe $ ||| buchstabe ziffer $
                                                        → 2.3.2
einfache-variable ::= einfache-n-variable |
     einfache-t-variable    → 2.3.2

einfache-zeile ::= zeilen-nummer einfache-anweisung
     zeilen-ende ||| zeilen-nummer format-anweisung neue-zeile
                                                        → 2.4.1
eingabe-anweisung ::= input-anweisung | read-anweisung |||
     linput-anweisung    → 2.7.1

einzeilige-antwort ::= input-liste input-ende    → 2.4.4

end-anweisung ::= END    → 2.4.1

end-zeile ::= zeilen-nummer end-anweisung zeilen-ende    → 2.4.1

endwert ::= arithmetischer-ausdruck    → 2.6.1
```

exponent-bereich ::= ||| ^ ^ ^ ^ → 3.3

exponenten-teil ::= E [vorzeichen]
ganze-zahl-ohne-vorzeichen → 2.3.1

f-format-element ::= ||| i-format-element . [# ...] |
[vorzeichen] . # ... → 3.3

faktor ::= n-elementar-ausdruck [^ n-elementar-ausdruck] ...
→ 2.3.3

feld ::= n-feld ||| t-feld → 2.6.2

feld-angabe ::= feld (zeilenzahl [, spaltenzahl]) → 2.6.2

feld-anweisung ::= feld-vereinbarung ||| mat-anweisung → 2.4.2

feld-liste ::= ||| feld [, feld] ... → 3.4.3

feld-vereinbarung ::= DIM feld-angabe [, feld-angabe] ...
→ 2.6.2

feld-ziel ::= ||| n-feld-ziel | t-feld-ziel → 3.4.3

feld-ziel-liste ::= ||| feld-ziel [, feld-ziel] ... → 3.4.3

file-anweisung ::= ||| FILE # kanal : file-name → 3.5.2

file-name ::= ||| /* implementierungsabhaengig */ → 3.5.1

for-anweisung ::= FOR kontroll-variable = anfangswert TO
endwert [STEP schrittweite] → 2.6.1

for-block ::= for-zeile [block] ... next-zeile → 2.6.1

for-zeile ::= zeilen-nummer for-anweisung zeilen-ende → 2.6.1

formale-parameter-liste ::= ||| formaler-parameter
[, formaler-parameter] ... → 3.2.1

formaler-parameter ::= ||| einfache-variable |
vektor ( ) | matrix (,) | kanal-konstante → 3.2.1

format-angabe ::= ||| zeilen-nummer → 3.3

format-anweisung ::= ||| : format-liste → 3.3

format-element ::= ||| n-format-element | t-format-element
→ 3.3

format-liste ::=||| ausgabetext [format-element ausgabetext]...
→ 3.3

funktions-anfangs-zeile ::= ||| zeilen-nummer
funktions-block-anfang zeilen-ende → 2.8.3

funktions-anweisung ::= DEF n-definierte-funktion
[(parameter-liste)] = arithmetischer-ausdruck |||
DEF t-definierte-funktion [(parameter-liste)] =
text-ausdruck → 2.8.3

funktions-block ::= ||| funktions-anfangs-zeile
funktions-definition funktions-end-zeile → 2.8.3

funktions-block-anfang ::= ||| DEF definierte-funktion
[(parameter-liste)] → 2.8.3

funktions-block-ende ::= ||| FNEND → 2.8.3

funktions-definition ::= { einfache-zeile | for-block } ... → 2.8.3

funktions-end-zeile ::= ||| zeilen-nummer
funktions-block-ende zeilen-ende → 2.8.3

ganze-zahl-ohne-vorzeichen ::= ziffer ... → 2.3.1

gosub ::= GOSUB | GO ␣ ... SUB → 2.5.2

goto ::= GOTO | GO ␣ ... TO → 2.5.1

i-format-element ::= ||| [vorzeichen] # ... → 3.3

index ::= arithmetischer-ausdruck → 2.6.2

input-anweisung ::= INPUT ziel-liste ||| INPUT [# kanal : |
WAIT index :] ziel-liste → 2.4.4, 3.5.3

input-datum ::= [␣ ...] datum [␣ ...] → 2.4.4

input-ende ::= /* implementierungsabhaengig */ → 2.4.4

input-liste ::= input-datum [, input-datum] ... |||
[input-datum] ... input-stop → 2.4.4

input-stop ::= ||| [␣ ...] STOP [␣ ...] → 2.4.4

kanal ::= ||| index → 3.2.2

kanal-bedingung ::= ||| { END | MORE } # kanal → 3.5.1

kanal-konstante ::= ||| # ganze-zahl-ohne-vorzeichen → 3.2.1

kommentar ::= [programm-zeichen] ... → 2.2

kommentar-anweisung ::= REM kommentar → 2.4.2

kontroll-anweisung ::= sprung-anweisung |
bedingte-anweisung | verzweigung | unterprogramm-sprung |
ruecksprung | stop-anweisung → 2.5.1

kontroll-variable ::= einfache-n-variable → 2.6.1

kontroll-zeichen ::= ||| /* implementierungsabhaengig */ → 2.2

let-anweisung ::= n-let-anweisung | t-let-anweisung → 2.4.3

library-anweisung ::=||| LIBRARY file-name [, file-name]... → 3.5.5

links-anschlag ::= ||| < → 3.3

linput-anweisung ::= ||| LINPUT [# kanal : | WAIT index :]
t-ziel-liste → 2.7.1, 3.5.3

mantisse ::= ganze-zahl-ohne-vorzeichen [.] |
dezimal-bruch| ganze-zahl-ohne-vorzeichen dezimal-bruch → 2.3.1

mantissen-bereich ::= ||| i-format-element | f-format-element → 3.3

margin-anweisung ::= ||| MARGIN [# kanal :] index → 3.5.2

mat-anweisung ::= ||| mat-zuordnungsanweisung |
mat-print-anweisung | mat-input-anweisung |
mat-linput-anweisung | mat-write-anweisung | → 3.4.1
mat-read-anweisung

mat-input-anweisung ::= ||| MAT INPUT [# kanal : | WAIT index :] feld-ziel-liste → 3.4.3, 3.5.3

mat-linput-anweisung ::= ||| MAT LINPUT [# kanal : | WAIT index :] t-feld-ziel-liste → 3.4.3, 3.5.3

mat-print-anweisung ::= ||| MAT PRINT [# kanal :] mat-print-liste | MAT PRINT [# kanal :] USING format-angabe , feld-liste → 3.4.3, 3.5.3

mat-print-liste ::= ||| feld [{ , | ; } feld] ... [{ , | ; }] → 3.4.3

mat-read-anweisung ::= ||| MAT READ feld-ziel-liste | MAT-READ # kanal : { n-feld-ziel-liste | t-feld-ziel-liste } → 3.4.3 ,3.5.4

mat-write-anweisung ::=||| MAT WRITE # kanal : mat-write-liste → 3.5.4

mat-write-liste ::= ||| n-feld [, n-feld] ... | t-feld [, t-feld] ... → 3.5.4

mat-zuordnungsanweisung ::= ||| MAT { n-feld-zuordnung | t-feld-zuordnung } → 3.4.2

matrix ::= ||| n-matrix | t-matrix → 3.2.1

mehrzeilige-antwort ::= ||| { input-liste, neue-zeile } ... input-liste input-ende → 2.4.4

n-definierte-funktion ::= FN buchstabe ||| FN buchstabe ziffer → 2.8.3

n-elementar-ausdruck ::= zahl-ohne-vorzeichen | n-variable| n-funktions-aufruf |(arithmetischer ausdruck) ||| code-zahl → 2.3.3

n-feld ::= buchstabe ||| buchstabe ziffer → 2.6.2

n-feld-element ::= n-feld (index [, index]) → 2.6.2

n-feld-funktion ::= ||| DET [(n-matrix)] | DOT (n-vektor , n-vektor) → 3.4.2

n-feld-ziel ::= ||| n-feld [(neue-zeilenzahl [, neue-spaltenzahl])] → 3.4.3

n-feld-zuordnung ::=||| n-vektor-zuordnung | n-matrix-zuordnung → 3.4.2

n-format-element ::= ||| i-format-element | f-format-element | e-format-element → 3.3

n-funktion ::= n-vorhandene-funktion | n-definierte-funktion → 2.8.1

n-funktions-aufruf ::= n-funktion [(argument-liste)] ||| n-feld-funktion → 2.8.1

n-let-anweisung ::= LET n-ziel = arithmetischer-ausdruck ||| LET n-ziel { , n-ziel } ... = arithmetischer-ausdruck → 2.4.3

n-matrix ::= n-feld → 2.6.2

n-matrix-ausdruck ::= ||| [vorzeichen] [skalar *] ... n-matrix-konstante | n-matrix-formel | n-matrix-funktion → 3.4.2

n-matrix-formel ::= ||| [vorzeichen] skalar * n-matrix [vorzeichen] n-matrix-term [{ + | - } n-matrix-term]... → 3.4.2

n-matrix-funktion ::= ||| { TRN | INV } (n-matrix) → 3.4.2

n-matrix-konstante ::=||| { ZER | CON | IDN } [neue-zeilenzahl , neue-spaltenzahl] → 3.4.2

n-matrix-term ::= ||| n-matrix | n-feld { * n-feld } ... → 3.4.2

n-matrix-zuordnung ::= ||| n-matrix = n-matrix-ausdruck → 3.4.2

n-standard-funktion ::=ABS | ATN | COS | EXP | INT | LOG | RND | SGN | SIN | SQR | TAN ||| ACS | ASN | CEIL | COT | DEG | EPS | FP | INF | IP | LEN | LGT | LOC | LOF | LON | LOP | LTW | MAX |MIN | MOD | MRG | PER | PI | POS |RAD | REM | VAL → 2.8.2

n-system-funktion ::= ||| DATE | TIME → 2.8.2

n-variable ::= einfache-n-variable | n-feld-element → 2.3.2

n-vektor ::= n-feld → 2.6.2

n-vektor-ausdruck ::= ||| [vorzeichen] [skalar *] ... n-vektor-konstante | n-vektor-formel → 3.4.2

n-vektor-formel ::= ||| [vorzeichen] skalar * n-vektor | [vorzeichen] n-vektor-term { + | - } n-vektor-term → 3.4.2

n-vektor-konstante ::= ||| { ZER | CON } [neue-zeilenzahl] → 3.4.2

n-vektor-term ::= ||| n-vektor | n-feld { * n-feld } ... → 3.4.2

n-vektor-zuordnung ::= ||| n-vektor = n-vektor-ausdruck → 3.4.2

n-vergleich ::= arithmetischer-ausdruck n-vergleichs-operator arithmetischer-ausdruck → 2.5.1

n-vergleichs-operator ::= = | <> | < | > | >= | <= → 2.5.1

n-vorhandene-funktion ::= n-standard-funktion ||| n-system-funktion → 2.8.2

n-ziel ::= n-variable ||| n-definierte-funktion → 2.4.3

n-ziel-liste ::=||| n-ziel [,n-ziel]... → 3.5.4

name ::= ||| buchstabe [buchstabe | ziffer] ... → 3.2.1

neue-spaltenzahl ::= ||| index → 3.4.2

neue-zeile ::= /* implementierungsabhaengig */ → 2.4.1

neue-zeilenzahl ::= ||| index → 3.4.2

next-anweisung ::= NEXT kontroll-variable → 2.6.1

next-zeile ::= zeilen-nummer next-anweisung zeilen-ende → 2.6.1

numerische-konstante ::= dezimal-zahl ||| code-zahl → 2.3.1

option-anweisung ::= OPTION BASE { 0 | 1 } ||| OPTION andere-option → 2.4.2

parameter ::= einfache-n-variable ||| einfache-t-variable → 2.8.3

parameter-liste ::= parameter ||| parameter { , parameter }... → 2.8.3

print-anweisung ::= PRINT print-liste ||| PRINT # kanal : print-liste | PRINT [# kanal :] USING format-angabe [, ausgabe-liste] [,] → 2.7.2, 3.3, 3.5.3

print-item ::= { ausdruck | tabulator } → 2.7.2

print-liste ::= [{ print-item] { , | ; }] ... [print-item] → 2.7.2

programm ::= [block] ... end-zeile → 2.4.1

programm-file ::= ||| programm [unterprogramm] ... → 2.4.1

programm-zeichen ::= " | text-zeichen → 2.2

randomize-anweisung ::= RANDOMIZE → 2.8.1

read-anweisung ::= READ ziel-liste ||| READ # kanal : { n-ziel-liste | t-ziel-liste } → 2.7.1, 3.5.4

rechts-anschlag ::= ||| > → 3.3

restore-anweisung ::= RESTORE ||| RESTORE # kanal [: index] → 2.7.1, 3.5.3, 3.5.4

ruecksprung ::= RETURN → 2.5.2

schein-anweisung ::= ||| → 2.4.2

schrittweite ::= arithmetischer-ausdruck → 2.6.1

scratch-anweisung ::= ||| SCRATCH # kanal : → 3.5.2

skalar ::= ||| < arithmetischer-ausdruck > → 3.4.2

spaltenzahl ::= ganze-zahl-ohne-vorzeichen → 2.6.2

sprung-anweisung ::= goto zeilen-nummer → 2.5.1

stop-anweisung ::= STOP → 2.4.2

t-definierte-funktion ::= ||| FN buchstabe [ziffer] $ → 2.8.3

t-elementar-ausdruck ::= text-konstante | t-variable ||| t-funktions-aufruf → 2.3.3

t-feld ::= ||| buchstabe [ziffer] $ → 2.6.2

t-feld-element ::= t-feld (index [, index]) → 2.6.2

t-feld-konstante ::= ||| NUL$ [(neue-zeilenzahl [, neue-spaltenzahl])] → 3.4.2

t-feld-ziel ::= ||| t-feld [(neue-zeilenzahl [, neue-spaltenzahl])] → 3.4.3

t-feld-ziel-liste ::= ||| t-feld-ziel [, t-feld-ziel] ... → 3.4.3

t-feld-zuordnung ::= ||| t-feld = { t-feld-konstante | t-feld } → 3.4.2

```
t-format-element ::=||| { links-anschlag | rechts-anschlag }
     [ # ... ]    → 3.3

t-funktion ::=||| t-vorhandene-funktion | t-definierte-funktion
                                                        → 2.8.1
t-funktions-aufruf ::= ||| t-funktion [ ( argument-liste ) ]
                                                        → 2.8.1
t-let-anweisung ::= LET t-ziel = text-ausdruck |||
     LET t-ziel { , t-ziel } ... = text-ausdruck    → 2.4.3

t-matrix ::= ||| t-feld    → 2.6.2

t-standard-funktion ::= ||| DEL$ | EXT$ | GAP$ | LIN$ |
     REP$ | STR$    → 2.8.2

t-system-funktion ::= ||| DATE$ | TIME$    → 2.8.2

t-variable ::= einfache-t-variable ||| t-feld-element    → 2.3.2

t-vektor ::= ||| t-feld    → 2.6.2

t-vergleich ::= text-ausdruck t-vergleichs-operator
     text-ausdruck    → 2.5.1

t-vergleichs-operator ::= = | <> ||| < | > | <= | >=    → 2.5.1

t-vorhandene-funktion ::= ||| t-standard-funktion |
     t-system-funktion    → 2.8.2

t-ziel ::= t-variable ||| t-definierte-funktion    → 2.4.3

t-ziel-liste ::= ||| t-ziel [ , t-ziel ] ...    → 2.7.1

tabulator ::= TAB (index )    → 2.7.2

term ::= faktor [ { * | / } faktor ] ...    → 2.3.3

text ::= [ text-zeichen ] ...    → 2.2

text-ausdruck ::= t-elementar-ausdruck |||
     t-elementar-ausdruck { & t-elementar-ausdruck } ...    → 2.3.3

text-konstante ::= "text" ||| code $ ( code-zeichen )    → 2.3.1

text-zeichen ::= ! | # | $ | % | & | ^ | ( | ) | ' | ␣ | *|
     , | / | : | ; | < | = | > | ? | _ | volltext-zeichen → 2.2

unterprogramm ::=||| unterprogramm-zeile unterprogramm-block ...
     unterprogramm-end-zeile    → 3.2.1

unterprogramm-anfang ::= ||| SUB unterprogramm-name
     [ ( formale-parameter-liste ) ]    → 3.2.1

unterprogramm-anweisung ::= ||| unterprogramm-anfang |
     unterprogramm-ausgang | unterprogramm-ende    → 2.4.1

unterprogramm-aufruf ::= ||| CALL unterprogramm-name
     [ ( aktuelle-parameter-liste ) ]    → 3.2.2

unterprogramm-ausgang ::= ||| SUBEXIT    → 3.2.1

unterprogramm-ausgang-zeile ::= ||| zeilen-nummer
     unterprogramm-ausgang zeilen-ende    → 3.2.1
```

unterprogramm-block ::=||| block | unterprogramm-ausgang-zeile → 3.2.1

unterprogramm-end-zeile ::=||| zeilen-nummer unterprogramm-ende zeilen-ende → 3.2.1

unterprogramm-ende ::= ||| SUBEND → 3.2.1

unterprogramm-file ::= ||| unterprogramm ... → 2.4.1

unterprogramm-name ::= ||| name → 3.2.1

unterprogramm-sprung ::= gosub zeilen-nummer → 2.5.2

unterprogramm-zeile ::= ||| zeilen-nummer unterprogramm-anfang zeilen-ende → 3.2.1

variable ::= n-variable | t-variable → 2.3.2

vektor ::= ||| n-vektor | t-vektor → 3.2.1

verzweigung ::= ON index goto zeilen-nummer [, zeilen-nummer] ... ||| ON index gosub zeilen-nummer [, zeilen-nummer] ... → 2.5.1

volltext ::= volltext-zeichen | volltext-zeichen [␣ | volltext-zeichen] ... volltext-zeichen → 2.2

volltext-zeichen ::= + | - | . | buchstabe | ziffer → 2.2

vorzeichen ::= + | - → 2.3.1

write-anweisung ::= ||| WRITE # kanal : write-liste → 3.5.4

write-liste ::= ||| arithmetischer-ausdruck [, arithmetischer-ausdruck] ... | text-ausdruck [, text-ausdruck] ... → 3.5.4

zahl-ohne-vorzeichen ::= mantisse [exponenten-teil] → 2.3.1

zeilen-ende ::= neue-zeile ||| ! kommentar neue-zeile → 2.4.1

zeilen-nummer ::= ziffer [ziffer] [ziffer] [ziffer] → 2.4.1

zeilenzahl ::= ganze-zahl-ohne-vorzeichen → 2.6.2

ziel ::= n-ziel | t-ziel → 2.4.3

ziel-liste ::= ziel [, ziel] ... → 2.4.4

ziffer ::= 0 | 1 | 2 | 3 | 4 | 5 | 6 | 7 | 8 | 9 → 2.2

zuordnungsanweisung ::= let-anweisung → 2.4.3

C Literaturverzeichnis

/ALG-60/ P. Naur (Ed.): Revised Report on the Algorithmic Language ALGOL 60. Comm. ACM 6 (1963), Comp. J. 5 (1963) und Num. Math. 4 (1963).

/ANSI/ American National Standards Institute: Proposed American National Standard for Minimal BASIC. X3J2/76-35, Dec. 1976.

/ANSI-W/ ANSI X3J2: Working papers.

/B-AEG/ AEG-Telefunken: BASIC AEG 80. Private Mitteilung, 1977.

/B-DEC1/ Digital Equipment Corporation: BASIC 11 Language Reference Manual. DEC-11-LIBBA-A-D, 1974.

/B-DEC2/ Digital Equipment Corporation: BASIC-PLUS-2 Language Processor. pdp11 software, 1976.

/B-Die/ Dietz Computer Systeme: Dietz 600 C-BASIC, Bedienungsanleitung. 2-7702-04-011.

/B-Ho/ Matth. Hohner AG: BASIC-Programmierhandbuch. 8-097.099-0011 Ausgabe 04.76,1976.

/B-HP/ Hewlett-Packard Company: Real-Time Executive BASIC Software System. 29102-93001, 1974.

/B-Kie/ Kienzle Datensysteme: Programmierhandbuch BASIC 6100. 3540-60-67-000/01/0, 1974.

/B-MAI/ MAI International GmbH: BUSINESS BASIC, System basic/four.

/B-NC/ Nixdorf Computer AG: BASIC-Handbuch-8820. 3-31-5-7-33, 1977.

/B-Sie/ Siemens AG: BASIC-310-Interpreter. A 120/2167, 1976.

/BFG/ G.M. Bull - W. Freeman - S.J. Garland: A Specification for Standard BASIC. NCC-Publications, Manchester 1973.

/COBOL/ American National Standards Institute: American National Standard COBOL. ANSI X3.23-1968.

/ECMA/ European Computer Manufacturers Association: Standard ECMA - Minimal BASIC. Final Draft. ECMA/TC21/76/44, Dec. 1976.

/ECMA-W/ ECMA TC 21: Working papers.

/Haa/ V. Haase: Vergleichende Übersicht über Anwendungen und Implementationen von Real-Time-BASIC, in: Applied Computer Science, Bd. 3. C. Hanser, München 1976.

/HSt/ W. Heinrich - W. Stucky: Programmierung mit ALGOL 60. B.G. Teubner, Stuttgart 1971.

/Is1/ G.L. Isaacs: Interdialect translatability of the BASIC programming language. ACT Technical Bulletin No. 11, Iowa City 1973.

/Is2/ G.L. Isaacs: A tabular survey of BASIC computer systems. ACT Technical Bulletin Supplement No. 11-1, Iowa City 1973.

/KK/ J.G. Kemeny - T.E. Kurtz: BASIC Programming. John Wiley & Sons, New York 1972.

/Li/ B.P. Lientz: A comparative evaluation of versions of BASIC. Comm. ACM 19 (1976), 175-181.

/Me/ M. Meschkowski: Mathematisches Begriffswörterbuch. Bibliographisches Institut, Mannheim 1966.

/PURDUE-W/ International Purdue Workshop on Industrial Computer Systems, TC-2 (Industrial Real Time BASIC): Working papers. Purdue University, Lafayette, Ind. 1976-77.

/Sch/ W. Schupp: BASEX: Eine Programmiersprache zur Prozeßautomation mit Kleinrechnern. Bericht C25, Institut für Physik, Univ. Freiburg 1976.

/SSN/ G. Schlageter - W. Stucky - B. Nicklas: Definition einer BASIC-Sprache für tastaturorientierte Datenverarbeitungsanlagen. Interner Bericht, Institut für Angewandte Informatik und Formale Beschreibungsverfahren, Universität Karlsruhe 1976.

/WW/ F. Wagner - W. Woda: Process BASIC. Forschungsbericht KFK-PDV53, Ges. f. Kernforschung, Karlsruhe 1975.

D Index

Bemerkung: Die im Anhang B (Syntax) definierten Begriffe sind größtenteils in diesem Index nicht aufgeführt; beachten Sie auch die dortigen Verweise.

Inhaltsverzeichnis

Sachgebiete

Zeichenerklärung
HTB = B.I.-Hochschultaschenbücher.
Wv = B.I.-Wissenschaftsverlag (Einzelwerke und Reihen).
M.F.O. = Mathematische Forschungsberichte Oberwolfach.
Stand: Mai 1981

Mathematik

Aitken, A. C.
Determinanten und Matrizen
142 S. mit Abb. 1969. (HTB 293)

Andrié, M./P. Meier
Lineare Algebra und analytische Geometrie. Eine anwendungsbezogene Einführung
243 S. 1977. (HTB 84)

Artmann, B./W. Peterhänsel/ E. Sachs
Beispiele und Aufgaben zur linearen Algebra
150 S. 1978. (HTB 783)

Aumann, G.
Höhere Mathematik
Band I: Reelle Zahlen, Analytische Geometrie, Differential- und Integralrechnung. 243 S. mit Abb. 1970. (HTB 717)
Band II: Lineare Algebra, Funktionen mehrerer Veränderlicher. 170 S. mit Abb. 1970. (HTB 718)
Band III: Differentialgleichungen. 174 S. 1971. (HTB 761)

Bandelow, Ch.
Einführung in die Wahrscheinlichkeitstheorie
206 S. 1981. (HTB 798)

Barner, M./W. Schwarz (Hrsg.)
Zahlentheorie
235 S. 1971. (M. F. O. 5)

Behrens, E.-A.
Ringtheorie
405 S. 1975. Wv.

Böhmer, K./G. Meinardus/ W. Schempp (Hrsg.)
Spline-Funktionen. Vorträge und Aufsätze
415 S. 1974. Wv.

Brandt, S.
Datenanalyse. Mit statistischen Methoden und Computerprogrammen
Etwa 450 S. 2., erw. Aufl. 1981. Wv.

Brauner, H.
Geometrie projektiver Räume
Band I: Projektive Ebenen, projektive Räume. 235 S. 1976. Wv.
Band II: Beziehungen zwischen projektiver Geometrie und linearer Algebra. 258 S. 1976. Wv.

Brosowski, B.
Nichtlineare Tschebyscheff-Approximation
153 S. 1968. (HTB 808)

Brosowski, B./R. Kreß
Einführung in die numerische Mathematik
Teil I: Gleichungssysteme, Approximationstheorie. 223 S. 1975. (HTB 202)
Teil II: Interpolation, numerische Integration, Optimierungsaufgaben. 124 S. 1976. (HTB 211)

Brunner, G.
Homologische Algebra
213 S. 1973. Wv.

Cartan, H.
Differentialformen
250 S. 1974. Wv.

Cartan, H.
Differentialrechnung
236 S. 1974. Wv.

Cartan, H.
Elementare Theorie der analytischen Funktionen einer oder mehrerer komplexen Veränderlichen
236 S. mit Abb. 1966. (HTB 112)

Cigler, J./H.-C. Reichel
Topologie. Eine Grundvorlesung
257 S. 1978. (HTB 121)

Degen, W./K. Böhmer
Gelöste Aufgaben zur Differential- und Integralrechnung
Band I: Eine reelle Veränderliche. 254 S. 1971. (HTB 762)

Dombrowski, P.
Differentialrechnung I und Abriß der linearen Algebra
271 S. mit Abb. 1970. (HTB 743)

Egle, K.
Graphen und Präordnungen
207 S. 2. Aufl. 1981. Wv.

Eisenack, G./C. Fenske
Fixpunkttheorie
258 S. 1978. Wv.

Elsgolc, L. E.
Variationsrechnung
157 S. mit Abb. 1970. (HTB 431)

Eltermann, H.
Grundlagen der praktischen Matrizenrechnung
128 S. mit Abb. 1969. (HTB 434)

Erwe, F.
Differential- und Integralrechnung
Band I: Differentialrechnung. 364 S. mit Abb. 1962. (HTB 30)
Band II: Integralrechnung. 197 S. mit 50 Abb. 1973. (HTB 31)

Erwe, F.
Gewöhnliche Differentialgleichungen
152 S. mit 11 Abb. 1964. (HTB 19)

Erwe, F.
Reelle Analysis
(Reihe: Mathematik für Physiker, Band 5)
360 S. 1978. Wv.

Erwe F./E. Peschl
Partielle Differentialgleichungen erster Ordnung
133 S. 1973. (HTB 87)

Felscher, W.
Naive Mengen und abstrakte Zahlen
Band I: Die Anfänge der Mengenlehre und die natürlichen Zahlen. 260 S. 1978. Wv.
Band II: Die Struktur der algebraischen und der reellen Zahlen. 222 S. 1978. Wv.
Band III: Transfinite Methoden. 272 S. 1979. Wv.

Fuchssteiner, B./D. Laugwitz
Funktionalanalysis
(Reihe: Mathematik für Physiker, Band 9)
219 S. 1974. Wv.

Gericke, H.
Geschichte des Zahlbegriffs
163 S. mit Abb. 1970. (HTB 172)

Goffman, C.
Reelle Funktionen
331 S. Aus dem Englischen. 1976. Wv.

Gröbner, W.
Algebraische Geometrie
Band I: Allgemeine Theorie der kommutativen Ringe und Körper.
193 S. 1968. (HTB 273)

Gröbner, W.
Differentialgleichungen I. Gewöhnliche Differentialgleichungen
(Reihe: Mathematik für Physiker, Band 6)
188 S. 1977. Wv.

Gröbner, W.
Differentialgleichungen II. Partielle Differentialgleichungen
(Reihe: Mathematik für Physiker, Band 7)
157 S. 1977. Wv.

Gröbner, W.
Matrizenrechnung
276 S. mit Abb. 1966. (HTB 103)

Gröbner, W./H. Knapp
Contributions to the Method of Lie Series
In englischer Sprache.
265 S. 1967. (HTB 802)

Grotemeyer, K. P./E. Letzner/ R. Reinhardt
Topologie
187 S. mit Abb. 1969. (HTB 836)

Hämmerlin, G.
Numerische Mathematik I
Band I: Approximation, Interpolation, Numerische Quadratur, Gleichungssysteme.
199 S. 2., überarbeitete Aufl. 1978. (HTB 498)

Hasse, H./P. Roquette (Hrsg.)
Algebraische Zahlentheorie
272 S. 1966. (M.F.O. 2)

Heidler, K./H. Hermes/ F.-K. Mahn
Rekursive Funktionen
248 S. 1977. Wv.

Heil, E.
Differentialformen
207 S. 1974. Wv.

Hein, O.
Graphentheorie für Anwender
141 S. 1977. (HTB 83)

Hein, O.
Statistische Verfahren der Ingenieurpraxis
197 S. Mit 5 Tabellen, 6 Diagrammen, 43 Beispielen. 1978. (HTB 119)

Hellwig, G.
Höhere Mathematik
Band I/1. Teil: Zahlen, Funktionen, Differential- und Integralrechnung einer unabhängigen Variablen.
284, IX S. 1971. (HTB 553)

Band I/2. Teil: Theorie der Konvergenz, Ergänzungen zur Integralrechnung, das Stieltjes-Integral.
137 S. 1972. (HTB 560)

Hengst, M.
Einführung in die mathematische Statistik und ihre Anwendung
259 S. mit Abb. 1967. (HTB 42)

Henze, E.
Einführung in die Maßtheorie
235 S. 1971. (HTB 505)

Heyer, H.
Einführung in die Theorie Markoffscher Prozesse
253 S. 1979. Wv.

Hirzebruch, F./W. Scharlau
Einführung in die Funktionalanalysis
178 S. 1971. (HTB 296)

Hlawka, E.
Theorie der Gleichverteilung
152 S. 1979. Wv.

Holmann, H./H. Rummler
Alternierende Differentialformen
257 S. 2., durchgesehene Aufl.
1981. Wv.

Horvath, H.
Rechenmethoden und ihre Anwendung in Physik und Chemie
142 S. 1977. (HTB 78)

Hoschek, J.
Liniengeometrie
VI, 263 S. mit Abb. 1971. (HTB 733)

Hoschek, J./G. Spreitzer
Aufgaben zur darstellenden Geometrie
229 S. mit Abb. 1974. Wv.

Ince, E. L.
Die Integration gewöhnlicher Differentialgleichungen
180 S. Aus dem Englischen. 1965.
(HTB 67)

Joachim, E.
Einführung in die Algebra
168 S. 2. Aufl. 1980. (HTB 138)

Jordan-Engeln, G./F. Reutter
Formelsammlung zur Numerischen Mathematik mit Fortran 77-Programmen
Etwa 380 S. 3., überarb. und erweiterte Aufl. 1981. (HTB 106)

Jordan-Engeln, G./F. Reutter
Numerische Mathematik für Ingenieure
XIV, 364 S. mit Abb. 2., überarbeitete Aufl. 1978. (HTB 104)

Kaiser, R./G. Gottschalk
Elementare Tests zur Beurteilung von Meßdaten
68 S. 1972. (HTB 774)

Kießwetter, K.
Reelle Analysis einer Veränderlichen. Ein Lern- und Übungsbuch
316 S. 1975. (HTB 269)

Kießwetter, K./R. Rosenkranz
Lösungshilfen für Aufgaben zur reellen Analysis einer Veränderlichen
231 S. 1976. (HTB 270)

Klingbeil, E.
Tensorrechnung für Ingenieure
197 S. mit Abb. 1966. (HTB 197)

Klingbeil, E.
Variationsrechnung
332 S. 1977. Wv.

Klingenberg, W. (Hrsg.)
Differentialgeometrie im Großen
351 S. 1971. (M.F.O. 4)

Klingenberg, W./P. Klein
Lineare Algebra und analytische Geometrie
Band I: Grundbegriffe, Vektorräume.
XII, 288 S. 1971. (HTB 748)
Band II: Determinanten, Matrizen, Euklidische und unitäre Vektorräume.
XVIII, 404 S. 1972. (HTB 749)

Klingenberg, W./P. Klein
Lineare Algebra und analytische Geometrie. Übungen zu Band I–II
VIII, 172 S. 1973. (HTB 750)

Laugwitz, D.
Infinitesimalkalkül. Kontinuum und Zahlen. Eine elementare Einführung in die Nichtstandard-Analysis
187 S. 1978. Wv.

Laugwitz, D.
Ingenieurmathematik
Band I: Zahlen, analytische Geometrie, Funktionen.
158 S. mit 43 Abb. 1964. (HTB 59)
Band II: Differential- und Integralrechnung.
152 S. mit 43 Abb. 1964. (HTB 60)
Band III: Gewöhnliche Differentialgleichungen.
141 S. 1964. (HTB 61)
Band IV: Fourier-Reihen, verallgemeinerte Funktionen, mehrfache Integrale, Vektoranalysis, Differentialgeometrie, Matrizen, Elemente der Funktionalanalysis.
196 S. mit Abb. 1967. (HTB 62)
Band V: Komplexe Veränderliche.
158 S. mit Abb. 1965. (HTB 93)

Laugwitz, D./C. Schmieden
Aufgaben zur Ingenieurmathematik
182 S. 1966. (HTB 95)

Lebedew, N. N.
Spezielle Funktionen und ihre Anwendung
372 S. mit Abb. Aus dem Russischen. 1973. Wv.

Lighthill, M. J.
Einführung in die Theorie der Fourieranalysis und der verallgemeinerten Funktionen
96 S. mit Abb. Aus dem Englischen. 1966. (HTB 139)

Lingenberg, R.
Grundlagen der Geometrie
224 S. mit Abb. 3., durchgesehene Aufl. 1978. Wv.

Lingenberg, R.
Lineare Algebra
161 S. 1969. (HTB 828)

Lorenzen, P.
Metamathematik
175 S. 2. Aufl. 1980. Wv.

Lüneburg, H.
Galoisfelder, Kreisteilungskörper und Schieberegisterfolgen
143 S. 1979. Wv.

Lutz, D.
Topologische Gruppen
175 S. 1976. Wv.

Mainzer, K.
Geschichte der Geometrie
232 S. 1980. Wv.

Marsal, D.
Die numerische Lösung partieller Differentialgleichungen in Wissenschaft und Technik
XXVIII, 574 S. mit Abb. 1976. Wv.

Martensen, E.
Analysis.
Für Mathematiker, Physiker, Ingenieure
Band I: Grundlagen der Infinitesimalrechnung.
IX, 200 S. 2. Aufl. 1976. (HTB 832)
Band II: Aufbau der Infinitesimalrechnung.
VIII, 176 S. 2., neu bearbeitete Aufl. 1978. (HTB 833)
Band III: Gewöhnliche Differentialgleichungen.
IX, 237 S. mit 52 Abb. 2., neu bearbeitete Aufl. 1980. (HTB 834)

Meinardus, G.
Approximation in Theorie und Praxis. Ein Symposiumsbericht
304 S. 1979. Wv.

Meinardus, G./G. Merz
Praktische Mathematik I.
Für Ingenieure, Mathematiker und Physiker
346 S. 1979. Wv.

Meschkowski, H.
Einführung in die moderne Mathematik
214 S. mit 44 Abb. 3., verbesserte Aufl. 1971. (HTB 75)

Meschkowski, H.
Elementare Wahrscheinlichkeitsrechnung und Statistik
(Reihe: Mathematik für Physiker, Band 3)
188 S. 1972. Wv.

Meschkowski, H.
Funktionen
(Reihe: Mathematik für Physiker, Band 2)
179 S. mit 66 Abb. 1970. Wv.

Meschkowski, H.
Grundlagen der Euklidischen Geometrie
231 S. mit 145 Abb. 2., verbesserte Aufl. 1974. Wv.

Meschkowski, H.
Mathematik und Realität. Vorträge und Aufsätze.
184 S. 1979. Wv.

Meschkowski, H.
Mathematiker-Lexikon
342 S. 3., überarbeitete und ergänzte Aufl. 1980. Wv.

Meschkowski, H.
Mathematisches Begriffswörterbuch
315 S. mit Abb. 4. Aufl. 1976. (HTB 99)

Meschkowski, H.
Mehrsprachenwörterbuch mathematischer Begriffe
135 S. 1972. Wv.

Meschkowski, H.
Problemgeschichte der Mathematik I
206 S. 1979. Wv.

Meschkowski, H.
Problemgeschichte der Mathematik II
235 S. 1981. Wv.

Meschkowski, H.
Problemgeschichte der neueren Mathematik (1800–1950)
314 S. mit Abb. 1978. Wv.

Meschkowski, H.
Richtigkeit und Wahrheit in der Mathematik
219 S. 2., durchgesehene Aufl. 1978. Wv.

Meschkowski, H.
Unendliche Reihen
Etwa 330 S. 2., verb. und erweiterte Aufl. 1981. Wv.

Meschkowski, H.
Ungelöste und unlösbare Probleme der Geometrie
204 S. 2., verb. und erweiterte Aufl. 1975. Wv.

Meschkowski, H.
Wahrscheinlichkeitsrechnung
233 S. mit Abb. 1968. (HTB 285)

Meschkowski, H.
Zahlen
(Reihe: Mathematik für Physiker, Band 1)
174 S. mit 37 Abb. 1970. Wv.

Meschkowski, H./I. Ahrens
Theorie der Punktmengen
183 S. mit Abb. 1974. Wv.

Niven, I./H. S. Zuckerman
Einführung in die Zahlentheorie
Band I: Teilbarkeit, Kongruenzen, quadratische Reziprozität u. a.
213 S. Aus dem Englischen. 1976. (HTB 46)
Band II: Kettenbrüche, algebraische Zahlen, die Partitionsfunktion u. a.
186 S. Aus dem Englischen. 1976. (HTB 47)

Noble, B.
Numerisches Rechnen
Band II: Differenzen, Integration und Differentialgleichungen.
246 S. Aus dem Englischen. 1973. (HTB 147)

Oberschelp, A.
Elementare Logik und Mengenlehre
Band I: Die formalen Sprachen, Logik.
254 S. 1974. (HTB 407)
Band II: Klassen, Relationen, Funktionen, Anfänge der Mengenlehre.
229 S. 1978. (HTB 408)

Peschl, E.
Differentialgeometrie
92 S. 1973. (HTB 80)

Peschl, E.
Funktionentheorie
Band I: 274 S. mit Abb. 1967. (HTB 131)

Poguntke, W./R. Wille
Testfragen zur Analysis I
117 S. 2. Aufl. 1980. (HTB 781)

Preuß, G.
Grundbegriffe der Kategorientheorie
105 S. 1975. (HTB 739)

Reiffen, H.-J./G. Scheja/U. Vetter
Algebra
272 S. mit Abb. 1969. (HTB 110)

Reiffen, H.-J./H. W. Trapp
Einführung in die Analysis
Band II: Theorie der analytischen und differenzierbaren Funktionen.
260 S. 1973. (HTB 786)

Rommelfanger, H.
Differenzen- und Differentialgleichungen
232 S. 1977. Wv.

Rottmann, K.
Mathematische Formelsammlung
176 S. mit 39 Abb. 1962. (HTB 13)

Rottmann, K.
Mathematische Funktionstafeln
208 S. 1959. (HTB 14)

Rottmann, K.
Siebenstellige dekadische Logarithmen
194 S. 1960. (HTB 17)

Rottmann, K.
Siebenstellige Logarithmen der trigonometrischen Funktionen
440 S. 1961. (HTB 26)

Rutsch, M.
Wahrscheinlichkeit I
350 S. mit Abb. 1974. Wv.

Rutsch, M./K.-H. Schriever
Wahrscheinlichkeit II
404 S. mit Abb. 1976. Wv.

Rutsch, M./K.-H. Schriever
Aufgaben zur Wahrscheinlichkeit
267 S. mit Abb. 1974. Wv.

Schick, K.
Lineare Optimierung
331 S. mit Abb. 1976. (HTB 64)

Schmidt, J.
Mengenlehre. Einführung in die axiomatische Mengenlehre
Band I: 245 S. mit Abb. 2., verb. und erweiterte Aufl. 1974. (HTB 56)

Schwabhäuser, W.
Modelltheorie
Band II: 123 S. 1972. (HTB 815)

Schwartz, L.
Mathematische Methoden der Physik
Band I: Summierbare Reihen, Lebesque-Integral, Distributionen, Faltung. 184 S. 1974. Wv.

Schwarz, W.
Einführung in die Siebmethoden der analytischen Zahlentheorie
215 S. 1974. Wv.

Spallek, K.
Kurven und Karten
272 S. 1980. Wv.

Tamaschke, O.
Permutationsstrukturen
276 S. 1969. (HTB 710)

Tamaschke, O.
Schur-Ringe
240 S. 1970. (HTB 735)

Teichmann, H.
Physikalische Anwendungen der Vektor- und Tensorrechnung
231 S. mit 64 Abb. 3. Aufl. 1975. (HTB 39)

Uhde, K.
Spezielle Funktionen der mathematischen Physik
Band I: Tafeln, Zylinderfunktionen. 267 S. 1964. (HTB 55)

Voigt, A./J. Wloka
Hilberträume und elliptische Differentialoperatoren
260 S. 1975. Wv.

Waerden, B. L. van der
Mathematik für Naturwissenschaftler
280 S. mit 167 Abb. 1975. (HTB 281)

Wagner, K.
Graphentheorie
220 S. mit Abb. 1970. (HTB 248)

Walter, R.
Differentialgeometrie
286 S. 1978. Wv.

Walter, W.
Einführung in die Theorie der Distributionen
VIII, 211 S. mit Abb. 1974. Wv.

Weizel, R./J. Weyland
Gewöhnliche Differentialgleichungen. Formelsammlung mit Lösungsmethoden und Lösungen
194 S. mit Abb. 1974. Wv.

Werner, H.
Einführung in die allgemeine Algebra
152 S. 1978. (HTB 120)

Werner, H. und I./P. Janßen/ H. Arndt
Probleme der praktischen Mathematik. Eine Einführung
Band I: mathematische Hilfsmittel, Fehlertheorie, Lösung von Gleichungssystemen u. a.
159 S. 2. Aufl. 1980. (HTB 134)
Band II: Interpolation, Approximation, numerische Differentiation und Integration, gewöhnliche Differentialgleichungen u. a.
169 S. 2. Aufl. 1980. (HTB 135)

Wollny, W.
Reguläre Parkettierung der euklidischen Ebene durch unbeschränkte Bereiche
316 S. mit Abb. 1970. (HTB 711)

Wunderlich, W.
Darstellende Geometrie
Band I: 187 S. mit Abb. 1966. (HTB 96)
Band II: 234 S. mit Abb. 1967. (HTB 133)

Reihe: Jahrbuch Überblicke Mathematik

Herausgegeben von Prof. Dr. S. D. Chatterji, Eidgen. Techn. Hochschule Lausanne, Prof. Dr. Benno Fuchssteiner, Gesamthochschule Paderborn, Prof. Dr. Ulrich Kulisch, Universität Karlsruhe, Prof. Dr. Detlef Laugwitz, Techn. Hochschule Darmstadt, Prof. Dr. Roman Liedl, Universität Innsbruck.

Jahrbuch Überblicke Mathematik 1975. 181 S. mit Abb. 1975. Wv.

Jahrbuch Überblicke Mathematik 1976. 204 S. mit Abb. 1976. Wv.

Jahrbuch Überblicke Mathematik 1978. 224 S. 1978. Wv.

Jahrbuch Überblicke Mathematik 1979. 206 S. 1979. Wv.

Jahrbuch Überblicke Mathematik 1980. 214 S. 1980. Wv.

Jahrbuch Überblicke Mathematik 1981. 264 S. 1981. Wv.

Reihe: Überblicke Mathematik

Herausgegeben von Prof. Dr. Detlef Laugwitz, Techn. Hochschule Darmstadt.

Band 1: 213 S. 1968. (HTB 161)
Band 2: 210 S. 1969. (HTB 232)
Band 3: 157 S. 1970. (HTB 247)
Band 4: 123 S. 1972. Wv.
Band 5: 186 S. 1972. Wv.
Band 6: 242 S. mit Abb. 1973. Wv.
Band 7: 265, II S. mit Abb. 1974. Wv.

Reihe: Methoden und Verfahren der mathematischen Physik

Herausgegeben von Prof. Dr. Bruno Brosowski, Universität Frankfurt, und Prof. Dr. Erich Martensen, Universität Karlsruhe.

Band 1: 183 S. 1969. (HTB 720)
Band 2: 179 S. 1970. (HTB 721)
Band 3: 176 S. 1970. (HTB 722)
Band 4: 177 S. 1971. (HTB 723)
Band 5: 199 S. 1971. (HTB 724)
Band 6: 163 S. 1972. (HTB 725)
Band 7: 176 S. 1972. (HTB 726)
Band 8: 222 S. mit Abb. 1973. Wv.
Band 9: 201 S. mit Abb. 1973. Wv.
Band 10: 184 S. 1973. Wv.
Band 11: 190 S. mit Abb. 1974. Wv.
Band 12: 214 S. mit Abb. 1975. Mathematical Geodesy, Part 1. Wv.

Band 13: 206 S. mit Abb. 1975.
Mathematical Geodesy, Part 2. Wv.
Band 14: 176 S. mit Abb. 1975.
Mathematical Geodesy, Part 3. Wv.
Band 15: 166 S. 1976. Wv.
Band 16: 180 S. 1976. Wv.

Informatik

Alefeld, G./J. Herzberger/ O. Mayer
Einführung in das Programmieren mit ALGOL 60
164 S. 1972. (HTB 777)

Bosse, W.
Einführung in das Programmieren mit ALGOL W
249 S. 1976. (HTB 784)

Breuer, H.
Algol-Fibel
120 S. mit Abb. 1973. (HTB 506)

Breuer, H.
Fortran-Fibel
85 S. mit Abb. 1969. (HTB 204)

Breuer, H.
PL/1-Fibel
106 S. 1973. (HTB 552)

Breuer, H.
Taschenwörterbuch der Programmiersprachen ALGOL, FORTRAN, PL/1
157 S. 1976. (HTB 181)

Bruderer, H. E.
Nichtnumerische Datenverarbeitung
267 S. mit 60 Abb. 2. Aufl. 1980. Wv.

Dotzauer, E.
Einführung in APL
248 S. 1978. (HTB 753)

Haase, V./W. Stucky
BASIC
Programmieren für Anfänger
230 S. 1977. (HTB 744)

Händler, W./G. Nees (Hrsg.)
Rechnergestützte Aktivitäten CAD
176 S. 1980. (Wv)

Hainer, K.
Numerische Algorithmen auf programmierbaren Taschenrechnern
263 S. 1980. (HTB 805)

Kaucher, E./R. Klatte/Ch. Ullrich
Programmiersprachen im Griff
Band 1: FORTRAN
310 S. 1980. (HTB 795)
Band 2: PASCAL
359 S. 1981. (HTB 796)

Mell, W.-D./P. Preus/P. Sandner
Einführung in die Progammiersprache PL/1
304 S. 1974. (HTB 785)

Mickel, K.-P.
Einführung in die Programmiersprache COBOL
219 S. 2., verbesserte Aufl. 1980. (HTB 745)

Müller, K. H./I. Streker
FORTRAN.
Programmierungsanleitung
215 S. 2. Aufl. 1970. (HTB 804)

Rohlfing, H.
PASCAL. Eine Einführung
217 S. 1978. (HTB 756)

Rohlfing, H.
SIMULA
243 S. mit Abb. 1973. (HTB 747)

Schließmann, H.
Programmierung mit PL/1
206 S. 2., erweiterte Aufl. 1978. (HTB 740)

Weber, H./J. Grami
Numerische Verfahren für programmierbare Taschenrechner I
192 S. 1980. (HTB 803)

Zimmermann, G./J. Höffner
Elektrotechnische Grundlagen der Informatik II
Wechselstromlehre, Leitungen, analoge u. digitale Verarbeitung kontinuierlicher Signale.
194 S. mit Abb. 1974. (HTB 790)

Reihe: Informatik

Herausgegeben von Prof. Dr. Karl Heinz Böhling, Universität Bonn, Prof. Dr. Ulrich Kulisch, Universität Karlsruhe und Prof. Dr. Hermann Maurer, Technische Universität Graz.

Band 1:
Maurer, H.
Theoretische Grundlagen der Programmiersprachen. Theorie der Syntax
254 S. Unveränderter Neudruck 1977. Wv.

Band 2:
Heinhold, J./U. Kulisch
Analogrechnen
242 S. mit Abb. 1976. Wv.

Band 7:
Kameda, T./K. Weihrauch
Einführung in die Codierungstheorie
Teil I: 218 S. 1973. Wv.

Band 8:
Reusch, B.
Lineare Automaten
149 S. mit Abb. 1969. (HTB 708)

Band 9:
Henrici, P.
Elemente der numerischen Analysis
Teil I: 227 S. 1972. (HTB 551)

Band 10:
Böhling, K. H./G. Dittrich
Endliche stochastische Automaten
138 S. 1972. (HTB 766)

Band 11:
Seegmüller, G.
Einführung in die Systemprogrammierung
480 S. mit 83 Abb. 1974. Wv.

Band 12:
Alefeld, G./J. Herzberger
Einführung in die Intervallrechnung
XIII, 398 S. mit Abb. 1974. Wv.

Band 13:
Duske, J./H. Jürgensen
Codierungstheorie
235 S. 1977. Wv.

Band 14:
Böhling, K. H./B. v. Braunmühl
Komplexität bei Turingmaschinen
324 S. 1974. Wv.

Band 15:
Peters, F. E.
Einführung in mathematische Methoden der Informatik
348 S. 1974. Wv.

Band 16:
Wedekind, H.
Datenbanksysteme I
Etwa 240 S. 2., völlig neu bearb. Aufl. 1981. Wv.

Band 18:
Wedekind, H./T. Härder
Datenbanksysteme II
430 S. mit Abb. 1976. Wv.

Band 19:
Kulisch, U.
Grundlagen des numerischen Rechnens. Mathematische Begründung der Rechnerarithmetik
467 S. 1976. Wv.

Band 20:
Zima, H.
Betriebssysteme. Parallele Prozesse
325 S. 2. Aufl. 1980. Wv.

Band 21:
Mies, P./D. Schütt
Feldrechner
150 S. 1976. Wv.

Band 22:
Denert, E./R. Franck
Datenstrukturen
362 S. 1977. Wv.

Band 23:
Ecker, K.
Organisation von parallelen Prozessen. Theorie deterministischer Schedules
280 S. 1977. Wv.

Band 24:
Kaucher, E./R. Klatte/Ch. Ullrich
Höhere Programmiersprachen ALGOL, FORTRAN, PASCAL in einheitlicher und übersichtlicher Darstellung
258 S. 1978. Wv.

Band 25:
Motsch, W.
Halbleiterspeicher. Technik, Organisation und Anwendung
237 S. 1978. Wv.

Band 26:
Görke, W.
Mikrorechner. Eine Einführung in ihre Technik und Funktion
251 S. 2., überarbeitete und erweiterte Aufl. 1980. Wv.

Band 27:
Mayer, O.
Syntaxanalyse
432 S. 1978. Wv.

Band 28:
Schrack, G.
Grafische Datenverarbeitung. Eine Einführung
264 S. 1978. Wv.

Band 29:
Waller, H./P. Hilgers
Mikroprozessoren. Vom Bauteil zur Anwendung
332 S. mit Abb. 1980. Wv.

Band 30:
Reusch, P.
Informationssysteme, Dokumentationssprachen, Data Dictionaries. Eine Einführung
216 S. 1980. Wv.

Band 31:
Ershov, A. P.
Einführung in die Theoretische Programmierung. Gespräche über die Methode
Etwa 450 S. mit Abb. Aus dem Russischen. 1981. Wv.

Band 32:
Koch, G.
Maschinennahes Programmieren von Mikrocomputern
274 S. 1981. Wv.

Band 33:
Stetter, F.
Softwaretechnologie. Eine Einführung
303 S. 1981. Wv.

Band 34:
Balzert, H.
Die Entwicklung von Software-Systemen. Prinzipien, Methoden, Sprachen, Werkzeuge
Etwa 300 S. 1981. Wv.

Physik

Baltes, H. P./E. R. Hilf
Spectra of Finite Systems
116 S. In englischer Sprache. 1976. Wv.

Barut, A. O.
Die Theorie der Streumatrix für die Wechselwirkungen fundamentaler Teilchen
Band I: Gruppentheoretische Beschreibung der S-Matrix.
225 S. mit Abb. Aus dem Englischen. 1971. (HTB 438)
Band II: Grundlegende Teilchenprozesse.
212 S. mit Abb. Aus dem Englischen. 1971. (HTB 555)

Bethge, K.
Quantenphysik. Eine Einführung in die Atom- und Molekülphysik
271 S. 1978. Wv. Unter Mitarbeit von Dr. G. Gruber, Universität Frankfurt.

Bjorken, J. D./S. D. Drell
Relativistische Quantenmechanik
312 S. mit Abb. 1966. Aus dem Englischen. (HTB 98)

Bjorken, J. D./S. D. Drell
Relativistische Quantenfeldtheorie
409 S. Unveränderter Neudruck 1978. Aus dem Englischen. (HTB 101)

Bleuler, K./H. R. Petry/D. Schütte (Hrsg.)
Mesonic Effects in Nuclear Structure
181 S. mit Abb. In englischer Sprache. 1975. Wv.

Blum, P./K. Schuchardt/V. Gärtner
Die Hochatmosphäre.
Eine Einführung
Etwa 250 S. mit zahlr. Abb. 1981. Wv.

Bodenstedt, E.
Experimente der Kernphysik und ihre Deutung
Band I: 290 S. mit Abb. 2., durchgesehene Aufl. 1979. Wv.
Band II: XIV, 293 S. mit Abb. 2., durchgesehene Aufl. 1978. Wv.
Band III: 303 S. mit Abb. 2., durchgesehene Aufl. 1979. Wv.

Borucki, H.
Einführung in die Akustik
236 S. 2., durchgesehene Aufl. 1980. Wv.

Donner, W.
Einführung in die Theorie der Kernspektren
Band II: Erweiterung des Schalenmodells, Riesenresonanzen. 107 S. mit Abb. 1971. (HTB 556)

Eder, G.
Quantenmechanik I
273 S. 2. Aufl. 1980. Wv.

Eder, G.
Atomphysik
Quantenmechanik II
259 S. 1978. Wv.

Eder, G.
Elektrodynamik
273 S. 1967. (HTB 233)

Emendörfer, D./K. H. Höcker
Theorie der Kernreaktoren
Band 1: Der stationäre Reaktor.
Etwa 380 S. mit Abb. 2., neu bearbeitete Aufl. 1981. Wv.

Fick, D.
Einführung in die Kernphysik mit polarisierten Teilchen
VI, 255 S. mit Abb. 1971. (HTB 755)

Gasiorowicz, S.
Elementarteilchenphysik
742 S. mit 119 Abb. 1975. Aus dem Englischen. Wv.

Groot, S. R. de
Thermodynamik irreversibler Prozesse
216 S. mit 4 Abb. 1960. Aus dem Englischen. (HTB 18)

Groot, S. R. de/P. Mazur
Anwendung der Thermodynamik irreversibler Prozesse
349 S. 1974. Aus dem Englischen. Wv.

Haken, H.
Licht und Materie I.
Elemente der Quantenoptik
155 S. 1979. Wv.

Haken, H.
Licht und Materie II.
Laser
Etwa 160 S. 1981. Wv.

Heisenberg, W.
Physikalische Prinzipien der Quantentheorie
117 S. mit 22 Abb. 1958. (HTB 1)

Henley, E. M./W. Thirring
Elementare Quantenfeldtheorie
336 S. mit Abb. 1975. Aus dem Englischen. Wv.

Hund, F.
Geschichte der physikalischen Begriffe
Teil I: Die Entstehung des mechanischen Naturbildes.
221 S. 2., neu bearbeitete Aufl. 1978. (HTB 543)
Teil II: Die Wege zum heutigen Naturbild.
233 S. 2., neu bearbeitete Aufl. 1978. (HTB 544)

Hund, F.
Geschichte der Quantentheorie
262 S. mit Abb. 2. Aufl. 1975. Wv.

Hund, F.
Grundbegriffe der Physik
Teil I: Makroskopische Vorgänge.
150 S. mit Abb. 2., neu bearbeitete Aufl. 1979. (HTB 449)
Teil II: Mikroskopischer Hintergrund.
151 S. mit Abb. 2., neu bearbeitete Aufl. 1979. (HTB 450)

Källén, G./J. Steinberger
Elementarteilchenphysik
687 S. mit Abb. 2., verbesserte Aufl. 1974. Aus dem Englischen. Wv.

Kippenhahn, R./C. Möllenhoff
Elementare Plasmaphysik
297 S. mit Abb. 1975. Wv.

Luchner, K.
Aufgaben und Lösungen zur Experimentalphysik
Band I: Mechanik, geometrische Optik, Wärme.
158 S. mit Abb. 1967. (HTB 155)
Band II: Elektromagnetische Vorgänge.
150 S. mit Abb. 1966. (HTB 156)
Band III: Grundlagen zur Atomphysik.
125 S. mit Abb. 1973. (HTB 157)

Lüscher, E.
Experimentalphysik
Band I: Mechanik, geometrische Optik, Wärme.
Band I/1. Teil: 260 S. mit Abb. 1967. (HTB 111)
Band I/2. Teil: 215 S. mit Abb. 1967. (HTB 114)
Band II: Elektromagnetische Vorgänge.
Etwa 330 S. 2., überarb. Aufl. 1981. (HTB 115)

Lüst, R.
Hydrodynamik
234 S. 1978. Wv.

Mitter, H.
Elektrodynamik
391 S. 1980. (HTB 707)

Mitter, H.
Quantentheorie
313 S. mit Abb. 2. Aufl. 1979. (HTB 701)

Møller, C.
Relativitätstheorie
316 S. 1977. Wv.

Neff, H.
Physikalische Meßtechnik
160 S. mit Abb. 1976. (HTB 66)

Neuert, H.
Experimentalphysik für Mediziner, Zahnmediziner, Pharmazeuten und Biologen
292 S. mit Abb. 1969. (HTB 712)

Neuert, H.
Physik für Naturwissenschaftler
Band I: Mechanik und Wärmelehre.
173 S. 1977. (HTB 727)
Band II: Elektrizität und Magnetismus, Optik. 198 S. 1977. (HTB 728)
Band III: Atomphysik, Kernphysik, chemische Analyseverfahren.
326 S. 1978. (HTB 729)

Nitsch, J./J. Pfarr/ E.-W. Stachow (Hrsg.)
Grundlagenprobleme der modernen Physik
Etwa 180 S. 1981. Wv.

Rollnik, H.
Physikalische und mathematische Grundlagen der Elektrodynamik
217 S. mit ca. 30 Abb. 1976. (HTB 297)

Rollnik, H.
Teilchenphysik
Band I: Grundlegende Eigenschaften von Elementarteilchen.
Etwa 188 S. 2. Aufl. 1981. (HTB 706)
Band II: Innere Symmetrien der Elementarteilchen.
158 S. mit Abb. z. T. farbig. 1971. (HTB 759)

Rose, M. E.
Relativistische Elektronentheorie
Band I: 193 S. mit Abb. 1971. Aus dem Englischen. (HTB 422)
Band II: 171 S. mit Abb. 1971. Aus dem Englischen. (HTB 554)

Scherrer, P./P. Stoll
Physikalische Übungsaufgaben
Band I: Mechanik und Akustik.
96 S. mit 44 Abb. 1962. (HTB 32)
Band II: Optik, Thermodynamik, Elektrostatik.
103 S. mit Abb. 1963. (HTB 33)
Band III: Elektrizitätslehre, Atomphysik.
103 S. mit Abb. 1964. (HTB 34)

Schütte, D./K. Holinde/ K. Bleuler (Hrsg.)
The Meson Theory of Nuclear Forces and Nuclear Matter
393 S. 1980. Wv.

Seiler, H.
Abbildungen von Oberflächen mit Elektronen, Ionen und Röntgenstrahlen
131 S. mit Abb. 1968. (HTB 428)

Sexl, R. U./H. K. Urbantke
Gravitation und Kosmologie. Eine Einführung in die Allgemeine Relativitätstheorie
335 S. mit Abb. 1975. Wv.

Teichmann, H.
Einführung in die Atomphysik
135 S. mit 47 Abb. 3. Auflage 1966. (HTB 12)

Teichmann, H.
Halbleiter
156 S. mit 55 Abb. 3. Auflage 1969. (HTB 21)

Wagner, C.
Methoden der naturwissenschaftlichen und technischen Forschung
219 S. mit Abb. 1974. Wv.

Wehefritz, V.
Physikalische Fachliteratur
171 S. 1969. (HTB 440)

Weizel, W.
Einführung in die Physik
Band III: Optik und Atomphysik.
194 S. mit 99 Abb. 5. Auflage 1963. (HTB 5)

Weizel, W.
Physikalische Formelsammlung
Band II: Optik, Thermodynamik, Relativitätstheorie.
148 S. 1964. (HTB 36)
Band III: Quantentheorie.
196 S. mit zweifarbigem Druck der Formeln. 1966. (HTB 37)

Zimmermann, P.
Eine Einführung in die Theorie der Atomspektren
91 S. mit Abb. 1976. (Wv)

Astronomie

Becker, F.
Geschichte der Astronomie
201 S. 4. Aufl. 1980. Wv.

Schaifers, K.
Atlas zur Himmelskunde
88 S. 1969. (HTB 308)

Scheffler, H./H. Elsässer
Physik der Sterne und der Sonne
535 S. mit Abb. 1974. Wv.

Schneider, M.
Himmelsmechanik
480 S. mit Abb. 2., verbesserte Aufl. 1981. Wv.

Schurig, R./P. Götz/K. Schaifers
Himmelsatlas (Tabuale caelestes)
44 S. 8. Aufl. 1960. Wv.

Voigt, H. H.
Abriß der Astronomie
558 S. mit Abb. 3., überarbeitete Aufl. 1980. Wv.

Philosophie

Enzyklopädie Philosophie und Wissenschaftstheorie in 3 Bänden
Herausgegeben von Jürgen Mittelstraß. Rund 4000 Stichwörter auf etwa 2400 Seiten. Wv.

Kamlah, W.
Philosophische Anthropologie. Sprachkritische Grundlegung und Ethik
192 S. 1973. (HTB 238)

Kamlah, W.
Von der Sprache zur Vernunft. Philosophie und Wissenschaft in der neuzeitlichen Profanität
230 S. 1975. Wv.

Kamlah, W./P. Lorenzen
Logische Propädeutik.
Vorschule des vernünftigen Redens
239 S. 2., verb. und erweiterte Aufl. 1973. (HTB 227)

Kanitscheider, B.
Vom absoluten Raum zur dynamischen Geometrie
139 S. 1976. Wv.

Leinfellner, W.
Einführung in die Erkenntnis- und Wissenschaftstheorie
227 S. 3. Aufl. 1980. (HTB 41)

Lorenzen, P.
Normative Logic and Ethics
89 S. 1969. In englischer Sprache. (HTB 236)

Lorenzen, P./O. Schwemmer
Konstruktive Logik, Ethik und Wissenschaftstheorie
331 S. mit Abb. 2., verbesserte Aufl. 1975. (HTB 700)

Mittelstaedt, P.
Philosophische Probleme der modernen Physik
227 S. mit 12 Abb. 5., überarbeitete Aufl. 1976. (HTB 50)

Mittelstaedt, P.
Die Sprache der Physik
139 S. 1972. Wv.

Reihe: Grundlagen der exakten Naturwissenschaften

Herausgegeben von Prof. Dr. Peter Mittelstaedt, Universität Köln.

Band 1:
Mittelstaedt, P./J. Pfarr (Hrsg.)
Grundlagen der Quantentheorie
159 S. 1980. Wv.

Band 2:
Strohmeyer, I.
Transzendentalphilosophische und physikalische Raum-Zeit-Lehre
184 S. 1980. Wv.

Band 3:
Mittelstaedt, P.
Der Zeitbegriff in der Physik
188 S. 2., verbesserte und erweiterte Aufl. 1980. Wv.

Band 4:
Pfarr, J. (Hrsg.)
Protophysik und Relativitätstheorie
240 S. 1981. Wv.

Band 5:
Neumann, H. (Hrsg.)
Interpretations and Foundations of Quantum Theory
144 S. 1981. In englischer Sprache. Wv.

Chemie

Grimmer, G.
Biochemie
376 S. mit Abb. 1969. (HTB 187)

Kaiser, R.
Chromatographie in der Gasphase
Band I: Gas-Chromatographie.
220 S. mit 81 Abb. 2. Aufl. 1973. (HTB 22)
Band IV/2. Teil: Quantitative Auswertung.
118 S. mit Abb. 2., erweiterte Aufl. 1969. (HTB 472)

Laidler, K. J.
Reaktionskinetik
Band I: Homogene Gasreaktionen.
216 S. mit Abb. 1970. Aus dem Englischen. (HTB 290)

Preuß, H.
Quantentheoretische Chemie
Band I: Die halbempirischen Regeln.
94 S. mit 19 Abb. 1963. (HTB 43)
Band II: Der Übergang zur Wellenmechanik, die allgemeinen Rechenverfahren.
238 S. mit 19 Abb. 1965. (HTB 44)
Band III: Wellenmechanische und methodische Ausgangspunkte.
222 S. mit Abb. 1967. (HTB 45)

Riedel, L.
Physikalische Chemie.
Eine Einführung für Ingenieure
406 S. mit Abb. 1974. Wv.

Schmidt, M.
Anorganische Chemie
Band I: Hauptgruppenelemente.
301 S. mit Abb. 1967. (HTB 86)
Band II: Übergangsmetalle.
221 S. mit Abb. 1969. (HTB 150)

Medizin

Forth, W./D. Henschler/
W. Rummel (Hrsg.)
Allgemeine und spezielle
Pharmakologie und Toxikologie
Für Studenten der Medizin, Veterinärmedizin, Pharmazie, Chemie, Biologie sowie für Ärzte und Apotheker
3., überarbeitete Aufl. 1980. 688 S. Über 400 meist zweifarbige Abb. sowie mehr als 280 Tabellen. Wv.

Haas, H.
Ursprung, Geschichte und Idee der Arzneimittelkunde
(Reihe: Pharmakologie und Toxikologie, Band 1)
178 S. 1981. Wv.

Ingenieurwissenschaften

Billet, R.
Grundlagen der thermischen Flüssigkeitszerlegung
150 S. mit 50 Abb. 1962. (HTB 29)

Billet, R.
Optimierung in der Rektifiziertechnik unter besonderer Berücksichtigung der Vakuumrektifikation
129 S. mit Abb. 1967. (HTB 261)

Billet, R.
Trennkolonnen für die Verfahrenstechnik
151 S. mit Abb. 1971. (HTB 548)

Böhm, H.
Einführung in die Metallkunde
236 S. mit Abb. 1968. (HTB 196)

Bosse, G.
Grundlagen der Elektrotechnik
Band I: Das elektrostatische Feld und der Gleichstrom. Unter Mitarbeit von W. Mecklenbräuker. 141 S. mit Abb. 1966. (HTB 182)
Band II: Das magnetische Feld und die elektromagnetische Induktion. Unter Mitarbeit von G. Wiesemann.
154 S. mit Abb. 2., überarbeitete Aufl. 1978. (HTB 183)
Band III: Wechselstromlehre, Vierpol- und Leitungstheorie. Unter Mitarbeit von A. Glaab.
135 S. 2., überarbeitete Aufl. 1978. (HTB 184)
Band IV: Drehstrom, Ausgleichsvorgänge in linearen Netzen. Unter Mitarbeit von J. Hagenauer.
164 S. mit Abb. 1973. (HTB 185)

Feldtkeller, E.
Dielektrische und magnetische Materialeigenschaften
Band I: Meßgrößen, Materialübersicht und statistische Eigenschaften.
242 S. mit Abb. 1973. (HTB 485)
Band II: Piezoelektrische/ magnetostriktive und dynamische Eigenschaften.
188 S. mit Abb. 1974. (HTB 488)

Glaab, A./J. Hagenauer
Übungen in Grundlagen der Elektrotechnik III, IV
228 S. mit Abb. 1973. (HTB 780)

Gross, D./W. Schnell
Formel- und Aufgabensammlung zur Technischen Mechanik II. Elastostatik
180 S. mit Abb. 1980. (HTB 792)

Klein, W.
Vierpoltheorie
159 S. mit Abb. 1972. Wv.

Mahrenholtz, O.
Analogrechnen in Maschinenbau und Mechanik
208 S. mit Abb. 1968. (HTB 154)

Marguerre, K./H. Wölfel
Technische Schwingungslehre. Lineare Schwingungen vielgliedriger Gebilde
338 S. 1979. Wv.

Marguerre, K./H.-T. Woernle
Elastische Platten
242 S. mit 125 Abb. 1975. Wv.

Mesch, F.
Meßtechnisches Praktikum.
Für Maschinenbauer und Verfahrenstechniker.
217 S. mit Abb. 3., überarbeitete Aufl. 1981. (HTB 736)

Pestel, E.
Technische Mechanik
Band I: Statik.
Etwa 280 S. 2., neu bearb. und ergänzte Aufl. 1981. Wv.

Pestel, E./J. Wittenburg
Technische Mechanik
Band 2: Festigkeitslehre
Etwa 350 S. mit über 350 Abb. 1981. Wv.

Piefke, G.
Feldtheorie
Band I: Maxwellsche Gleichungen, Elektrostatik, Wellengleichung, verlustlose Leitungen.
264 S. Verbesserter Nachdruck 1977. (HTB 771)
Band II: Verlustbehaftete Leitungen, Grundlagen der Antennenabstrahlung, Einschwingvorgang.
231 S. mit Abb. 1973. (HTB 773)
Band III: Beugungs- und Streuprobleme, Wellenausbreitung in anisotropen Medien.
362 S. 1977. (HTB 782)

Sagirow, P.
Satellitendynamik
191 S. 1970. (HTB 719)

Schnell, W./D. Gross
Formel- und Aufgabensammlung zur Technischen Mechanik I. Statik
180 S. mit Abb. 1979. (HTB 791)

Schnell, W./D. Gross
Formel- und Aufgabensammlung zur Technischen Mechanik III. Kinetik
180 S. mit Abb. 1980. (HTB 793)

Schrader, K.-H.
Die Deformationsmethode als Grundlage einer problemorientierten Sprache
137 S. mit Abb. 1969. (HTB 830)

Stüwe, H. P.
Einführung in die Werkstoffkunde
197 S. mit Abb. 2., verbesserte Aufl. 1978. (HTB 467)

Stüwe, H. P./G. Vibrans
Feinstrukturuntersuchungen in der Werkstoffkunde
138 S. mit Abb. 1974. Wv.

Troost, A.
Einführung in die allgemeine Werkstoffkunde metallischer Werkstoffe I
507 S. mit Abb. 1980. Wv.

Waller, H./W. Krings
Matrizenmethoden in der Maschinen- und Bauwerksdynamik
377 S. mit 159 Abb. 1975. Wv.

Wasserrab, Th.
Gaselektronik
Band I: Atomtheorie.
223 S. mit Abb. 1971. (HTB 742)
Band II: Niederdruckentladungen, Technik der Gasentladungsventile.
230 S. mit Abb. 1972. (HTB 769)

Wiesemann, G.
Übungen in Grundlagen der Elektrotechnik II
202 S. mit Abb. 1976. (HTB 779)

Wiesemann, G./W. Mecklenbräuker
Übungen in Grundlagen der Elektrotechnik I
179 S. mit Abb. 1973. (HTB 778)

Wolff, I.
Grundlagen und Anwendungen der Maxwellschen Theorie
Band I: Mathematische Grundlagen, die Maxwellschen Gleichungen, Elektrostatik.
236 S. mit Abb. 1968. (HTB 818)
Band II: Strömungsfelder, Magnetfelder, quasistationäre Felder, Wellen.
263 S. mit Abb. 1970. (HTB 731)

Reihe: Theoretische und experimentelle Methoden der Regelungstechnik

Herausgegeben von Gerhard Preßler, Hartmann & Braun, Frankfurt.

Band 1:
Preßler, G.
Regelungstechnik
348 S. mit 235 Abb. 3., überarbeitete Aufl. 1967. (HTB 63)

Band 4:
Klefenz, G.
Die Regelung von Dampfkraftwerken
229 S. mit Abb. 2., verbesserte Aufl. 1975. Wv.

Band 8/9:
Starkermann, R.
Die harmonische Linearisierung
Band I: 201 S. mit Abb. 1970. (HTB 469)
Band II: 83 S. mit Abb. 1970. (HTB 470)

Band 10:
Starkermann, R.
Mehrgrößen-Regelsysteme
Band I: 173 S. mit Abb. 1974. Wv.

Band 12:
Schwarz, H.
Optimale Regelung linearer Systeme
242 S. mit Abb. 1976. Wv.

Band 13:
Latzel, W.
Regelung mit dem Prozeßrechner (DDC)
213 S. mit über 100 Abb. 1977. Wv.

Reihe: Gesellschaft, Recht, Wirtschaft

Herausgegeben von Prof. Dr. Eduard Gaugler, Dr. Wolfgang Goedecke, Prof. Dr. Heinz König, Prof. Dr. Günther Wiese, Prof. Dr. Rudolf Wildenmann, Universität Mannheim.

Band 1:
Albert, H./M. C. Kemp/ W. Krelle/G. Menges/ W. Meyer
Ökonometrische Modelle und sozialwissenschaftliche Erkenntnisprogramme
111 S. 1978. Wv.

Band 2:
Bogaert, R./P. C. Hartmann
Essays zur historischen Entwicklung des Bankensystems
48 S. 1980. Wv.

Band 3:
Nerlove, M./S. Heiler/ H.-J. Lenz/B. Schips/ H. Garbers
Problems of Time Series Analysis
104 S. 1980. Wv.

Band 4:
Aumann, R. J./J. C. Harsanyi/ W. Hildenbrand/M. Maschler/ M. A. Perles/J. Rosenmüller/ R. Selten/M. S. Shubik G. L. Thompson
Problems of Game Theory
200 S. 1981. In englischer Sprache. Wv.

Band 5:
Steinmann, H./G. Gäfgen/ W. Blomeyer
Die Kosten der Mitbestimmung
139 S. 1981. Wv.

Geographie/Geologie/ Völkerkunde

Ganssen, R.
Grundsätze der Bodenbildung
135 S. mit 19 Zeichnungen und einer mehrfarbigen Tafel. 1965. (HTB 327)

Gierloff-Emden, H.-G./
H. Schroeder-Lanz
Luftbildauswertung
Band I: Grundlagen.
154 S. mit Abb. 1970. (HTB 358)

Kertz, W.
Einführung in die Geophysik
Band I: Erdkörper.
232 S. mit Abb. 1969. (HTB 275)
Band II: Obere Atmosphäre und Magnetosphäre.
210 S. mit Abb. 1971. (HTB 535)

Möller, F.
Einführung in die Meteorologie
Band I: Meteorologische Elementarphänomene.
222 S. mit Abb. und 6 Farbtafeln. 1973. (HTB 276)
Band II: Komplexe meteorologische Phänomene.
223 S. mit Abb. 1973. (HTB 288)

Schwidetzky, I.
Grundlagen der Rassensystematik
180 S. mit Abb. 1974. Wv.

Wunderlich, H.-G.
Bau der Erde.
Geologie der Kontinente und Meere
Band II: Asien, Australien.
164 S., 16 S. farbige Abb. 1975. Wv.

Wunderlich, H.-G.
Einführung in die Geologie
Band I: Exogene Dynamik.
214 S. mit ca. 50 Abb. und 24 farbigen Bildern. 1968. (HTB 340)
Band II: Endogene Dynamik.
231 S. mit Abb. und farbigen Bildern. 1968. (HTB 341)

B.I.-Hochschulatlanten

Dietrich, G./J. Ulrich (Hrsg.)
Atlas zur Ozeanographie
76 S. 1968. (HTB 307)

Schaifers, K. (Hrsg.)
Atlas zur Himmelskunde
96 S. 1969. (HTB 308)

Schmithüsen, J. (Hrsg.)
Atlas zur Biogeographie
80 S. 1976. (HTB 303)

Wagner, K. (Hrsg.)
Atlas zur physischen Geographie (Orographie)
59 S. 1971. (HTB 304)